한국어 · 영어 · 일본어 · 중국어

4개국어
생활 속의 단어

한국어 · 영어 · 일본어 · 중국어
4개국어 생활 속의 단어

초판 1쇄 인쇄	2015년 7월 10일	
초판 1쇄 발행	2015년 7월 20일	

엮 은 이	정희경 · 김동호
펴 낸 이	배태수
펴 낸 곳	신라출판사
등 록	1975년 5월 23일 제6-0216호
전 화	(02) 922-4735
팩 스	(02) 922-4736
주 소	서울 구로구 중앙로 3길 12(서봉빌딩)
북디자인	DesignDidot 디자인디도
표지 & 그림	이일선
ISBN	978-89-7244-131-1 13700

＊잘못된 책은 구입한 곳에서 바꾸어드립니다.

한국어 · 영어 · 일본어 · 중국어
4개국어 생활 속의 단어

정희경 · 김동호 엮음

신라출판사

머리말

『4개국어 생활속의 단어』이 책은 한국어를 포함하여 한국인에게 가장 필요한 영어 · 일본어 · 중국어 등 4개국의 하루 일과 속에서 우리가 꼭 필요한 단어를 자연스럽게 말할 수 있도록, 아침부터 밤까지 하루 동안에 이루어지는 모든 일상생활에 필요한 단어를 찾아볼 수 있도록 엮은 교재다. 삽화를 중심으로 상황을 연상하기 쉽게 정리되어 있으므로 자신의 주변에 있는 것이나 재미있다고 생각나는 것부터 익히면 된다.

Part 1 아침편에서는 하루를 시작하며 준비하는 단어들, Part 2 업무편에서는 교통수단 및 직장에서 사용하는 단어들, Part 3 일상생활편에서는 여행, 스포츠, 민원업무 등에 관한 단어들, Part 4 밤편에서는 하루를 정리하는 말들, 약속 모임이 있는 음식점, 호텔에서 사용하는 단어들로 구성하여 그 속에서 일어나는 일과 연결된 단어들을 즉석에서 표현할 수 있도록 하였다. 또한 각 장의 테마별 단락에서는 그림으로 표현한 후, 우리말을 먼저 제시한 후 외국어(영어 · 일본어 · 중국어)와 한글로 발음을 함께 표기해 놓았기 때문에 원하는 내용을 누구나 쉽게 찾아볼 수 있도록 하였다.

단어만 알고 있다고 어떤 것이나 의미가 통한다는 뜻은 아니지만 회화는 단어와 단어의 연결이므로 필요한 단어를 모르면 어찌할 도리가 없다. 지금 여러분 주위에 있는 일상 생활용품 등을 단어로 말할 수 있는지 확인해 보기 바란다. 일상적인 단어는 당연히 기본적인 것이기에 취급되지 않았거나 취급되었다 해도 막상 잊어버리기 쉽다.
　아무쪼록 이 책을 통해서 외국인과의 일상대화에 조금이나마 보탬이 되기를 바란다.

엮은이

목 차

Part 01 아침

Chapter 01 가정
1. 침실 — 10
2. 거실 및 집안가구 — 14
3. 욕실 — 20
4. 생활필수품 — 26
5. 화장품 — 30
6. 부엌 — 34

Chapter 02 식료품
1. 식료품 — 40
2. 고기 — 46
3. 야채 — 50
4. 과일 — 54
5. 어패류 — 58

Chapter 03 의복
1. 의복 — 64
2. 신발 — 70
3. 소품(악세서리) — 74
4. 보석류 — 78
5. 색깔 — 82

Chapter 04 신체
1. 몸-얼굴 — 86
2. 몸-보이는 부분 — 92
3. 몸-보이지 않는 부분 — 98
4. 몸-분비물 — 104

Chapter 05 성격
1. 느낌 — 108
2. 감정 — 118
3. 행동 — 128
4. 성격 — 138

Chapter 06 숫자
1. 수 — 144
2. 달 — 156
3. 공휴일과 특별한 날 — 160

Part 02 업무

Chapter 01 교통
1. 탈것 — 168
2. 도로 — 173
3. 부대시설과 관련용어 — 177

Chapter 02 회사
1. 사무실 — 183
2. 사무용품 — 187
3. 회의 — 192
4. 회사 — 198
5. 지위 — 204
6. 부서 — 208

Chapter 03 직업 — 212

Chapter 04 학교
1. 조직 — 224
2. 교실 — 228
3. 학과목 — 232

4. 문구	240
5. 행사	244
6. 교직원	248
7. 학생	252

2. 식물	350
3. 새	358
4. 곤충	364
5. 계절과 날씨	370

Part 03 일상생활

Chapter 01 병원 — 258
1. 질병 — 264
2. 증상 — 270

Chapter 02 우체국 — 276

Chapter 03 은행 — 282

Chapter 04 공항 — 288

Chapter 05 쇼핑과 취미 — 294
1. 쇼핑 — 294
2. 취미 — 300

Chapter 06 여행, 종교, 스포츠 — 304
1. 여행 — 304
2. 종교 — 310
3. 스포츠 — 320

Chapter 07 극장과 공원 — 328
1. 극장 — 328
2. 공원 — 336

Chapter 08 자연 — 342
1. 동물 — 342

Part 04 밤

Chapter 01 음식점 — 382

Chapter 02 술 — 392

Chapter 03 호텔 — 398

Chapter 04 집 — 402

chapter 1 가정(Home, 家庭, 家庭)

1 침실(Bedroom, 寝室, 卧室)

□ 조명등
- lamp [læmp] 램프
- 照明灯 (しょうめいとう) 쇼-메-토-
- 灯 [dēng] 떵

□ 전기스탠드
- table lamp [téib-əl læmp] 테이블램프
- 電気スタンド (でんきすたんど) 뎅키스탄도
- 台灯 [táidēng] 타이떵

□ 전등갓
- lamp shade [læmp ʃeid] 램프셰이드
- 電灯の傘 (でんとうのかさ) 덴토-노카사
- 灯罩(儿) [dēngzhào(r)] 떵쟈오(얼)

□ 침대
- bed [bed] 베드
- ベッド 벳도
- 床 [chuáng] 촹

□ 1인용 침대
- single bed [síŋg-əl bed] 싱글베드
- シングルベッド 싱구루벳도
- 单人床 [dānrénchuáng] 딴런촹

□ 2인용 침대
- double bed [dʌ́bəl bed] 더블베드
- ダブルベッド 다부루벳도
- 双人床 [shuāngrénchuáng] 솽런촹

□ 2층 침대
- bunk bed [bʌŋk bed] 벙크베드
- 二段ベッド (にだん) 니단벳도
- 双层床 [shuāngcéngchuáng] 솽청촹

□ 알람시계
- alarm clock [əláːrm klɑk] 얼람클럭
- 目覚まし時計 (めざましとけい) 메자마시토케-
- 闹钟 [nàozhōng] 나오종

□ 침대옆 탁자
- night stand [nait stænd] 나이트스탠드
- サイドテーブル 사이도테-부루
- 床头柜 [chuángtóuguì] 촹토우구이

□ 담요
blanket [blǽŋkit] 블랭킷
毛布 (もうふ) 모-후
毯子 [tǎnzi] 탄즈

□ 전기담요
electric blanket
[iléktric blǽŋkit] 일렉트릭블랭킷
電気毛布 (でんきもうふ) 뎅키모-후
电热毯 [diànrètǎn] 디엔러탄

□ (두꺼운) 이불
comforter [kámfərtər] 컴퍼터
布団 (ふとん) 후톤
被子 [bèizi] 뻬이즈

□ 나이트 가운 (잠옷)
night gown [nait gaun] 나이트가운
ナイトガウン 나이토가운
睡衣 [shuìyī] 슈이이

□ 파자마(잠옷)
pajamas [pədʒá:məz] 퍼자머즈
パジャマ 파쟈마
睡衣裤 [shuìyīkù] 슈이이쿠

□ 베개
pillow [pílou] 필로우
枕 (まくら) 마쿠라
枕头 [zhěntou] 전토우

□ 침구, 이부자리
bedclothes [bédʃklou(ð)z]
베드클로우(드)즈
寝具 (しんぐ) 싱구
寝具 [qǐnjù] 친쮜

□ 매트리스
mattress [mǽtris] 매트리스
マットレス 맛토레스
床垫 [chuángdiàn] 촹디엔

> 관련어

- 새벽 **dawn** [dɔːn] 돈 / 夜明け (よあけ) 요아케 / 早晨 [zǎochen] 자오천
- 오전 **morning** [mɔ́ːrniŋ] 모닝 / 午前 (ごぜん) 고젱 / 上午 [shàngwǔ] 샹우
- 오후 **afternoon** [æftərnúːn] 애프터눈 / 午後 (ごご) 고고 / 下午 [xiàwǔ] 샤우
- 저녁 **evening** [íːvniŋ] 이브닝 / 夕方 (ゆうがた) 유-가타 / 晚上 [wǎnshang] 완샹

- 밤 **night** [nait] 나이트 / 夜 (よる) 요루 / 黑夜 [hēiyè] 헤이예
- 한밤중 **midnight** [mídnàit] 미드나이트 / 真夜中 (まよなか) 마요나카 / 深夜 [shēnyè] 션예
- 엊저녁, 지난밤 **last night** [læst nait] 래스트나이트 / 昨夜 (さくや) 사쿠야 / 昨晚 [zuówǎn] 쭈오완

- 오늘 **today** [tədéi] 터데이 / 今日 (きょう) 쿄- / 今天 [jīntiān] 찐티엔
- 오늘밤 **tonight** [tənáit] 터나이트 / 今夜 (こんや) 콩야 / 今晚 [jīnwǎn] 찐완

- □ 어제 **yesterday** [jéstə:rdèi] 예스터데이 / 昨日 (きのう) 키노- / 昨天 [zuótiān] 쭈오티엔
- □ 그저께 **the day before yesterday** [ðə dei bifɔ́:r jéstə:rdèi] 더데이비포예스터데이 / 一昨日 (おとどい) 오토토이 / 前天 [qiántiān] 치엔티엔
- □ 내일 **tomorrow** [təmɔ́:rou] 터모로우 / 明日 (あした) 아시타 / 明天 [míngtiān] 밍티엔
- □ 모레 **the day after tomorrow** [ðə dei ǽftər təmɔ́:rou] 더데이애프터터모로우 / 明後日 (あさって) 아삿테 / 后天 [hòutiān] 호우티엔

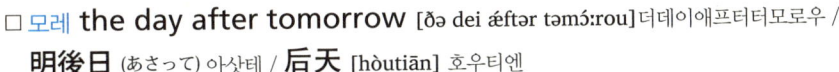

- □ 하루 **day** [dei] 데이 / 一日 (いちにち) 이치니치 / 一天 [yītiān] 이티엔
- □ 일상생활 **everyday life** [évri:dèi laif] 에브리데이 라이프 / 日常生活 (にちじょうせいかつ) 니치죠-세-카츠 / 日常生活 [rìchángshēnghuó] 르챵셩휘
- □ 날짜 **date** [deit] 데이트 / 日付 (ひづけ) 히즈케 / 日子 [rìzi] 르즈

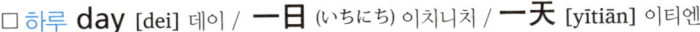

- □ 해돋이, 일출 **sunrise** [sánràiz] 썬라이즈 / 日の出 (ひので) 히노데 / 日出 [rìchū] 르추
- □ 해넘이, 일몰 **sunset** [sánsèt] 썬셋 / 日暮れ (ひぐれ) 히구레 / 日落 [rìluò] 르루오

chapter 1

❷ 거실 및 집안 가구
(Living room & Furniture, 居室及び家具, 起居室家庭家具)

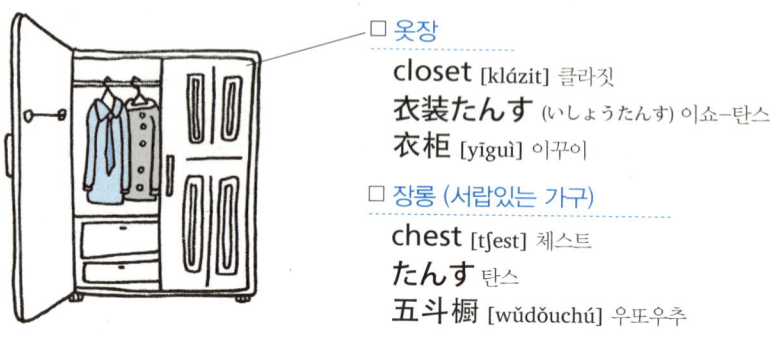

□ 옷장
　closet [klázit] 클라짓
　衣装たんす (いしょうたんす) 이쇼-탄스
　衣柜 [yīguì] 이꾸이

□ 장롱 (서랍있는 가구)
　chest [tʃest] 체스트
　たんす 탄스
　五斗櫥 [wǔdǒuchú] 우또우추

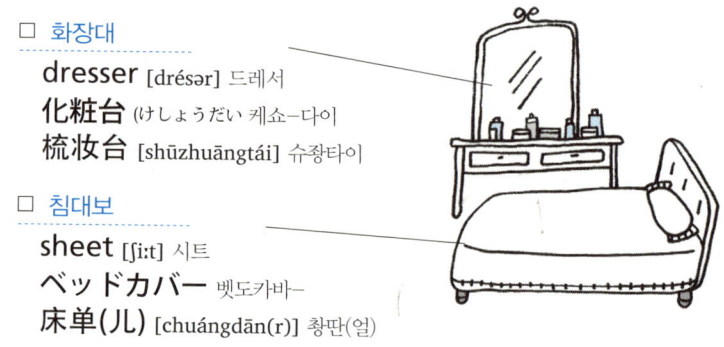

□ 화장대
　dresser [drésər] 드레서
　化粧台 (けしょうだい) 케쇼-다이
　梳妆台 [shūzhuāngtái] 슈쫭타이

□ 침대보
　sheet [ʃiːt] 시트
　ベッドカバー 벳도카바-
　床单(儿) [chuángdān(r)] 촹딴(얼)

□ 테이블
　table [téib-əl] 테이블
　テーブル 테-부루
　桌子 [zhuōzi] 주오즈

□ 의자
　chair [tʃɛər] 체어
　椅子 (いす) 이스
　椅子 [yǐzi] 이즈

□ 안락의자
　arm chair [ɑːrm tʃɛər] 암체어
　安楽椅子 (あんらくいす) 안라쿠이스
　安乐椅 [ānlèyǐ] 안러이

14

• chapter 1 가정

□ 책장
book shelf [buk ʃelf] 북셸프
本棚 (ほんだな) 혼다나
书架 [shūjià] 슈쟈

□ 옷걸이(양복)
hanger [hǽŋər] 행어
洋服掛け (ようふくかけ) 요-후쿠카케
衣架 [yījià] 이쟈

□ 소파
couch [kautʃ] 카우치
ソファ 소화
沙发 [shāfā] 사파

□ 쿠션
cushion [kúʃən] 쿠션
クッション 쿳숑
靠垫 [kàodiàn] 카오디엔

□ 요람, 소아용침대
cradle [kréidl] 크레이들
ベビーベッド 베비-벳도
摇篮 [yáolán] 야오란

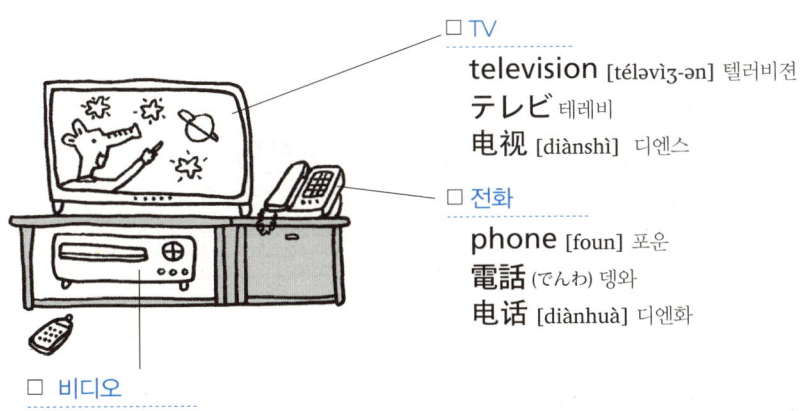

□ TV
television [téləvìʒ-ən] 텔러비젼
テレビ 테레비
电视 [diànshì] 디엔스

□ 전화
phone [foun] 포운
電話 (でんわ) 뎅와
电话 [diànhuà] 디엔화

□ 비디오
video cassette recorder [vídiò kæsét rikɔ́:rdə:r] 비디오캐셋리코더
ビデオ 비데오
录像 [lùxiàng] 루샹

15

chapter 1

□ 천장

ceiling [síːliŋ] 씰링
天井 (てんじょう) 텐죠－
天花板 [tiānhuābǎn] 티엔화반

□ 에어콘

air conditioner [ɛər kəndíʃənər] 에어컨디셔너
エアコン 에아콩
空调 [kōngtiáo] 콩탸오

□ 진공청소기

vacuum cleaner [vǽkjuəm klíːnər] 배큠클리너
真空掃除機 (しんくうそうじき) 싱쿠－소－지키
吸尘器 [xīchénqì] 시천치

□ 가습기

humidifier [hjuːmídəfàiər] 휴미더파이어
加湿器 (かしつき) 카시츠키
加湿器 [jiāshīqì] 쟈스치

□ (전기)콘센트

outlet [áutlet] 아웃레트
(電気)コンセント ((でんき)こんせんと) (뎅키)콘센토
插口 [chākǒu] 차코우

□ 라디오

radio [réidiòu] 레이디오우
ラジオ 라지오
收音机 [shōuyīnjì] 쇼우인지

□ 거실마루

floor [flɔːr] 플로
床 (ゆか) 유카
起居室地板 [qǐjūshì dìbǎn] 치쥐스 디반

□ 리모콘

remote control [rimóut kəntróul] 리모우트컨트로울
リモコン 리모콩
遥控器 [yáokòngqì] 야오콩치

chapter 1 가정

□ 샹들리에
chandelier [ʃændəlíər] 샌델리어
シャンデリア 샨데리아
枝形挂灯 [zhīxíng guàdēng] 즈싱 꽈떵

□ 벽
wall [wɔːl] 월
壁 (かべ) 카베
墙 [qiáng] 치앙

□ 창(문)
window [wíndou] 윈도우
窓 (まど) 마도
窗户 [chuānghu] 창후

□ 커튼
curtain [káːrtən] 커튼
カーテン 카-텡
窗帘(儿) [chuānglián(r)] 창리엔

□ 쓰레기통
bin [bin] 빈
ゴミ箱 (ごみばこ) 고미바코
垃圾桶 [lājītǒng] 라지통

□ 카펫(융단)
carpet [káːrpit] 카핏
カーペット 카-펫토
地毯 [dìtǎn] 디탄

□ 난로
stove [stouv] 스토우브
ストーブ 스토-부
火炉(儿) [huǒlú(r)] 훠루(얼)

17

관련어

- 서랍 drawer [drɔ́:ər] 드로어 / 引き出し (ひきだし) 히키다시 / 抽屉 [chōuti] 초우티
- 장롱 drawers [drɔ:rz] 드로즈 / 箪笥 (たんす) 탄스 / 衣箱 [yīxiāng] 이샹
- 쓰레받기 dustpan [dʌ́stpæ̀n] 더스트팬 / ゴミ取り (ごみとり) 고미토리 / 簸箕 [bòjī] 뽀지
- 대청소 housecleaning [hauśklì:niŋ] 하우스클리닝 / 大掃除 (おおそうじ) 오–소–지 / 大扫除 [dàsǎochú] 따사오추

- 집안일 chore [tʃɔ:r] 초 / 家事 (かじ) 카지 / 家务 [jiāwù] 쟈우
- 꾸밈, 장식 ornament [ɔ́:rnəmənt] 오너먼트 / 飾り (かざり) 카자리 / 装饰 [zhuāngshì] 좡스
- 거처 abode [əbóud] 어보우드 / 居所 (いどころ) 이도코로 / 居处 [jūchù] 쥐추
- 거실 parlor [pá:rlər] 파러 / 居室 (きょしつ) 쿄시츠 / 客厅 [kètīng] 커팅
- 현관의 벨 doorbell [dɔ́:rbèl] 도벨 / 呼び鈴 (よびりん) 요비링 / 门铃 [ménlíng] 먼링

- 복도 corridor [kɔ́:ridər] 코리더 / 廊下 (ろうか) 로-카 / 走廊 [zǒuláng] 조우랑

- 계단 stair [stɛər] 스테어 / 階段 (かいだん) 카이당 / 阶梯 [jiētī] 지에티

- 고미다락(방) attic [ǽtik] 애틱 / 屋根裏 (やねうら) 야네우라 / 阁楼 [gélóu] 거로우

- 서재 study [stʌ́di] 스터디 / 書斎 (しょさい) 쇼사이 / 书房 [shūfáng] 슈팡

- 벽지 wallpaper [wɔ́:lpèipəːr] 월페이퍼 / 壁紙 (かべがみ) 카베가미 / 壁纸 [bìzhǐ] 삐즈

- 유리문 glass door [glæs dɔːr] 글래스도 / ガラス戸 (がらすど) 가라스도 / 玻璃门 [bōlímén] 뽀리먼

- 액자 picture frame [píktʃər freim] 픽쳐프레임 / 額縁 (がくぶち) 가쿠부치 / 画框(儿) [huàkuàng] 화쾅

- 붙박이장 built-in wardrobe [bilt in wɔ́:rdròub] 빌트인워드로우브 / 作り付けの箪笥 (つくりつけのたんす) 츠쿠리츠케노 탄스 / 壁橱 [bìchú] 삐추

③ 욕실(Bathroom, バスルーム, 浴室)

□ 화장실
toilet [tɔ́ilit] 토일릿
お手洗い (おてあらい) 오테아라이
厕所 [cèsuǒ] 처쑤오

□ 수건
towel [táu-əl] 타월
タオル 타오루
毛巾 [maójīn] 마오진

□ 드라이기
hair dryer [hɛər dráiər] 헤어드라이어
ドライヤー 도라이야-
吹风机 [chuīfēngjī] 추이펑지

□ 수도꼭지
faucet [fɔ́:sit] 포씨트
蛇口 (じゃぐち) 쟈구치
龙头 [lóngtóu] 롱토우

□ 화장지
toilet paper [tɔ́ilit péipər] 토일릿페이퍼
トイレットペーパー 토이렛토페-파-
卫生纸 [weìshēngzhǐ] 웨이셩즈

□ 거울
mirror [mírər] 미러
鏡 (かがみ) 카가미
镜子 [jìngzi] 징즈

□ 세면대
sink [siŋk] 씽크
洗面台 (せんめんだい) 셈멘다이
洗手池 [xǐshǒuchí] 시소우츠

□ 세면기
basin [béisən] 베이썬
洗面器 (せんめんき) 셈멩키
洗头盆 [xǐtóupén] 시토우펀

□ 좌변기
toilet seat [tɔ́ilit si:t] 토일릿씨트
便座 (べんき) 벵키
马桶 [mǎtǒng] 마통

□ 샤워기
shower [ʃáuəːr] 샤워
シャワー 샤와-
淋浴器 [línyùqì] 린위치

□ 샤워기 머리
shower head [ʃáuəːr hed] 샤워헤드
シャワーヘッド 샤와-헷도
喷头 [pēntóu] 펀토우

□ 환기창
ventilator [véntəlèitər] 벤털레이터
換気口 (かんきこう) 캉키코-
气窗 [qìchuāng] 치촹

□ 온수꼭지
hot tap [hɑt tæp] 하트탭
湯の蛇口 (ゆのじゃぐち) 유노 쟈구치
热水龙头 [rèshuǐlóngtóu] 러쉐이롱토우

□ 냉수꼭지
cold tap [kould tæp] 코울드탭
冷水の蛇口 (れいすいのじゃぐち) 레-스이노 쟈구치
冷水龙头 [lěngshuǐlóngtóu] 렁쉐이롱토우

□ (구급)약상자
medicine chest [médəs-ən tʃest] 메더썬체스트
救急箱 (きゅうきゅうばこ) 큐-큐-바코
急救包 [jíjiùbāo] 지지우빠오

□ 배수관
drain [drein] 드레인
排水口 (はいすいこう) 하이스이코-
地漏 [dìlòu] 디로우

□ 욕조
bathtub [bǽθtʌb] 배쓰터브
浴槽 (よくそう) 요쿠소-
浴缸 [yùgāng] 위깡

□ (배수구)마개
plug [plʌg] 플럭
排水口の蓋 (はいすいこうのふた) 하이스이코-노 후타
塞子 [sāizi] 싸이즈

□ 샴푸
shampoo [ʃæmpúː] 샴푸
シャンプー 샴푸―
洗发露 [xǐfàlù] 시파루

□ 비누
soap [soup] 쏘웁
石鹸 (せっけん) 섹켕
肥皂 [féizào] 페이짜오

□ 수건걸이
towel rack [táu-əl ræk] 타월랙
タオルホルダー 타오루호루다―
毛巾架 [máojīnjià] 마오진쟈

□ 비누통
soap dish [soup diʃ] 쏘웁디시
石鹸ホルダー (せっけんほるだー) 섹켕호루다―
肥皂盒 [féizàohé] 페이짜오허

chapter 1 가정

□ 칫솔

tooth brush [tu:θ brʌʃ] 투스브러시
歯ブラシ (はぶらし) 하부라시
牙刷 [yáshuā] 야슈아

□ 치약

tooth paste [tu:θ peist] 투스페이스트
歯磨き粉 (はみがきこ) 하미가키코
牙膏 [yágāo] 야까오

□ 칫솔통

tooth brush holder [tu:θ brʌʃ hóuldər] 투쓰브러시호울더
歯ブラシホルダー (はぶらしほるだー) 하부라시호루다ー
牙刷杯 [yáshuābēi] 야슈아뻬이

> 관련어

- 냉수욕 cold bath [kould bæθ] 코울드배쓰 / 冷水浴 (れいすいよく) 레-스이요쿠 / 冷浴 [lěngyù] 렁위

- 온수욕 hot bath [hɑt bæθ] 핫배쓰 / 熱いお風呂 (あついおふろ) 아츠이오후로 / 热浴 [rèyù] 러위

- 전용 욕실 private bath [práivit bæθ] 프라이빗배쓰 / 専用バスルーム (せんようばするーむ) 셍요-바스루-무 / 私人浴室 [sīrényùshì] 쓰런위스

- 공중 목욕탕 public bath [pÁblik bæθ] 퍼블릭배쓰 / 公衆浴場 (こうしゅうよくそう) 코-슈-요쿠소- / 澡堂 [zǎotáng] 짜오탕

- 세면화장품류(목욕용品) toiletry [tɔ́ilitri] 토일리트리 / 洗面用品 (せんめんようひん) 셈멩요-힝 / 化妆用品 [huàzhuāngyòngpǐn] 화쫭용핀

- 세탁물 laundry [lɔ́:ndri] 론드리 / 洗濯物 (せんたくもの) 센타쿠모노 / 要洗的衣物 [yàoxǐdeyīwù] 야오시더이우

- (합성)세제 detergent [dité:rdʒənt] 디터전트 / (合成)洗剤 ((ごうせい)せんざい) (고-세-)센자이 / 洗衣粉 [xǐyīfěn] 시이펀

- 헤어컨디셔너 hair conditioner [hɛər kəndíʃənər] 헤어컨디셔너 / ヘアコンディショナー 헤아콘디쇼나 / 护发精 [hùfàjīng] 후파징

- 헤어트리트먼트 hair treatment [hɛər tríːtmənt] 헤어트리트먼트 /
  ヘアケア 헤아케아 / 头发滋养霜 [tóufàzīyǎngshuāng] 토우파쯔양슈앙

- 바디샴푸 body shampoo [bádi ʃæmpúː] 바디샴푸 /
  ボディシャンプー 보디샴푸- / 沐浴乳 [mùyùrù] 무위루

- 알코올성 세발액 dry shampoo [drai ʃæmpúː] 드라이샴푸 /
  ドライシャンプー 도라이샴푸- / 干洗洗发露 [gānxǐxǐfàlù] 깐시시파루

- 세안크림 cleansing cream [klénziŋ kriːm] 클렌징크림 /
  洗顔クリーム (せんがんくりーむ) 셍강쿠리-무 / 清洁霜 [qīngjiéshuāng] 칭지에슈앙

- 세안 화장수 cleansing lotion [klénziŋ lóuʃən] 클렌징로우션 /
  洗顔化粧水 (せんがんけしょうすい) 셍강케쇼-스이 / 卸妆乳液 [xièzhuāngrǔyè] 씨에좡루예

- 세안유 cleansing oil [klénziŋ ɔil] 클렌징오일 / 洗顔オイル (せんがんおいる) 셍강오이루 /
  卸妆油 [xièzhuāngyóu] 씨에좡요우

- 화장지 cleansingtissue [klénziŋtíʃuː] 클렌징티슈 /
  トイレットペーパー 토이렛토페-파- / 纸巾 [zhǐjīn] 즈진

❹ 생활 필수품(Nesessaries of Life, 生活必需品, 生活必需品)

□ 열쇠고리
  key ring [kiːriŋ] 키링
  キーホルダー 키-호루다-
  钥匙链 [yàoshiliàn] 야오스리엔

□ 열쇠
  key [kiː] 키
  鍵 (かぎ) 카기
  钥匙 [yàoshi] 야오스

□ (전기)면도기
  electric razor [ilektrik réizəːr] 일렉트릭 레이저
  電気かみそり (でんきかみそり) 뎅키카미소리
  (电动)剃须刀 [(diàndòng)tìxūdāo] (디엔똥)티쉬따오

□ 가위
  scissors [sízəːrz] 씨저즈
  はさみ 하사미
  剪刀 [jiǎndāo] 지엔따오

□ 바늘
  needle [níːdl] 니들
  針 (はり) 하리
  针 [zhēn] 전

□ 실
  thread [θred] 쓰레드
  糸 (いと) 이토
  线(儿) [xiàn(r)] 시엔(얼)

□ 양동이
  bucket [bʌ́kit] 버킷
  バケツ 바케츠
  水桶 [shuǐtǒng] 쉐이통

□ 걸레
  dust cloth [dʌstklɔ̀(ː)θ] 더스트클로쓰
  モップ 몹푸
  抹布 [mābù] 마뿌

□ 카메라
  camera [kǽmərə] 캐머러
  カメラ 카메라
  照相机 [zhàoxiàngjī] 자오시앙지

chapter 1 가정

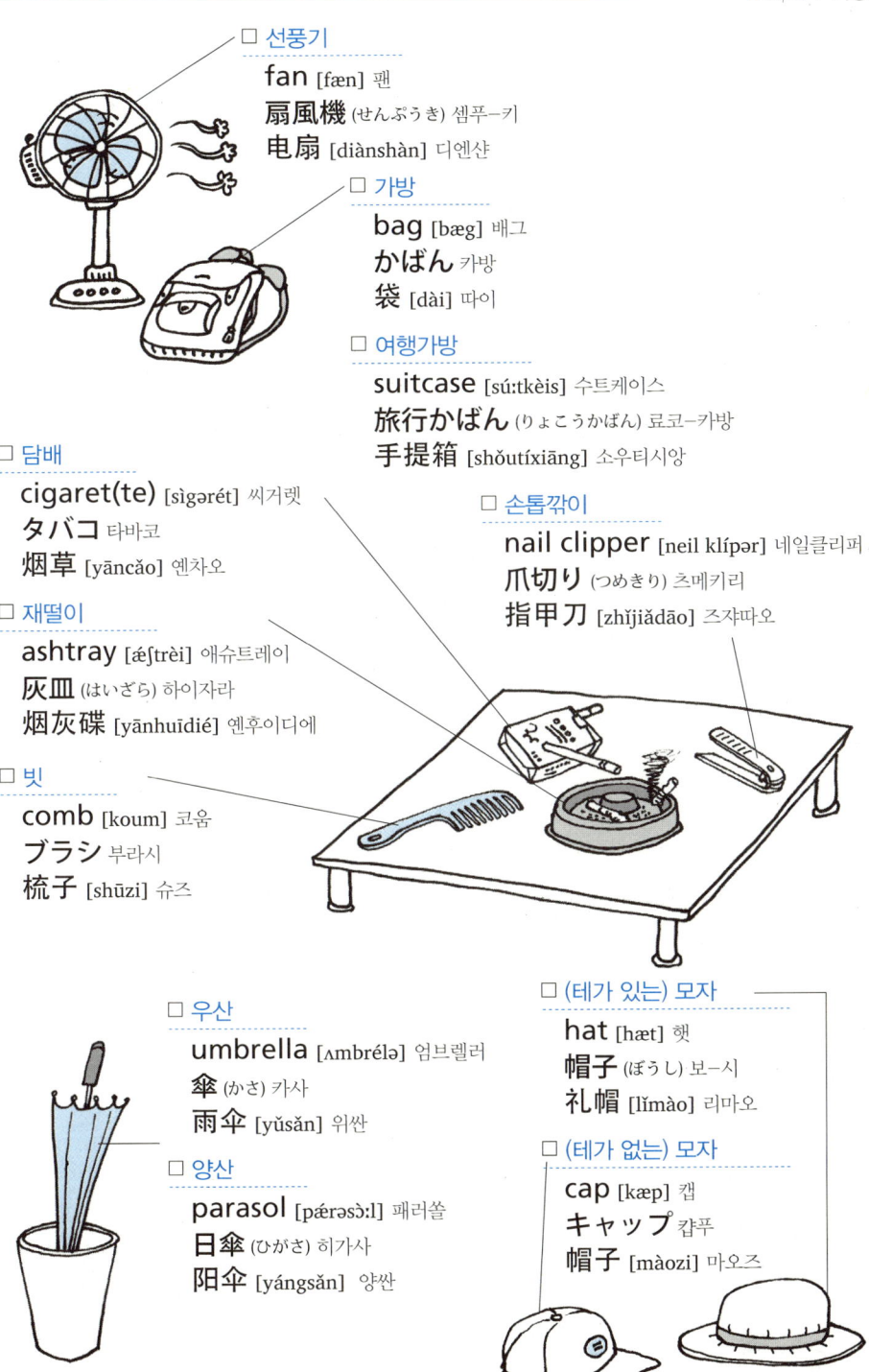

□ 선풍기
fan [fæn] 팬
扇風機 (せんぷうき) 셈푸-키
电扇 [diànshàn] 디엔샨

□ 가방
bag [bæg] 배그
かばん 카방
袋 [dài] 따이

□ 여행가방
suitcase [súːtkèis] 수트케이스
旅行かばん (りょこうかばん) 료코-카방
手提箱 [shǒutíxiāng] 소우티시앙

□ 손톱깎이
nail clipper [neil klípər] 네일클리퍼
爪切り (つめきり) 츠메키리
指甲刀 [zhǐjiǎdāo] 즈쟈따오

□ 담배
cigaret(te) [sìgərét] 씨거렛
タバコ 타바코
烟草 [yāncǎo] 옌차오

□ 재떨이
ashtray [ǽʃtrèi] 애슈트레이
灰皿 (はいざら) 하이자라
烟灰碟 [yānhuīdié] 옌후이디에

□ 빗
comb [koum] 코움
ブラシ 부라시
梳子 [shūzi] 슈즈

□ 우산
umbrella [ʌmbrélə] 엄브렐러
傘 (かさ) 카사
雨伞 [yǔsǎn] 위싼

□ 양산
parasol [pǽrəsɔ̀ːl] 패러쏠
日傘 (ひがさ) 히가사
阳伞 [yángsǎn] 양싼

□ (테가 있는) 모자
hat [hæt] 햇
帽子 (ぼうし) 보-시
礼帽 [lǐmào] 리마오

□ (테가 없는) 모자
cap [kæp] 캡
キャップ 캽푸
帽子 [màozi] 마오즈

27

> 관련어

- 사닥다리 **ladder** [lǽdə:r] 래더 / **はしご** 하시고 / 梯子 [tīzi] 티즈
- 벽장 **closet** [klάzit] 클라짓 / **押入れ** (おしいれ) 오시이레 / 壁橱 [bìchú] 삐추
- 비(빗자루) **broom** [bru(:)m] 브룸 / 箒 (ほうき) 호–키 / 扫帚 [sàozhou] 사오조우
- 성냥 **match** [mætʃ] 매취 / **マッチ** 맛치 / 火柴 [huǒchái] 훠차이

- 라이터 **lighter** [láitə:r] 라이터 / **ライター** 라이타– / 打火机 [dǎhuǒjī] 다훠지
- 해머, (쇠)망치 **hammer** [hǽmər] 해머 / **ハンマー** 함마– / 铁锤 [tiěchuí] 티에추이
- 나사, 나사못 **screw** [skru:] 스크루 / **ねじ** 네지 / 螺丝钉 [luósīdīng] 루오쓰딩
- 나무나사 **wood screw** [wud skru:] 우드스크루 / 木ネジ (もくねじ) 모쿠네지 / 木螺钉 [mùluódīng] 무루오딩
- (양)초 **candle** [kǽndl] 캔들 / 蝋燭 (ろうそく) 로–소쿠 / 蜡烛 [làzhú] 라주

- □ 손전등 flash light [flæʃlait] 플래쉬라이트 /
  懷中電灯 (かいちゅうでんとう) 카이츄-덴토- / 手电 [shǒudiàn] 소우디엔

- □ 건전지 battery [bǽtəri] 배터리 / 電池 (でんち) 덴치 / 电池 [diànchí] 디엔츠

- □ 재활용 recycling [riːsáik-əling] 리싸이컬링 /
  リサイクル 리사이쿠루 / 回收利用 [huíshōulìyòng] 후이쇼우리용

- □ 바느질실 sewing thread [sóuiŋ θred] 쏘우잉쓰레드 /
  縫い糸 (ぬいいと) 누이이토 / 缝纫线 [féngrènxiàn] 펑런시엔

- □ 재봉틀 sewing machine [sóuiŋ məʃíːn] 쏘우잉머쉰 /
  ミシン 미싱 / 缝纫机 [féngrènjī] 펑런지

- □ 다리미 iron [áiərn] 아이언 / アイロン 아이롱 / 熨斗 [yùndǒu] 윈또우

- □ 건조기 dryer [dráiər] 드라이어 / 乾燥機 (かんそうき) 칸소-키 /
  烘干机 [hōnggānjī] 홍깐지

- □ 공기 정화기 air cleaner [ɛər klíːnər] 에어클리너 /
  エアクリーナー 에아쿠리-나- /
  空气净化器 [kōngqìjìnghuàqì] 콩치징화치

- □ 난방장치 heating apparatus [híːtiŋ ǽpəréitəs] 히팅애퍼레이터스 /
  暖房装置 (だんぼうそうち) 담보-소-치 / 供暖装置 [gōngnuǎnzhuāngzhì] 꽁누안좡즈

- □ 전기기구 appliance [əpláiəns] 어플라이언스 / 電気器具 (でんききぐ) 뎅키키구 /
  电器 [diànqì] 디엔치

❺ 화장품(Cosmetic, 化粧品, 化妆品)

□ 무스(크림)

mousse [mu:s] 무쓰
ムース(クリーム) 무-스(쿠리-무)
摩丝 [mósī] 모쓰

□ 가루분

powder [páudər] 파우더
パウダー 파우다-
面粉 [miànfěn] 미엔펀

□ 스킨로션

tonic lotion [tánik lóuʃən] 토닉로우션
スキンローション 스킨로-숑
爽肤水 [shuǎngfūshuǐ] 슈앙푸쉐이

□ 로션

toner [tóunə:r] 토우너
ローション 로-숑
保湿霜 [bǎoshīshuāng] 바오스슈앙

□ 영양크림

facial cream [féiʃəl kri:m] 페이셜크림
栄養クリーム (えいようくりーむ)
에-요-쿠리-무
营养面膏 [yíngyǎngmiàngāo] 잉양미엔까오

□ 파운데이션

foundation [faundéiʃ-ən] 파운데이션
ファンデーション 환데-숑
粉底 [fěndǐ] 펀디

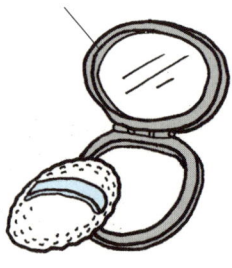

□ 매니큐어

nail polish [neil páliʃ] 네일팔리시
マニキュア 마니큐아
指甲油 [zhǐjiayóu] 즈쟈요우

□ 향수

perfume [pə́:rfju:m] 퍼퓸
香水 (こうすい) 코-스이
香水 [xiāngshuǐ] 샹쉐이

chapter 1 가정

□ 마스카라

mascara [mæskǽrə] 매쓰캐러
マスカラ 마스카라
睫毛膏 [jiémáogāo] 지에마오까오

□ 인조속눈썹

false eyelash [fɔːls aílæʃ] 폴쓰아이래시
付け睫毛 (つけまつげ) 츠케마츠게
假睫毛 [jiǎjiémáo] 쟈지에마오

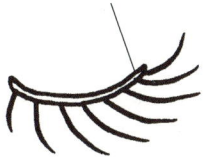

□ 헤어스프레이

hair spray [hɛər sprei] 헤어스프레이
ヘアスプレー 헤아스푸레-
定型水 [dìngxíngshuǐ] 딩싱쉐이

□ 볼연지

blusher [blʌʃəːr] 블러셔
頰紅 (ほおべに) 호-베니
腮红 [sāihóng] 싸이홍

□ 화장, 화장품

make-up [méikʌ̀p] 메이컵
化粧, 化粧品 (けしょう, けしょうひん)
케쇼-, 케쇼-힝
化妆(品) [huàzhuāng(pǐn)] 화좡(핀)

□ 입술연지

lipstick [lípstìk] 립스틱
リップスティック 립푸스틱쿠
口红 [kǒuhóng] 코우홍

31

관련어

- 향기 **fragrance** [fréigrəns] 프레이그런스 / **香り** (かおり) 카오리 / **香味** [xiāngwèi] 샹웨이

- 아이섀도우 **eye shadow** [ai ʃǽdou] 아이섀도우 / **アイシャドウ** 아이샤도우 / **眼影** [yǎnyǐng] 옌잉

- 안마 **massage** [məsá:ʒ] 머사쥐 / **マッサージ** 맛사—지 / **按摩** [ànmó] 안모

- 마사지크림 **massage cream** [məsá:ʒ kri:m] 머사쥐크림 / **マッサージクリーム** 맛사—지쿠리—무 / **按摩霜** [ànmóshuāng] 안모슈앙

- 입술크림 **lip cream** [lip kri:m] 립크림 / **リップクリーム** 립푸쿠리—무 / **唇膏** [chúngāo] 춘까오

- 피부관리 **skin care** [skin kɛər] 스킨케어 / **スキンケア** 스킹케아 / **皮肤护理** [pífūhùlǐ] 피푸후리

- 미용사 **hair designer** [hɛər dizáinər] 헤어디자이너 / **美容師** (びようし) 비요—시 / **美发师** [měifàshī] 메이파스

□ 팩(용 화장품) pack [pæk] 팩 / パック 팍쿠 / 面膜 [miànmó] 미엔모

□ 냉습포 cold pack [kould pæk] 코울드팩 / コールドパック 코-루도팍쿠 / 冷敷 [lěngfū] 렁푸

□ 온습포 hot pack [hɑt pæk] 핫팩 / ホットパック 홋토팍쿠 / 热敷 [rèfū] 러푸

□ 파마 permanent wave [pə́:rmənənt weiv] 퍼머넌트웨이브 / パーマ 파-마 / 烫发 [tàngfà] 탕파

□ 미장원 beauty shop [bjú:ti ʃàp] 뷰티샵 / 美容院 (びょういん) 비요-잉 / 美容院 [měiróngyuàn] 메이롱위엔

□ 미용실 beauty salon [bjú:ti səlán] 뷰티썰란 / 美容室 (びようしつ) 비요-시츠 / 美容室 [měiróngshì] 메이롱스

□ 이발소 barber shop [bá:rbər ʃɑp] 바버샵 / 床屋 (とこや) 토코야 / 理发店 [lǐfàdiàn] 리파디엔

□ 손톱손질하는 곳 nail shop [neil ʃɑp] 네일샵 / ネイルサロン 네이루사롱 / 美甲店 [měijiǎdiàn] 메이쟈디엔

6 부엌(Kitchen, 台所, 厨房)

□ **식당**
dining room [dáiniŋ rum] 다이닝룸
レストラン 레스토랑
餐厅 [cāntīng] 찬팅

□ **쟁반**
tray [trei] 트레이
トレイ 토레이
托盘 [tuōpán] 투오판

□ **앞치마**
apron [éiprən] 에이프런
エプロン 에푸롱
围裙 [wéiqún] 웨이췬

□ **포크**
fork [fɔ:rk] 포크
フォーク 훠-쿠
餐叉 [cānchā] 찬차

□ **숟가락**
spoon [spu:n] 스푼
スプーン 스푸-운
餐匙 [cānshí] 찬스

□ **식탁보**
table cloth [téib-əl klɔ(:)θ] 테이블클로쓰
テーブルクロス 테-부루쿠로스
桌布 [zhuōbù] 주오뿌

chapter 1 가정

□ 도마
cutting board [kʌ́tiŋ bɔːrd] 커팅보드
まな板 (まないた) 마나이타
案板 [ànbǎn] 안빤

□ 전자레인지
microwave [máikrouwèiv]
마이크로우웨이브 (= microwave oven)
電子レンジ (でんしれんじ) 덴시렌지
微波炉 [wēibōlú] 웨이보루

□ 요리용 레인지
range [reindʒ] 레인지 (gas, electric)
料理用レンジ (りょうりようれんじ) 료-리요-렌지
炉灶 [lúzào] 루짜오

□ 오븐
oven [ʌ́vən] 어븐
オーブン 오-봉
烤箱 [kǎoxiāng] 카오시앙

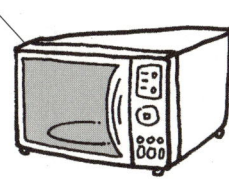

□ 도시락통
dinner pail [dínər peil] 디너페일
弁当箱 (べんとうばこ) 벤토-바코
餐盒 [cānhé] 찬허

□ 냄비
pot [pɑt] 팟
鍋 (なべ) 나베
锅 [guō] 궈

□ 커피끓이는 기구
coffeemaker [kɔ́ːfi méikəːr] 커피메이커
コーヒーメーカー 코-히-메-카-
煮咖啡器 [zhǔkāfēiqì] 주카페이치

□ 냉장고
refrigerator [rifrídʒərèitəːr]
리프리저레이터
冷蔵庫 (れいぞうこ) 레-조-코
冰箱 [bīngxiāng] 삥시앙

□ 냉동고
freezer [fríːzəːr] 프리저
冷凍庫 (れいとうこ) 레-토-코
冷藏室 [lěngcángshì] 렁창스

□ 쓰레기
garbage [gáːrbidʒ] 가비지
ごみ (ごみ) 고미
垃圾 [lājī] 라지

□ 쓰레기통
garbage pail [gáːrbidʒ peil]
가비지페일
ゴミ箱 (ごみばこ) 고미바코
垃圾桶 [lājītǒng] 라지통

35

chapter 1

□ 식기세척기

dishwasher [díʃwàʃər] 디시워셔
食器洗浄機 (しょっきせんじょうき) 쇽키센죠-키
洗碗机 [xǐwǎnjī] 시완지

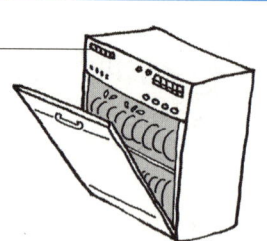

□ 밥솥

rice cooker [rais kúkər] 라이스쿠커
炊飯器 (すいはんき) 스이항키
饭锅 [fànguō] 판궈

□ 토스터(기), 빵굽는 기구

toaster [tóustəːr] 토우스터
トースター 토-스타-
烤面包器 [kǎomiànbāoqì] 카오미엔빠오치

□ 프라이팬

fry(ing)pan [frai pæn] 프라이팬
フライパン 후라이팡
煎锅 [jiānguō] 지엔궈

□ 주전자

kettle [kétl] 케틀
やかん 야캉
壶 [hú] 후

□ 칼

knife [naif] 나이프
包丁 (ほうちょう) 호-쵸-
刀 [dāo] 따오

□ 사발

bowl [boul] 보울
ボール 보-루
碗 [wǎn] 완

□ 큰접시

dish [diʃ] 디시
大皿 (おおざら) 오-자라
盘子 [pánzi] 판즈

□ (납작하고 둥근 보통의)접시

plate [pleit] 플레이트
皿 (さら) 사라
碟子 [diézi] 디에즈

□ 받침접시

saucer [sɔ́ːsəːr] 쏘서
ソーサー 소-사-
茶托 [chátuō] 차투오

chapter 1 가정

□ 주걱
rice scoop [rais sku:p] 라이스스쿠프
しゃもじ 샤모지
饭勺子 [fànsháozi] 판샤오즈

□ 국자
scoop [sku:p] 스쿠프
杓子 (しゃくし) 샤쿠시
勺子 [sháozi] 샤오즈

□ 저울
scale [skeil] 스케일
秤 (はかり) 하카리
秤 [chèng] 청

□ 찬장
cupboard [kʌ́bərd] 커버드
食器棚 (しょっきだな) 숏키다나
橱柜 [chúguì] 추구이

□ 뚜껑
lid [lid] 릳
ふた (ふた) 후타
盖子 [gàizi] 까이즈

□ 항아리, 단지
jar [dʒɑ:r] 쟈
甕, 壺 (かめ, つぼ) 카메, 츠보
罐子 [guànzi] 꽌즈

□ 믹서(기)
blender [bléndər] 블렌더
ミキサー 미키사ー
搅拌器 [jiǎobànqì] 쟈오빤치

□ 행주
dishcloth [díʃklɔ̀(:)θ] 디시클로쓰 (= dishtowel)
布巾 (ふきん) 후킹
抹布 [mābù] 마뿌

□ 젓가락
chopstick [tʃapstik] 챱스틱
箸 (はし) 하시
筷子 [kuàizi] 콰이즈

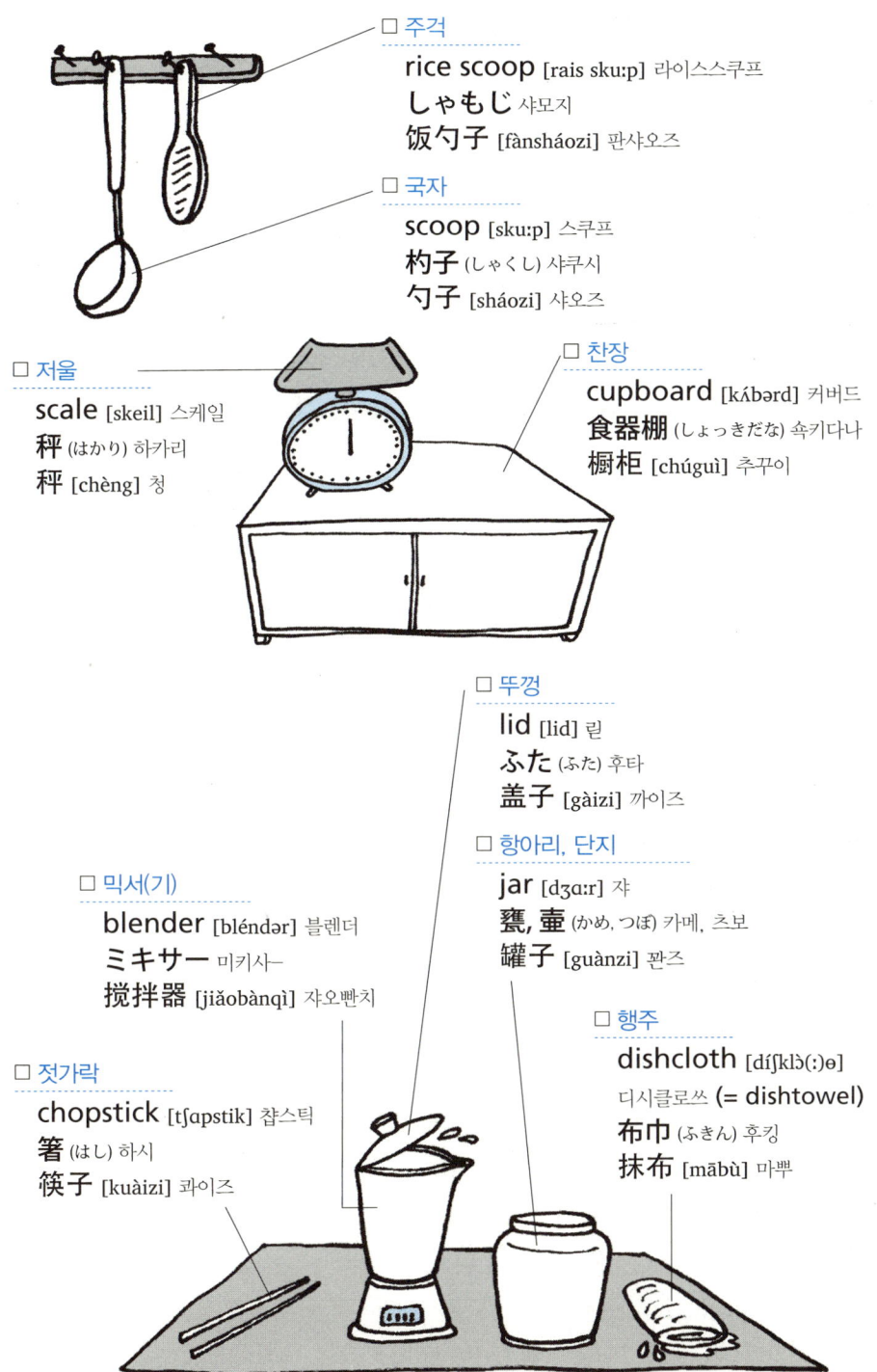

> 관련어

- 부엌세간 kitchenware [kítʃinwèər] 키친웨어 / 荒物 (あらもの) 아라모노 / 膳具 [shànjù] 샨쥐

- 배수관 drain [drein] 드레인 / 配水管 (はいすいかん) 하이스이캉 / 排水管 [páishuǐguǎn] 파이쉐이꽌

- 하수구 sewer [sjúːər] 슈어 / 溝 (どぶ) 도부 / 污水沟 [wūshuǐgōu] 우쉐이고우

- 세수비누 toilet soap [tɔ́ilit soup] 토일릿쏘웁 / 洗顔石鹸 (せんがんせっけん) 셍간섹켕 / 香皂 [xiāngzào] 샹짜오

- 세탁비누 washing soap [wɑ́ʃiŋ soup] 워싱쏘웁 / 洗濯洗剤 (せんたくせんざい) 센타쿠센자이 / 肥皂 [féizào] 페이짜오

- 경수(센물) hard water [hɑːrd wɔ́ːtər] 하드워터 / 硬水 (こうすい) 코ースー이 / 硬水 [yìngshuǐ] 잉쉐이

- 연수(단물) soft water [sɔ(ː)ft wɔ́ːtər] 쏘프트워트 / 軟水 (なんすい) 난스이 / 軟水 [ruǎnshuǐ] 루안쉐이

- 냉수 cold water [kould wɔ́ːtər] 코올드워터 / 冷水 (れいすい) 레ー스이 / 冷水 [lěngshuǐ] 렁쉐이

- 끓는 물 boiling water [bɔ́iliŋ wɔ́ːtər] 보일링워터 / 湯 (ゆ) 유 / 开水 [kāishuǐ] 카이쉐이

- 소다수 soda water [sóudə wɔ́ːtər] 쏘우더워터 / ソーダ水 (すい) 소ー다스이 / 苏打水 [sūdáshuǐ] 쑤다쉐이

- 진열용 선반 cabinet [kǽbənit] 캐버닛 / キャビネット 캬비넷토 / 橱柜 [chúguì] 추꾸이

- 토기 earthenware [ə́ːrθənwèər] 어쎤웨어 / 土器, 陶器 (どき, とうき) 도키, 토ー키 / 陶器 [táoqì] 타오치

- 식탁용식기류 tableware [téib-əlwèər] 테이벌웨어 / テーブルウェア 테ー부루웨아 / 餐具 [cānjù] 찬쥐

- 은그릇 **silver plate** [sílvɚr pleit] 씰버플레잇 / **銀食器** (ぎんしょっき) 긴쇽키 / **银餐具** [yíncānjù] 인찬쥐
- 배기장치 **exhauster** [igzɔ́:stɚr] 익조스터 / **排気装置** (はいきそうち) 하이키소-치 / **排气器** [páiqìqì] 파이치치
- 환기팬 **exhaust fan** [igzɔ́:st fæn] 익조스트팬 / **換気扇** (かんきせん) 캉키셍 / **排风扇** [páifēngshàn] 파이펑샨
- 배기가스 **exhaust fume** [igzɔ́:st fju:m] 익조스트퓸 / **排気ガス** (はいきがす) 하이키가스 / **排气** [páiqì] 파이치
- 수세미 **scrubber** [skrʌ́bɚr] 스크러버 / **たわし** 타와시 / **碗刷子** [wǎnshuāzi] 완쇠즈
- 달걀거품기 **eggbeater** [eɡ́bi:tɚr] 에그비터 / **泡立て器** (あわだてき) 아와다테키 / **打蛋器** [dǎdànqì] 다딴치
- 병따개 **bottle opener** [bátl óupənɚr] 바틀오우퍼너 / **栓抜き** (せんぬき) 센누키 / **开瓶器** [kāipíngqì] 카이핑치
- 연기탐지기 **smoke detector** [smouk ditéktɚr] 스모우크디텍터 / **煙探知機** (けむりたんちき) 케무리탄치키 / **烟雾报警器** [yānwùbàojǐngqì] 옌우바오징치
- 화재경보기 **fire alarm** [faiɚr əlá:rm] 파이어얼람 / **火災報知機** (かさいほうちき) 카사이호-치키 / **火警警报器** [huǒjǐngjǐngbàoqì] 훠징징바오치
- 유리병 **glass bottle** [glæs bátl] 글래스바틀 / **ガラス瓶** (びん) 가라스빙 / **玻璃瓶** [bōlipíng] 뽀리핑
- 쓰레기더미 **dirtheap** [dɚ́:rthì:p] 더트히프 / **ごみの山** (やま) 고미노야마 / **垃圾堆** [lājīduī] 라지뚜이

식료품(Grocery, 食料品, 食物)

① 식료품(Grocery, 食料品, 食物)

□ 마요네즈
mayonnaise [mèiənéiz] 메이어네이즈
マヨネーズ 마요네-즈
蛋黄酱 [dànhuángjiàng] 딴황지앙

□ 드레싱
dressing [drésiŋ] 드레싱
ドレッシング 도렛싱구
沙拉酱 [shālā jiàng] 샤라지앙

□ 마가린
margarine [má:rdʒ-ərin] 마저린
マーガリン 마-가링
人造黄油 [rénzàohuángyóu] 런짜오황요우

□ 우유
milk [milk] 밀크
牛乳 (ぎゅうにゅう) 규-뉴-
牛奶 [niúnǎi] 니우나이

□ 크림
cream [kri:m] 크림
クリーム 쿠리-무
奶油 [nǎiyóu] 나이요우

□ 치즈
cheese [tʃi:z] 치즈
チーズ 치-즈
奶酪 [nǎilào] 나이라오

□ 버터
butter [bʌ́tər] 버터
バター 바타-
黄油 [huángyóu] 황요우

□ 재료.
ingredient [ingríːdiənt] 인그리디언트
材料 (ざいりょう) 자이료-
原料 [yuánliào] 위엔랴오

□ 설탕
sugar [ʃúgər] 슈거
砂糖 (さとう) 사토-
糖 [táng] 탕

□ 각설탕
sugar cube [ʃúgər kjuːb] 슈거큐브
角砂糖 (かくさとう) 카쿠사토-
方块糖 [fāngkuài táng] 팡콰이탕

□ 소금
salt [sɔːlt] 쏠트
塩 (しお) 시오
盐 [yán] 옌

□ 빨간 고추
red pepper [red pépər] 레드페러
(= hot pepper)
赤唐辛子 (あかとうがらし) 아카토-가라시
辣椒 [làjiāo] 라쟈오

□ 후추
pepper [pépər] 페퍼
コショウ 코쇼-
胡椒 [hújiāo] 후쟈오

□ 실고추
shredded redpepper [ʃrédid redpépər]
슈레딛레드페퍼
千切りの唐辛子 (せんぎりのとうがらし)
셍기리노토-가라시
辣椒丝 [làjiāosī] 라쟈오쓰

□ 케첩
ketchup [kétʃəp] 케첩
ケチャップ 케챱푸
番茄酱 [fānqiéjiàng] 판치에쟝

□ 조미료
seasoning [síːz-əniŋ] 씨저닝
調味料 (ちょうみりょう) 쵸-미료-
调料 [tiáoliào] 탸오랴오

41

□ 양념
spice [spais] 스파이스
薬味 (やくみ) 야쿠미
香料 [xiāngliào] 샹랴오

□ 고추가루
red pepper power [red pépərpáudər] 레드페퍼파우더
唐辛子の粉 (とうがらしのこな) 토-가라시노코나
辣椒粉 [làjiāofěn] 라쟈오펀

□ 고추장
hot pepper sauce [hɑtpépər sɔ:s] 핫페퍼소스
唐辛子味噌 (とうがらしみそ) 토-가라시미소
(韩国)辣酱 [Hánguólàjiàng] 한궈라쟝

□ 소스
sauce [sɔ:s] 쏘스
ソース 소-스
调味汁 [tiáowèizhī] 탸오웨이즈

□ 간장
soy [sɔi] 쏘이 (= soysauce)
醤油 (しょうゆ) 쇼-유
酱油 [jiàngyóu] 쟝요우

□ 참깨
sesame [sésəmi] 쎄서미
ゴマ 고마
芝麻 [zhīma] 즈마

□ 콩기름
bean oil [bi:n ɔil] 빈오일
豆油 (まめあぶら) 마메아부라
豆油 [dòuyóu] 또우요우

□ 식초
vinegar [vínigər] 비니거
酢 (す) 스
醋 [cù] 추

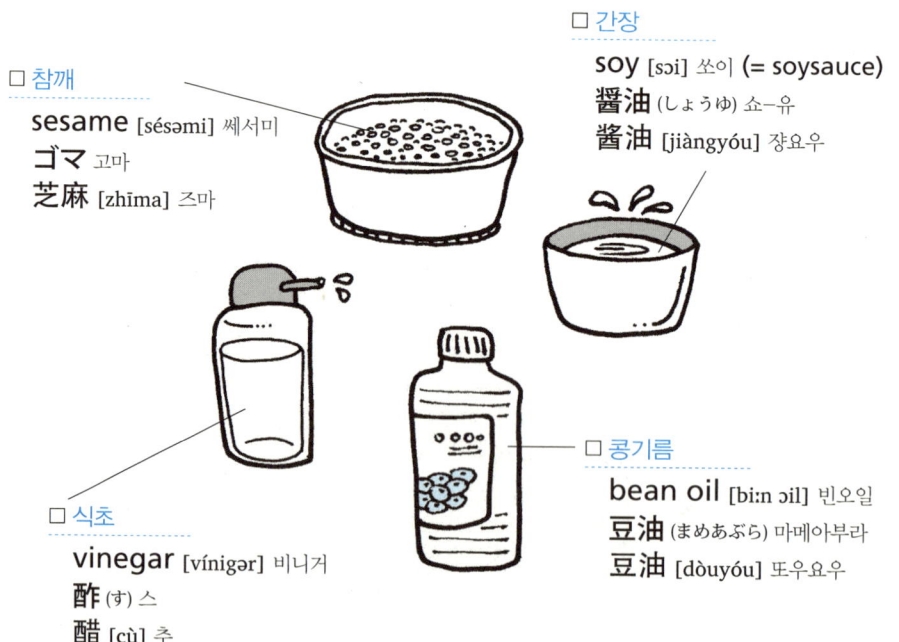

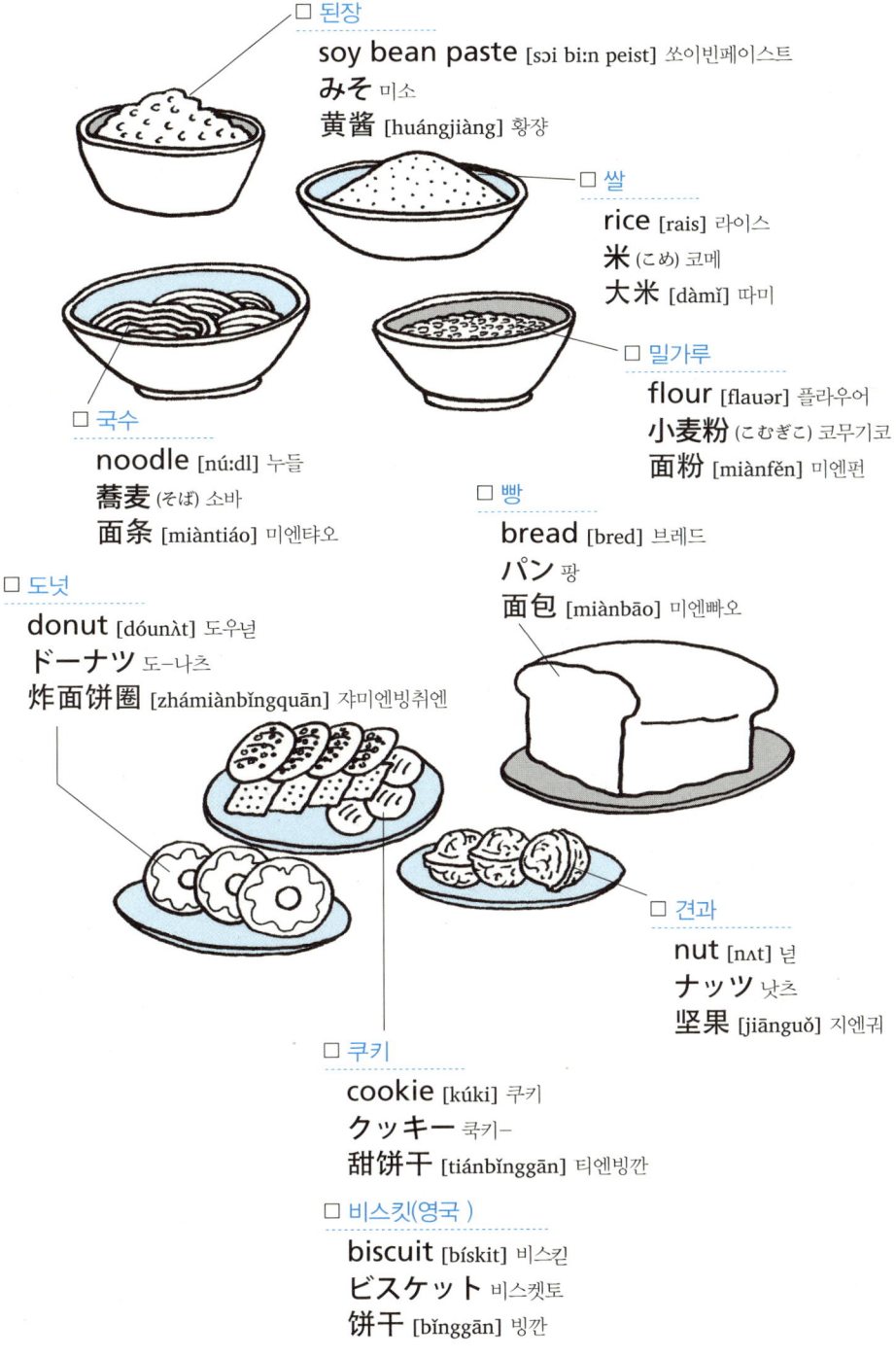

□ 된장
soy bean paste [sɔi biːn peist] 쏘이빈페이스트
みそ 미소
黄酱 [huángjiàng] 황쟝

□ 쌀
rice [rais] 라이스
米 (こめ) 코메
大米 [dàmǐ] 따미

□ 국수
noodle [núːdl] 누들
蕎麦 (そば) 소바
面条 [miàntiáo] 미엔탸오

□ 밀가루
flour [flauər] 플라우어
小麦粉 (こむぎこ) 코무기코
面粉 [miànfěn] 미엔펀

□ 빵
bread [bred] 브레드
パン 팡
面包 [miànbāo] 미엔빠오

□ 도넛
donut [dóunʌt] 도우넡
ドーナツ 도-나츠
炸面饼圈 [zhámiànbǐngquān] 쟈미엔빙취엔

□ 견과
nut [nʌt] 넡
ナッツ 낫츠
坚果 [jiānguǒ] 지엔궈

□ 쿠키
cookie [kúki] 쿠키
クッキー 쿡키-
甜饼干 [tiánbǐnggān] 티엔빙깐

□ 비스킷(영국)
biscuit [bískit] 비스킽
ビスケット 비스켓토
饼干 [bǐnggān] 빙깐

> 관련어

- 벼 rice plant [rais plænt] 라이스플랜트 / 稲 (いね) 이네 / 稻子 [dàozi] 따오즈
- 논 paddy field [pædi fi:ld] 패디필드 / 水田 (すいでん) 스이뎅 / 稻田 [dàotián] 따오티엔
- 현미 hulled rice [hʌld rais] 헐드라이스 / 玄米 (げんまい) 겜마이 / 糙米 [cāomǐ] 차오미

- 보리 barley [báːrli] 바리 / 麦 (むぎ) 무기 / 大麦 [dàmài] 따마이
- 밀 wheat [hwi:t] 휘트 / 小麦 (こむぎ) 코무기 / 小麦 [xiǎomài] 샤오마이

- 귀리 oat [out] 오우트 / 燕麦, オート麦 (えんばく, おーとむぎ) 엠바쿠, 오-토무기 / 燕麦 [yànmài] 옌마이
- 호밀 rye [rai] 라이 / ライ麦 (らいむぎ) 라이무기 / 黑麦 [hēimài] 헤이마이
- 옥수수 corn [kɔːrn] 콘 / 玉蜀黍 (とうもろこし) 토-모로코시 / 玉米 [yùmǐ] 위미
- 아몬드 almond [áːmənd] 아먼드 / アーモンド 아-몬도 / 杏仁 [xìngrén] 싱런
- 밤 chestnut [tʃésnʌt] 체스넛 / 栗 (くり) 쿠리 / 栗子 [lìzi] 리즈
- 호두 walnut [wɔ́ːlnʌt] 월넛 / 胡桃 (くるみ) 쿠루미 / 核桃 [hétao] 허타오

- 땅콩 peanut [píːnʌt] 피넛 / ピーナッツ 피-낫츠 / 花生 [huāshēng] 화성
- 대두, 메주콩 soybean [sɔ́ibìːn] 쏘이빈 / 大豆 (だいず) 다이즈 / 大豆 [dàdòu] 따또우
- 팥 red bean [red biːn] 레드빈 / 小豆 (あずき) 아즈키 / 红豆 [hóngdòu] 홍또우
- 작두콩 jack bean [dʒæk biːn] 잭빈 / 鉈豆 (なたまめ) 나타마메 / 刀豆 [dāodòu] 따오또우
- 녹두 mung bean [mʌŋ biːn] 멍빈 / 緑豆 (りょくとう) 료쿠토- / 绿豆 [lǜdòu] 뤼또우

- 강낭콩 kidney bean [kídni biːn] 키드니빈 / インゲン豆 (まめ) 잉겐마메 / 扁豆 [biǎndòu] 비엔또우
- 완두콩 pea [piː] 피 / エンドウ豆 (まめ) 엔도-마메 / 豌豆 [wāndòu] 완또우
- 조 foxtail millet [fákstèil mílit] 팍스테일밀릿 / アワ 아와 / 小米 [xiǎomǐ] 샤오미
- 수수 African millet [ǽfrikən mílit] 애프리컨밀릿 / モロコシ 모로코시 / 高粱 [gāoliáng] 까오량
- 유제품 dairy products [déəri prádəkts] 데어리프러덕츠 / 乳製品 (にゅうせいひん) 뉴-세-힝 / 乳制品 [rǔzhìpǐn] 루즈핀

② 고기(Meat, 肉, 肉)

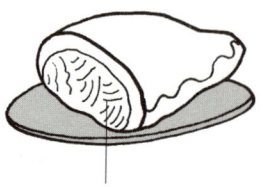

□ 쇼고기
beef [biːf] 비프
牛肉 (ぎゅうにく) 규-니쿠
牛肉 [niúròu] 니우로우

□ 돼지고기
pork [pɔːrk] 포크
豚肉 (ぶたにく) 부타니쿠
猪肉 [zhūròu] 주로우

□ 양고기
mutton [mʌtn] 머튼
羊肉 (ひつじにく) 히츠지니쿠
羊肉 [yángròu] 양로우

□ 새끼양고기
lamb [læm] 램
子羊肉 (こひつじにく) 코히츠지니쿠
羔羊肉 [gāoyángròu] 까오양로우

□ 말고기
horsemeat [hɔːrśmìːt] 호스미트
馬肉 (ばにく) 바니쿠
马肉 [mǎròu] 마로우

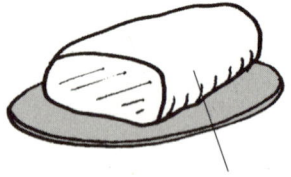

□ 햄
ham [hæm] 햄
ハム (はむ) 하무
火腿 [huǒtuǐ] 훠투이

chapter 2 식료품

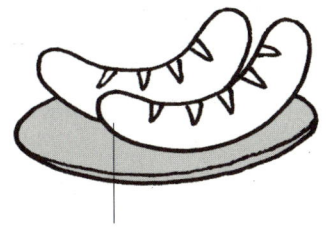

□ 쏘시지
　sausage [sɔ́:sidʒ] 쏘시지
　ソーセージ 소-세-지
　香肠 [xiāngcháng] 샹창

□ 베이컨
　bacon [béikən] 베이컨
　ベーコン 베-콩
　熏咸肉 [xūnxiánròu] 쉰시엔로우

□ 칠면조(고기)
　turkey [tə́:rki] 터키
　七面鳥(肉) (しちめんちょう(にく)) 시치멘쵸-(니쿠)
　吐绶鸡 [tǔshòujī] 투소우지

□ 닭고기
　chicken [tʃíkin] 치킨
　鶏肉 (にわとりにく) 니와토리니쿠
　鸡肉 [jīròu] 지로우

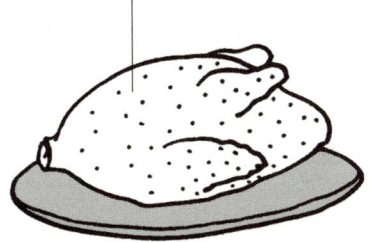

47

> 관련어

☐ **(식용 짐승의)고기 meat** [mi:t] 미트 / **肉** (にく) 니쿠 /
食用肉类 [shíyòngròulèi] 스용로우레이

☐ **식육가공도매업 meatpacking** [míːtpæ̀kiŋ] 미트패킹 /
食肉加工卸売業 (しょくにくかこうおろしうりぎょう) 쇼쿠니쿠카코-오로시우리교- /
肉类加工业 [ròulèijiāgōngyè] 로우레이쟈공예

☐ **식육가공도매업자 meatpacker** [míːtpæ̀kər] 미트패커 /
食肉加工卸売業者 (しょくにくかこうおろしうりぎょうしゃ) 쇼쿠니쿠카코-오로시우리교-샤 /
肉类加工业工作者 [ròulèijiāgōngyègōngzuòzhě] 로우레이쟈공예공쭈어져

☐ **고기를 토막내는 큰 칼 cleaver** [klíːvər] 클리버 /
出刃包丁 (でばぼうちょう) 데바보-쵸- / **切肉刀** [qiēròudāo] 치에로우따오

☐ **고기가는 기계 meat grinder** [mi:t gráindər] 미트그라인더 /
肉グラインダー (にくぐらいんだー) 니쿠구라인다- / **绞肉机** [jiǎoròujī] 쟈오로우지

☐ **고기저미는 기계 meat chopper** [mi:t tʃápər] 미트챠퍼 /
肉切り機 (にくきりき) 니쿠키리키 / **碎肉机** [suìròujī] 쑤이로우지

☐ **고기파이 meat-pie** [míːtpái] 미트파이 / **ミートパイ** 미-토파이 /
肉馅饼 [ròuxiànbǐng] 로우시엔빙

□ 고기완자 **meatball** [míːtbɔ̀ːl] 미트볼 / ミートボール 미-토보-루 /
　肉団 [ròutuán] 로우투안

□ 냉장육 **chilled meat** [tʃild miːt] 췰드미트 / 冷蔵肉 (れいぞうにく) 레-조-니쿠 /
　冷藏肉 [lěngcángròu] 렁창로우

□ 저민고기 **ground meat** [graund miːt] 그라운드미트 /
　スライス肉 (すらいすにく) 스라이스니쿠 / 薄片 [báopiàn] 바오피엔

□ (고기)내장 **inside meat** [ínsáid miːt] 인싸이드미트 /
　内臓肉 (ないぞうにく) 나이조-니쿠 / 内脏 [nèizàng] 네이짱

□ 갈비(고기) **rib meat** [rib miːt] 립미트 / アバラ(肉) (あばら(にく)) 아바라(니쿠) /
　排骨 [páigǔ] 파이구

□ 불고기 **broiled beef** [brɔild biːf] 브로일드비프 / 焼肉 (やきにく) 야키니쿠 /
　烤肉 [kǎoròu] 카오로우

❸ 야채 (Vegetable, 野菜, 蔬菜)

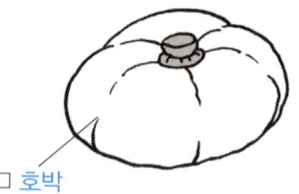

□ 아스파라거스
asparagus [əspǽrəgəs] 어스패러러거스
アスパラガス 아스파라가스
芦笋 [lúsǔn] 루쑨

□ 호박
pumpkin [pʌ́mpkin] 펌킨
カボチャ 카보챠
南瓜 [nánguā] 난과

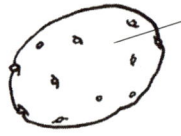

□ 감자
potato [pətéitou] 퍼테이토우
ジャガイモ 쟈가이모
土豆 [tǔdòu] 투또우

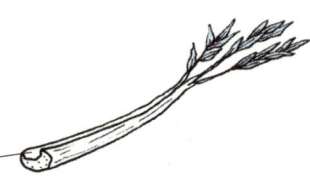

□ 샐러리
celery [séləri] 쎌러리
セロリ 세로리
芹菜 [qíncài] 친차이

□ 버섯
mushroom [mʌ́ʃru(ː)m] 머시룸
キノコ 키노코
蘑菇 [mógu] 모구

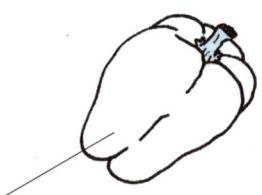

□ 피망
green pepper [griːn pépər] 그린페퍼
ピーマン 피-망
柿子椒 [shìzijiāo] 스즈쟈오

□ 토마토
tomato [təméitou] 터메이토우
トマト 토마토
西红柿 [xīhóngshì] 시홍스

□ 콩
bean [biːn] 빈
豆 (まめ) 마메
豆 [dòu] 또우

□ 브로컬리
broc(c)oli [brákəli] 브라컬리
ブロッコリー 부록코리-
西兰花 [xīlánhuā] 시란화

□ 당근
carrot [kǽrət] 캐럴
にんじん 닌징
胡萝卜 [húluóbo] 후루오보

• chapter 2 식료품

□ 배추
Chinese cabbage [tʃainíːz kǽbidʒ] 챠이니즈캐비지
白菜 (はくさい) 하쿠사이
白菜 [báicài] 바이차이

□ 양배추
cabbage [kǽbidʒ] 캐비지
キャベツ 캬베츠
卷心菜 [juǎnxīncài] 쥐엔신차이

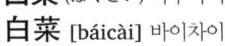

□ (골)파
green onion [griːn ʌ́njən] 그린어니언
(小さい)ねぎ ((ちいさい)ねぎ) (치-사이)네기
葱 [cōng] 총

□ 무
radish [rǽdiʃ] 래디시
大根 (だいこん) 다이콩
萝卜 [luóbo] 루오보

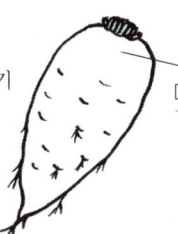

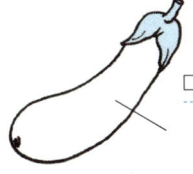

□ 가지
eggplant [eǵplænt] 에그플랜트
ナス 나스
茄子 [qiézi] 치에즈

□ 고구마
sweet potàto [swiːt pətéitou] 스위트 퍼테이토우
サツマイモ 사츠마이모
红薯 [hóngshǔ] 홍슈

□ 마늘
garlic [gáːrlik] 갈릭
ニンニク 닌니쿠
蒜 [suàn] 쑤안

□ 생강
ginger [dʒíndʒər] 진져
ショウガ 쇼-가
生姜 [shēngjiāng] 성쟝

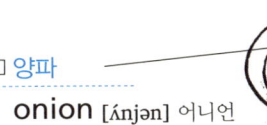

□ 양파
onion [ʌ́njən] 어니언
タマネギ 타마네기
洋葱 [yángcōng] 양총

□ 상추
lettuce [létis] 레티스
レタス 레타스
莴苣 [wōjù] 워쥐

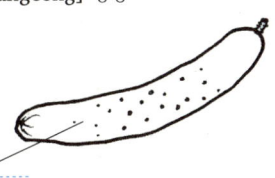

□ 오이
cucumber [kjúːkəmbər] 큐컴버
きゅうり 큐-리
黄瓜 [huángguā] 황과

51

관련어

- 연근 **lotus root** [lóutəs ru:t] 로우터스루트 / **レンコン** 렝콩 / **藕** [ǒu] 오우
- 우엉 **burdock** [bə́:rdàk] 버닥 / **ゴボウ** 고보- / **牛蒡** [niúbàng] 니우방
- 부추 **leek** [li:k] 리크 / **ニラ** 니라 / **韭菜** [jiǔcài] 지우차이
- 콩대 **beanstalk** [bí:nstɔ̀:k] 빈스토크 / **豆の茎** (まめのくき) 마메노쿠키 / **豆秸** [dòujiē] 또우지에

- 콩나물 **beansprout** [bí:nspraut] 빈스프라우트 / **もやし** 모야시 / **豆芽菜** [dòuyácài] 또우야차이
- 죽순 **bamboo shoot** [bæmbú:ʃu:t] 뱀부슈트 / **たけのこ** 타케노코 / **竹笋** [zhúsǔn] 주쑨
- 인삼 **ginseng** [ʤínseŋ] 진셍 / **高麗人参** (こうらいにんじん) 코-라이닌징 / **人参** [rénshēn] 런션
- 마 **yam** [jæm] 얨 / **ヤマノイモ** 야마노이모 / **山药** [shānyào] 샨야오

- 토란 taro [tá:rou] 타로우 / サトイモ 사토이모 / 芋 [yù] 위
- 꽃양배추 cauliflower [kɔ́:ləflàuər] 콜러플라우어 / カリフラワー 카리후라와ー / 花椰菜 [huāyēcài] 화예차이
- 순무 turnip [tə́:rnip] 터닙 / カブ 카부 / 蕪菁 [wújīng] 우징
- 쑥 mugwort [mʌ́gwə̀:rt] 먹워트 / ヨモギ 요모기 / 蒿草 [hāocǎo] 하오차오

- 쑥갓 crown daisy [kraun déizi] 크라운데이지 / シュンギク 슝기쿠 / 茼蒿菜 [tónghāocài] 통하오차이
- 갓 leaf mustard [li:f mʌ́stə:rd] 리프머스터드 / カラシナ 카라시나 / 芥菜 [gàicài] 까이차이
- 파슬리 parsley [pá:rsli] 파슬리 / パセリ 파세리 / 欧芹 [ōuqín] 오우친
- 시금치 spinach [spínitʃ] 스피니취 / ほうれん草 (ほうれんそう) 호ー렌소ー / 菠菜 [bōcài] 뽀차이

53

④ 과일(Fruit, フルーツ, 水果)

□ 배
pear [pɛər] 페어
梨 (なし) 나시
梨 [lí] 리

□ 사과
apple [ǽpl] 애플
りんご 링고
苹果 [píngguǒ] 핑궈

□ 복숭아
peach [pi:tʃ] 피치
桃 (もも) 모모
桃 [táo] 타오

□ 바나나
banana [bənǽnə] 버내너
バナナ 바나나
香蕉 [xiāngjiāo] 샹쟈오

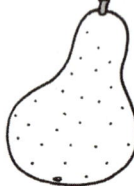

□ 키위
kiwi [kí:wi] 키위
(= kiwifruit)
キウイ 키우이
猕猴桃 [míhóutáo] 미호우타오

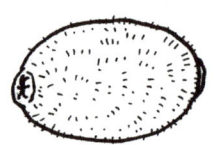

□ 자두
plum [plʌm] 플럼
スモモ 스모모
李子 [lǐzi] 리즈

□ 망고
mango [mǽŋgou] 맹고우
マンゴー 망고-
芒果 [mángguǒ] 망궈

□ 파인애플
pineapple [páinǽpl] 파인애플
パイナップル 파이납푸루
菠萝 [bōluó] 뽀루오

□ 수박
watermelon [wɔ́:tə:rmèlən]
워터멜런
スイカ 스이카
西瓜 [xīguā] 시과

chapter 2 식료품

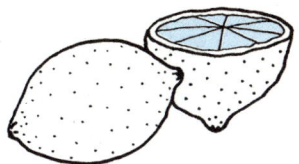

□ 레몬
lemon [lémən] 레먼
レモン 레몽
柠檬 [níngméng] 닝멍

□ 오렌지
orange [ɔ́(:)rindʒ] 오린지
オレンジ 오렌지
橙 [chéng] 청

□ 버찌, 체리
cherry [tʃéri] 체리
チェリー 체리-
櫻桃 [yīngtáo] 잉타오

□ 머스크메론
muskmelon [mʌ́skmèlən] 머스크멜런
マスクメロン 마스쿠메롱
甜瓜 [tiánguā] 티엔과

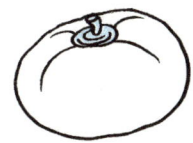

□ 감(나무)
persimmon [pərsímən] 퍼씨먼
柿 (かき) 카키
柿子 [shìzi] 스즈

□ 포도
grape [greip] 그레이프
ブドウ 부도-
葡萄 [pútáo] 푸타오

□ 귤
tangerine [tændʒ-ərí:n] 탠저린
みかん 미캉
橘子 [júzi] 쥐즈

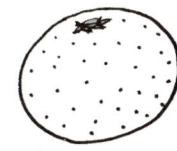

□ 딸기
strawberry [strɔ́:bèri] 스트로베리
いちご 이치고
草莓 [cǎoméi] 차오메이

55

관련어

- 오디 **mulberry** [mʌ́lbèri] 멀베리 / **桑の実** (くわのみ) 쿠와노미 / **桑椹** [sāngshèn] 상선

- 블루베리 **blueberry** [blú:bèri] 블루베리 / **ブルーベリー** 부루–베리– / **蓝莓** [lánméi] 란메이

- 대추 **jujube** [dʒú:dʒu:b] 쥬쥬브 / **ナツメ** 나츠메 / **枣** [zǎo] 짜오

- 자몽 **pomelo** [pámǝlòu] 파멀로우 / **グレープフルーツ** 구레–푸후르–츠 / **柚子** [yòuzi] 요우즈

- 라임(과) **lime** [laim] 라임 / **ライム(科)** (らいむ(か)) 라이무(카) / **酸橙** [suānchéng] 쑤안청

- 살구 **apricot** [éiprǝkàt] 에이프러캇 / **杏子** (あんず) 안즈 / **杏** [xìng] 싱

chapter 2 식료품

□ 아보카도 avocado [ǽvəkáːdou] 애버카도우 / アボカド 아보카도 /
鳄梨 [èlí] 어리

□ 코코넛 coco(a)nut [kóukənʌ̀t] 코우커넛 / ココナッツ 코코낫츠 /
椰子 [yēzi] 예즈

□ 무화과 fig [fig] 피그 / イチジク 이치지쿠 /
无花果 [wúhuāguǒ] 우화궈

□ 파파야 papaya [pəpáːjə] 퍼파여 / パパヤ 파파야 /
香木瓜 [xiāngmùguā] 샹무궈

□ 석류 pomegranate [páməgræ̀nit] 파머그래닛 / ザクロ 자쿠로 /
石榴 [shíliu] 스류

□ 산딸기 raspberry [rǽzbèri] 래즈베리 / ラズベリー 라즈베리- /
覆盆子 [fùpénzǐ] 푸펀즈

57

5 어패류(Fish & Shellfish, 魚貝類, 鱼贝类)

□ 참치
tuna [tjú:nə] 튜너
マグロ 마구로
金枪鱼 [jīnqiāngyú] 진챵위

□ 가자미류
turbot [tá:rbət] 터벌
カレイ 카레-
鲽鱼 [diéyú] 디에위

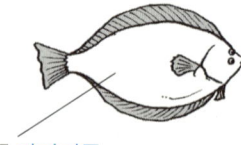

□ 연어
salmon [sǽmən] 쌔먼
サケ 사케
三文鱼 [sānwényú] 싼원위

□ 송어
trout [traut] 트라우트
マス 마스
鳟鱼 [zūnyú] 쭌위

□ 대구
codfish [kádfiʃ] 칻피시
タラ 타라
鳕鱼 [xuěyú] 슈에위

□ 명태
pollack [pálək] 팔럭
明太, スケトウダラ
(めんたい) 멘타이, 스케토-다라
明太鱼 [míngtàiyú] 밍타이위

□ 고등어
mackerel [mǽk-ərəl] 매커럴
サバ 사바
青花鱼 [qīnghuāyú] 칭화위

□ 정어리
sardine [sɑ:rdí:n] 사딘
イワシ 이와시
鳁鱼 [wēnyú] 원위

□ 꽁치
saury [sɔ́:ri] 쏘리
さんま 삼마
秋刀鱼 [qiūdāoyú] 츄다오위

58

□ 잉어
  carp [kɑːrp] 카프
  コイ 코이
  鲤鱼 [lǐyú] 리위

□ 붕어
  crucian (càrp) [krúːʃən] 크루션
  フナ 후나
  鲫鱼 [jìyú] 지위

□ (작은)새우
  shrimp [ʃrimp] 슈림프
  (小)エビ ((こ)えび) (코)에비
  虾 [xiā] 샤

□ 해마
  sea horse [siːhɔːrs] 씨호스
  ナマコ 나마코
  海马 [hǎimǎ] 하이마

□ 참새우
  prawn [prɔːn] 프론
  クルマエビ 쿠루마에비
  对虾 [duìxiā] 뚜이샤

□ 게
  crab [kræb] 크랩
  カニ 카니
  螃蟹 [pángxiè] 팡시에

□ 바닷가재
  lobster [lábstər] 랍스터
  ロブスター 로부스타-
  龙虾 [lóngxiā] 롱샤

□ 가재
  crayfish [kréifiʃ] 크레이피시
  ザリガニ 자리가니
  小龙虾 [xiǎolóngxiā] 샤오롱샤

□ 해초
  seaweed [síːwìːd] 씨위드
  海藻 (かいそう) 카이소-
  海草 [hǎicǎo] 하이차오

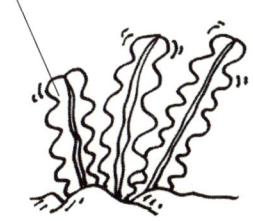

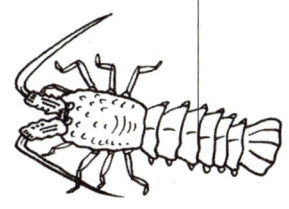

□ 굴

oyster [ɔ́istər] 오이스터
カキ 카키
牡蛎 [mǔlì] 무리

□ 성게

sea urchin [si:ə́:rtʃin] 씨어친
ウニ 우니
海胆 [hǎidǎn] 하이딴

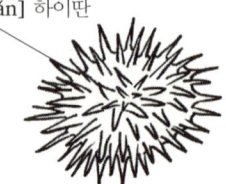

□ 가리비

scallop [skáləp] 스칼럽
ホタテ貝 (がい) 호타테가이
扇贝 [shànbèi] 산뻬이

□ 홍합

mussel [más-əl] 머설
貽貝 (いがい) 이가이
貽貝 [yíbèi] 이뻬이

□ 대합조개

clam [klæm] 클램
ハマグリ 하마구리
文蛤 [wéngé] 원거

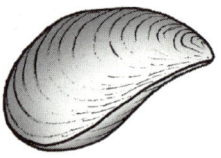

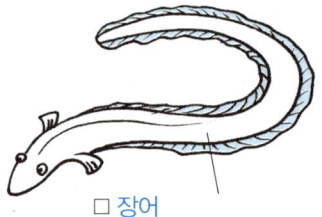

□ 장어

eel [i:l] 일
ウナギ 우나기
鰻魚 [mányú] 만위

□ 금붕어

goldfish [gouldfiʃ] 고울드피시
金魚 (きんぎょ) 킹교
金鱼 [jīnyú] 진위

□ 상어

shark [ʃɑːrk] 샤크
サメ 사메
鲨鱼 [shāyú] 샤위

□ 문어
octopus [áktəpəs] 악터퍼스
タコ 타코
章鱼 [zhāngyú] 장위

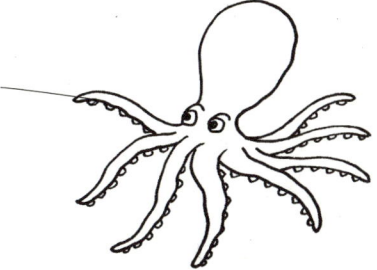

□ 해파리
jellyfish [dʒélifiʃ] 젤리피시
クラゲ 쿠라게
海蜇 [hǎizhé] 하이져

□ 오징어
cuttlefish [[kʌ́tlfiʃ] 커틀피시
イカ 이카
鱿鱼 [yóuyú] 요우위

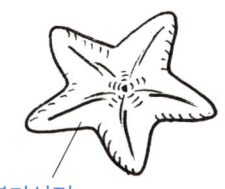

□ 불가사리
starfish [stáːrfiʃ] 스타피시
ヒトデ 히토데
海星 [hǎixīng] 하이싱

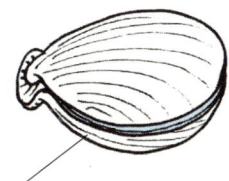

□ 조개
shellfish [ʃélfiʃ] 셸피시
貝 (かい) 카이
贝 [bèi] 뻬이

□ 해삼
sea slug [siːslʌg] 씨슬러그
ナマコ 나마코
海参 [hǎishēn] 하이션

chapter 2

> 관련어

□ 미역 **brown seaweed** [braun síːwìːd] 브라운씨위드 / **わかめ** 와카메 / 海菜 [hǎicài] 하이차이

□ 다시마 **tangle** [tǽŋg-əl] 탱걸 / **コンブ** 콤부 / 海带 [hǎidài] 하이따이

□ 김 **laver** [léivəːr] 레이버 / **ノリ** 노리 / 紫菜 [zǐcài] 쯔차이

□ 파래 **green laver** [griːn léivəːr] 그린레이버 / **アオサ** 아오사 / 浒苔 [hǔtái] 후타이

□ 전복 **abalone** [æ̀bəlóuni] 애벌로우니 / **アワビ** 아와비 / 鲍鱼 [bàoyú] 바오위

□ 넙치 **flatfish** [flǽtfiʃ] 플랫피쉬 / **ヒラメ** 히라메 / 鲆 [píng] 핑

□ 복어 **puffer** [pʌ́fər] 퍼퍼 / **ふぐ** 후구 / 河豚 [hétún] 허툰

• chapter 2 식료품

□ 도미 sea bream [siːbriːm] 씨브림 / タイ 타이 / 鲷鱼 [diāo yú] 댜오위
□ 메기 catfish [kǽtfiʃ] 캣피시 / ナマズ 나마즈 / 鲇鱼 [niányú] 니엔위
□ 숭어 mullet [mʌ́lit] 멀릿 / ボラ 보라 / 鲻鱼 [zīyú] 쯔위
□ 은어 sweetfish [swíːtfiʃ] 스윗피쉬 / 鮎 (あゆ) 아유 / 香鱼 [xiāngyú] 샹위

□ 다슬기 marsh snail [mɑːrʃ sneil] 마쉬스네일 / カワニナ 카와니나 / 蜗螺 [wōluó] 워루오
□ 식용달팽이 edible snail [édəbəl sneil] 에더벌스네일 / 食用カタツムリ (しょくようかたつむり) 쇼쿠요–카타츠무리 / 食用蜗牛 [shíyòngwōniú] 스용워니우
□ 식용개구리 edible frog [édəbəl frɔːg] 에더벌프로그 / ウシガエル 우시가에루 / 牛蛙 [niúwā] 니우와

63

chapter 3 의복(Clothes, 衣服, 衣服)

1 의복(Clothes, 衣服, 衣服)

□ 정장(한벌)

suit [suːt] 수트
スーツ スーツ
正装 [zhèngzhuāng] 정장

□ 와이셔츠

dress shirt [dresʃəːrt] 드레스셔트
ワイシャツ 와이샤츠
衬衫 [chènshān] 천샨

□ 웃옷(양복저고리)

jacket [dʒǽkit] 재킷
ジャケット 쟈켓토
上装 [shàngzhuāng] 샹좡

□ 블라우스

blouse [blaus] 블라우스
ブラウス 브라우스
女士衬衫 [nǚshìchènshān] 뉘스천샨

□ 바지

pants [pænts] 팬츠
(= trousers)
ズボン 즈봉
裤子 [kùzi] 쿠즈

□ 조끼

vest [vest] 베스트
ベスト 베스토
背心 [bèixīn] 베이신

□ 폴로셔츠(목티셔츠)

polo shirt [póulou ʃəːrt] 포울로우셔트
ポロシャツ 포로샤츠
马球衫 [mǎqiúshān] 마츄샨

64

□ 잠바
jumper [dʒʌ́mpər] 점퍼
ジャンパー 쟘파-
夹克 [jiākè] 쟈커

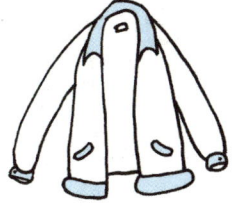

□ 스웨터
sweater [swétər] 스웨터
セーター 세-타-
毛衣 [máoyī] 마오이

□ 코트
coat [kout] 코우트
コート 코-토
大衣 [dàyī] 따이

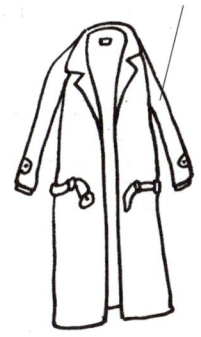

□ 원피스
dress [dres] 드레스
ワンピース 완피-스
连衣裙 [liányīqún] 리엔이췬

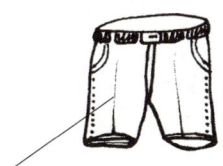

□ 짧은 바지
shorts [ʃɔːrts] 쇼츠
短パン (たんぱん) 탐팡
短裤 [duǎnkù] 두안쿠

□ 턱시도
tuxedo [tʌksíːdou] 턱씨도우
タキシード 타키시-도
无尾夜礼服 [wúwěiyèlǐfú] 우웨이예리푸

□ 치마
skirt [skəːrt] 스커트
スカート 스카-토
裙子 [qúnzi] 췬즈

65

□ 제복
uniform [júːnəfɔ̀ːrm] 유너폼
制服 (せいふく) 세-후쿠
制服 [zhìfú] 즈푸

□ 비옷
raincoat [réinkòut] 레인코우트
レインコート 레인코-토
雨衣 [yǔyī] 위이

□ 터틀넥의 스웨터
turtleneck [tə́ːrtlnèk] 터틀넥
タートルネックセーター
타-토루넥쿠세-타-
高领毛衣 [gāolǐngmáoyī] 까오링마오이

□ 평상복
casual wear [kǽʒuəl wɛ̀ər]
캐쥬얼웨어
普段着 (ふだんぎ) 후당기
便服 [biànfú] 비엔푸

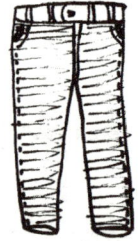

□ 청바지
jeans [dʒíːnz] 진즈
ジーンズ 지-인즈
牛仔裤 [niúzǎikù] 뉴자이쿠

□ 여성잠옷
nightdress [náitdrès]
나이트드레스
ナイトドレス 나이토도레스
女睡衣 [nǚshuìyī] 뉘슈이이

chapter 3 의복

□ 멜빵바지
overall [óuvərɔ̀:l] 오우버롤
ズボンつり 즈본츠리
背带裤 [bēidàikù] 베이따이쿠

□ 가디건
cardigan [ká:rdigən] 카디건
カーディガン 카-디간
羊毛衫 [yángmáoshān] 양마오샨

□ 수영복
swimsuit [swímsù:t] 스윔수트
水着 (みずぎ) 미즈기
游泳衣 [yóuyǒngyī] 요우용이

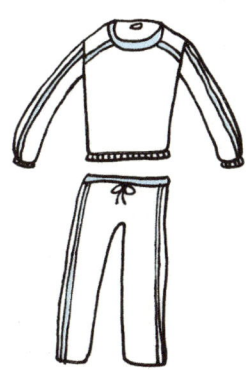

□ 내의, 속옷
underwear [ʌ́ndərwɛ̀ər] 언더웨어
下着 (したぎ) 시타기
内衣 [nèiyī] 네이이

□ 운동복
sportswear [spɔ́:rtswɛ̀ər] 스포츠웨어
スポーツウェア 스포-츠웨아
运动服 [yùndòngfú] 윈똥푸

□ 조깅복장
jogging suit [dʒágiŋ su:t] 쟈깅수트
ジョギングスーツ 죠깅구스-츠
慢跑运动衣 [mànpǎoyùndòngyī] 만파오윈똥이

67

관련어

- 티셔츠 T-shirt [tíːʃəːrt] 티셔트 / Tシャツ 티샤-츠 / T恤 [T xù] 티쉬

- 미니스커트 miniskirt [mínəskə̀ːrt] 미너스커트 / ミニスカート 미니스카-토 / 迷你裙 [mínǐqún] 미니췬

- 긴치마 longskirt [lɔːŋskə̀ːrt] 롱스커트 / ロングスカート 롱구스카-토 / 长裙 [chángqún] 창췬

- 복장 garb [gɑːrb] 가브 / 服装 (ふくそう) 후쿠소- / 服装 [fúzhuāng] 푸좡

- 다운재킷 down jacket [daun dʒǽkit] 다운재킷 / ダウンジャケット 다운쟈켓토 / 羽绒服 [yǔróngfú] 위롱푸

- 브래지어(=bra) brassiere [brəzíəːr] 브래지어 / ブラジャー (ぶらじゃー) 부라쟈- / 胸罩 [xiōngzhào] 숑쟈오

- 블레이저코트(화려한 스포츠용 상의) blazer [bléizər] 블레이저 / ブレザー 부레자- / 休闲上衣 [xiūxiánshàngyī] 슈시엔샹이

- 여성용 반바지식 속옷 knickers [níkərz] 니커즈 / ズロース 즈로-스 / 紧身内衣 [jǐnshēnnèiyī] 진션네이이

- 골프바지 bloomer [blúːmər] 불루머 / ゴルフパンツ 고루후판츠 / 高尔夫球裤 [gāoěrfūqiúkù] 까오얼푸츄쿠

- 슬립(여성용 속옷) slip [slip] 슬립 / スリップ 스립푸 / 衬裙 [chènqún] 천췬
- 실내복 negligee [négliʒèi] 네글리제이 / 部屋着 (へやぎ) 헤야기 / 家常服 [jiāchángfú] 쟈챵푸
- 양말대님 garter [gá:rtər] 가터 / ガーター 가-타- / 裤脚带 [kùjiǎodài] 쿠쟈오따이

- 안감 lining [láiniŋ] 라이닝 / 裏地 (うらじ) 우라지 / 衬里 [chènlǐ] 천리
- 단추 button [bʌ́tn] 버튼 / ボタン 보탕 / 纽扣 [niǔkòu] 뉴코우
- 지퍼 zipper [zípə:r] 지퍼 / ジッパー 집파- / 拉链 [lāliàn] 라리엔

- 칼러, 깃 collar [kálər] 컬러 / カラー 카라- / 衬领 [chènlǐng] 천링
- 호주머니 pocket [pákit] 파킷 / ポケット 포켓토 / 口袋 [kǒudài] 코우따이
- v형 깃 v-neck [víːnek] 비넥 / Vネック 부이넥쿠 / V形领 [V xínglǐng] 브이싱링
- 반소매의 short-sleeved [ʃɔ́ːrtslíːvd] 쇼트슬리브드 / 半袖 (はんそで) 한소데 / 短袖 [duǎnxiù] 두안슈
- 몸에 꼭 끼는 tight [tait] 타이트 / タイトな 타이토나 / 紧 [jǐn] 진
- (옷이)헐거운 loose [luːs] 루스 / だぶだぶな 다부다부나 / 松 [sōng] 쏭

2 신발(Shoes, シューズ, 鞋)

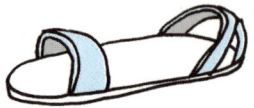

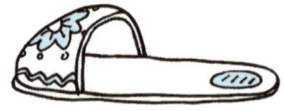

□ 샌들
  sandal [sǽndl] 쌘들
  サンダル 산다루
  凉鞋 [liángxié] 량시에

□ 슬리퍼
  slipper [slípə:r] 슬리퍼
  スリッパ 스립파
  拖鞋 [tuōxié] 투오시에

□ 부츠, 장화
  boots [bu:ts] 부츠
  ブーツ 부-츠
  靴 [xuē] 슈에

□ 하이힐
  high-heeled shoes [haihi:ld ʃu:z] 하이힐드슈즈
  ヒール 히-루
  高跟鞋 [gāogēnxié] 까오건시에

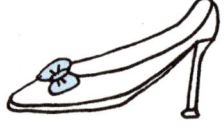

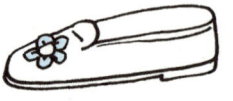

□ 단화
  low shoes [lou ʃu:z] 로우슈즈
  短靴 (たんか) 탕카
  皮便鞋 [píbiànxié] 피비엔시에

chapter 3 의복

□ 등산화
mountain-climbing boots
[máunt-ən-kláimiŋ buːts] 마운턴클라이밍부츠
登山靴 (とざんぐつ) 토장구츠
登山鞋 [dēngshānxié] 떵샨시에

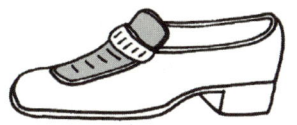

□ 가죽구두
leather shoes [léðər ʃuːz] 레더슈즈
革靴 (かわぐつ) 카와구츠
皮鞋 [píxié] 피시에

□ 운동화
sports shoes [spɔːrts ʃuːz] 스포츠슈즈
運動靴 (うんどうぐつ) 운도-구츠
运动鞋 [yùndòngxié] 윈똥시에

□ (고무바닥의)운동화
sneakers [sníːkəːrz] 스니커즈
スニーカー 스니-카-
胶鞋 [jiāoxié] 쟈오시에

71

> 관련어

□ 신발 **slides** [slaidz] 슬라이(드)즈 / **シューズ** 슈-즈 / **鞋子** [xiézi] 시에즈

□ 구두끈(=shoelace) **shoestring** [ʃu:striŋ] 슈스트링 / **靴ひも** (くつひも) 쿠츠히모 / **鞋带** [xiédài] 시에따이

□ 구둣주걱 **shoehorn** [ʃú:hɔ̀:rn] 슈혼 / **靴べら** (くつべら) 쿠츠베라 / **鞋拔子** [xiébázi] 시에바즈

□ 편자 **horseshoe** [hɔ́:rsʃù:] 호스슈 / **蹄鉄** (ていてつ) 테-테츠 / **铁掌** [tiězhǎng] 티에쟝

□ 발판 **footboard** [fútbɔ̀:rd] 풋보드 / **踏み台** (ふみだい) 후미다이 / **脚凳** [jiǎodèng] 쟈오덩

□ 신발가게 **footwear store** [fútwɛ̀ər stɔ:r] 풋웨어스토 / **靴屋** (くつや) 쿠츠야 / **鞋店** [xiédiàn] 시에디엔

• chapter 3 의복

- □ 신발제조업자 **footwear maker** [fútwɛ̀ər méikər] 풋웨어메이커 /
  製靴業者 (せいかぎょうしゃ) 세-카교-샤 /
  鞋类制造商 [xiélèizhìzàoshāng] 시에레이즈짜오샹

- □ 군화 **combat boots** [kámbæt bu:ts] 컴뱉부츠 / **軍靴** (ぐんか) 궁카 /
  军靴 [jūnxuē] 쥔슈에

- □ 발자국(=footprint) **footmark** [fútmà:rk] 풋마크 /
  足跡 (あしあと) 아시아토 / **脚印** [jiǎoyìn] 쟈오인

- □ 구두상자 **shoebox** [ʃúːbàks] 슈박스 / **靴箱** (くつばこ) 쿠츠바코 / **纸箱** [zhǐxiāng] 즈샹

- □ 구둣솔 **shoebrush** [ʃúːbrʌʃ] 슈브러쉬 / **シューブラシ** 슈-부라시 /
  鞋刷 [xiéshuā] 시에솨

- □ (거리의)구두닦이 **shoeblack** [ʃúːblæk] 슈블랙 / **靴磨き** 쿠츠미가키 /
  擦皮鞋的 [cāpíxiéde] 차피시에더

- □ 구두의 골 **shoetree** [ʃúːtrìː] 슈트리 / **シューツリー** 슈-츠리- /
  鞋楦 [xiéxuàn] 시에쉬엔

- □ 구두의 죔쇠 **shoebuckle** [ʃuːbʌ́kəl] 슈버클 / **バックル** 박쿠루 /
  皮鞋扣儿 [píxiékòur] 피시에코울

3 소품(Accessory, 小物, 配饰)

□ 색안경
sunglass [sǽnglæs] 썬글래스
サングラス 상구라스
太阳镜 [tàiyángjìng] 타이양징

□ 스카프, 목도리
scarf [skɑːrf] 스카프
マフラー 마후라ー
围巾 [wéijīn] 웨이진

□ 손수건
handkerchief [hǽŋkərtʃif]
행커치프
ハンカチ 항카치
手帕 [shǒupà] 소우파

□ 귀걸이
earring [íəriŋ] 이어링
イヤリング 이야링구
耳环 [ěrhuán] 얼환

□ 팔찌
bracelet [bréislit] 브레이스릳
ブレスレット 부레스렛토
镯子 [zhuózi] 주오즈

□ 반지
ring [riŋ] 링
指輪 (ゆびわ) 유비와
戒指 [jièzhi] 지에즈

□ 브로치
brooch [broutʃ] 브로우치
ブローチ 부로ー치
饰针 [shìzhēn] 스젼

□ 목걸이
necklace [néklis] 네크리스
ネックレス 넥쿠레스
项链 [xiàngliàn] 샹리엔

□ 스타킹
stocking [stάkiŋ] 스타킹
ストッキング 스톡킹구
长筒袜 [chángtǒngwà] 창통와

□ (짧은)양말

socks [sɑks] 싹스
ソックス 속쿠스
袜子 [wàzi] 와즈

chapter 3 의복

□ 머리핀
hairpin [hɛəŕpìn] 헤어핀
ヘアピン 헤아핀
发夹 [fàjiā] 파쟈

□ 손목시계
watch [wɑtʃ] 워치
腕時計 (うでどけい) 우데도케-
手表 [shǒubiǎo] 소우뱌오

□ 숄
shawl [ʃɔːl] 숄
ショール 쇼-루
披巾 [pījīn] 피진

□ 벨트
belt [belt] 벨트
ベルト 베루토
腰带 [yāodài] 야오따이

□ 장갑
glove [glʌv] 글러브
手袋 (てぶくろ) 테부쿠로
手套 [shǒutào] 소우타오

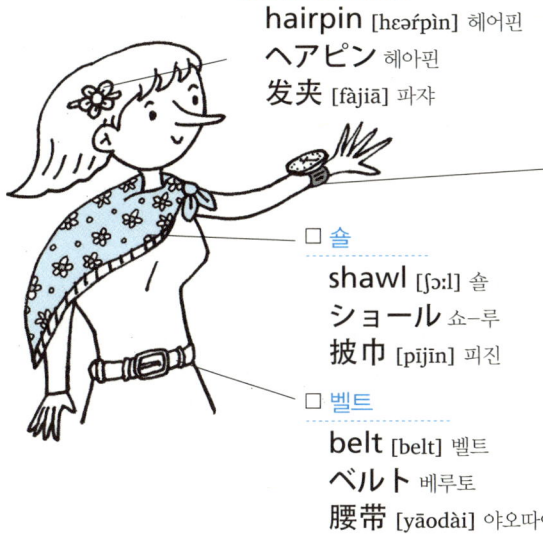

□ 넥타이
tie [tai] 타이
ネクタイ 네쿠타이
领带 [lǐngdài] 링따이

□ 넥타이핀
tiepin [táipìn] 타이핀
ネクタイピン 네쿠타이핑
领带夹 [lǐngdàijiā] 링따이쟈

□ 지갑
wallet [wálit] 왈릿
財布 (さいふ) 사이후
钱包 [qiánbāo] 치엔빠오

□ 나비넥타이
bow tie [bóutái] 보우타이
ボータイ 보-타이
蝴蝶扣儿 [húdiékòur] 후디에코울

□ 벙어리장갑
mitten [mítn] 미튼
ミト 미통
单指手套 [dānzhǐshǒutào] 단즈소우타오

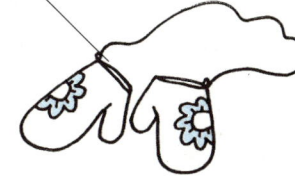

75

> 관련어

- 안경 **glasses** [glæsiz] 글래시즈 / **メガネ** 메가네 / **眼镜** [yǎnjìng] 옌징

- 이중초점안경 **bifocals** [baifóukəlz] 바이포우컬즈 /
  二重焦点メガネ (にじゅうしょうてんめがね) 니쥬-쇼-템메가네 /
  双焦点眼镜 [shuāngjiāodiǎnyǎnjìng] 솽쟈오디엔옌징

- 보(호)안경 **protective glasses** [prətéktiv glæsiz] 프러텍티브글래시즈 /
  保(護)メガネ (ほ(ご)めがね) 호(고)메가네 / **护目镜** [hùmùjìng] 후무징

- 콘택트렌즈 **contact lens** [kántækt lenz] 컨택트렌즈 /
  コンタクトレンズ 콘타쿠토렌즈 /
  隐形眼镜 [yǐnxíngyǎnjìng] 인싱옌징

- 팬티스타킹 **pantyhose** [pǽntihòuz] 팬티호우즈 /
  パンティストッキング 판티스톡킹구 / **连裤袜** [liánkùwà] 리엔쿠와

- 머플러, 목도리 **muffler** [mʌ́flə:r] 머플러 / **マフラー** 마후라- / **围巾** [wéijīn] 웨이진
- 머리장식 **hair ornament** [hɛər ɔ́:rnəmənt] 헤어오너먼트 / **髪飾り** (かみかざり) 카미카자리 / **首饰** [shǒushi] 소우스
- 족집게 **pincers** [pínsərz] 핀서즈 / **ピンセット** 핀셋토 / **镊子** [nièzi] 니에즈
- 리본 **ribbon** [ríbən] 리번 / **リボン** 리봉 / **丝带** [sīdài] 쓰따이

- 휴대폰 **mobile phone** [móubəl foun] 모우벌포운 / **携帯電話** (けいたいでんわ) 케-타이뎅와 / **移动电话** [yídòngdiànhuà] 이똥디엔화
- 풍선 **balloon** [bəlú:n] 벌룬 / **風船** (ふうせん) 후-셍 / **气球** [qìqiú] 치츄
- 귀덮개, 귀가리개 **earmuff** [iərmʌf] 이어머프 / **イヤーマフ** 이야-마후 / **护耳** [hùěr] 후얼

④ 보석류(Jewelry, ジュエリー, 珠宝)

 금
gold [gould] 고울드
金 (きん) 킹
黄金 [huángjīn] 황진

□ 다이아몬드
diamond [dáiəmənd] 다이어먼드
ダイアモンド 다이아몬도
金剛石 [jīngāngshí] 진강스

□ 에머럴드, 취옥
emerald [émərəld] 에머럴드
エメラルド 에메라루도
祖母绿 [zǔmǔlǜ] 주무뤼

□ 은
silver [sílvəːr] 씰버
銀 (ぎん) 깅
银 [yín] 인

□ 진주
pearl [pəːrl] 펄
真珠 (しんじゅ) 신쥬
珍珠 [zhēnzhū] 전주

□ 루비, 홍옥
ruby [rúːbi] 루비
ルビー 루비-
红宝石 [hóngbǎoshí] 홍바오스

□ 산호
coral [kɔ́ːrəl] 코럴
珊瑚 (さんご) 상고
珊瑚 [shānhú] 샨후

□ 상아
ivory [áivəri] 아이버리
象牙 (ぞうげ) 조-게
象牙 [xiàngyá] 샹야

□ 호박
amber [ǽmbər] 앰버
琥珀 (こはく) 코하쿠
琥珀 [hǔpò] 후포

□ 백금
platinum [plǽtənəm] 플래터넘
(= white gold)
プラチナ 푸라치나
白金 [báijīn] 바이진

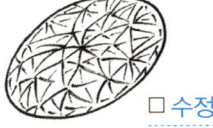

□ 수정
crystal [krístl] 크리스틀
水晶 (すいしょう) 스이쇼-
水晶 [shuǐjīng] 쉐이징

□ 비취, 옥
jade [dʒeid] 제이드
翡翠(玉) (ひすい(ぎょく)) 히스이(교쿠)
翡翠 [fěicuì] 페이추이

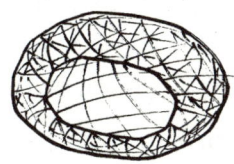

□ 자수정
amethyst [ǽməθist] 애머씨스트
アメジスト 아메지스토
紫水晶 [zǐshuǐjīng] 쯔쉐이징

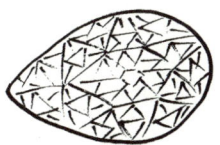

□ 사파이어, 청옥
sapphire [sǽfaiəːr] 쌔파이어
サファイア 사화이아
蓝宝石 [lánbǎoshí] 란바오스

79

> 관련어

- 황옥 **topaz** [tóupæz] 토우패즈 / **トパーズ** 토파―즈 / **黄玉** [huángyù] 황위

- 귀금속 **precious metal** [préʃəs métl] 프레셔스메틀 /
  貴金属 (ききんぞく) 키킨조쿠 / **贵金属** [guìjīnshǔ] 꾸이진슈

- 보석 **gem** [dʒem] 젬 / **宝石** (ほうせき) 호―세키 / **宝石** [bǎoshí] 바오스

- 보석연마(술) **gem cutting** [dʒem kʌ́tiŋ] 젬커팅 /
  宝石研磨(術) (ほうせきけんま(じゅつ)) 호―세키겜마(쥬츠) /
  宝石研磨(术) [bǎoshíyánmó(shù)] 바오스옌모(슈)

- 보석(원석) **precious stone** [préʃəs stoun] 프레셔스스토운 /
  宝石(原石) (ほうせき(げんせき)) 호―세키(겐세키) / **天然宝石** [tiānránbǎoshí] 티엔란바오스

- 탄생석 **birthstone** [bə:rəstoun] 버쓰스토운 / **誕生石** (たんじょうせき) 탄죠―세키 /
  诞生石 [dànshēngshí] 딴셩스

- 위조품, 가짜 **fake** [feik] 페이크 / **偽物** (にせもの) 니세모노 / **伪造品** [wěizàopǐn] 웨이짜오핀

- 모조품 **imitation** [ìmətéiʃən] 이머테이션 / **模造品** (もぞうひん) 모조–힝 / **仿制品** [fǎngzhìpǐn] 팡즈핀

- 모조진주 **imitation pearl** [ìmətéiʃən pə:rl] 이머테이션펄 / **模造真珠** (もぞうしんじゅ) 모조–신쥬 / **人造珍珠** [rénzào zhēnzhū] 런짜오전주

- 양식진주 **cultured pearl** [kʌ́ltʃərd pə:rl] 컬처드펄 / **養殖真珠** (ようしょくしんじゅ) 요–쇼쿠신쥬 / **养殖珍珠** [yǎngzhízhēnzhū] 양즈전주

- 보석세공인(감정사) **lapidary** [lǽpədèri] 래퍼데리 / **宝石細工人(鑑定士)** (ほうせきさいくにん(かんていし)) 호–세키사이쿠닝(칸테–시) / **宝石匠** [bǎoshíjiàng] 바오스쟝

- 보석세공 **lapidary work** [lǽpədèri wə:rk] 래퍼데리워크 / **宝石細工** (ほうせきさいく) 호–세키사이쿠 / **宝石细活** [bǎoshíxìhuó] 바오스시휘

- 보석상 **jeweler** [dʒúːələr] 쥬얼러 / **宝石商** (ほうせきしょう) 호–세키쇼– / **珠宝商** [zhūbǎoshāng] 주바오샹

- 보석가게 **jewelers store** [dʒúːələrz stɔːr] 쥬얼러즈스토 / **宝石店** (ほうせきてん) 호–세키텡 / **红货铺** [hónghuòpù] 홍휘푸

- 보석상자 **jewel case** [dʒúːəl keis] 쥬얼케이스 / **宝石箱** (ほうせきばこ) 호–세키바코 / **宝石盒** [bǎoshíhé] 바오스허

5 색깔(Color, 色, 颜色)

☐ 빨강

red [red] 레드
赤 (あか) 아카
红色 [hóngsè] 홍써

☐ 노랑

yellow [jélou] 옐로우
黄色 (きいろ) 키-로
黄色 [huángsè] 황써

☐ 파랑

blue [blu:] 블루
青 (あお) 아오
蓝色 [lánsè] 란써

☐ 오렌지색

orange [ɔ́(:)rindʒ] 오린지
オレンジ色 (いろ) 오렌지이로
橘黄色 [júhuángsè] 쥐황써

☐ 녹색

green [gri:n] 그린
緑色 (みどりいろ) 미도리이로
绿色 [lǜsè] 뤼써

☐ 보라색

purple [pə́:rpəl] 퍼펄
紫色 (むらさきいろ) 무라사키이로
紫色 [zǐsè] 쯔써

☐ 연분홍

pink [piŋk] 핑크
桜色 (さくらいろ) 사쿠라이로
粉红色 [fěnhóngsè] 펀훙써

□ 청록색

turquoise [tá:rkwɔiz] 터쿼이즈
青綠色 (あおみどりいろ) 아오미도리이로
碧色 [bìsè] 비써

□ 검은색

black [blæk] 블랙
黑 (くろ) 쿠로
黑色 [hēisè] 헤이써

□ 흰색

white [hwait] 화이트
白 (しろ) 시로
白色 [báisè] 바이써

□ 회색

gray [grei] 그레이
灰色 (はいいろ) 하이이로
灰色 [huīsè] 후이써

□ 크림색

cream [kri:m] 크림
クリーム色 (いろ) 쿠리-무이로
米色 [mǐsè] 미써

□ 다갈색

brown [braun] 브라운
茶褐色 (ちゃかっしょく) 챠캇쇼쿠
茶褐色 [cháhèsè] 차허써

□ 베이지색

beige [beiʒ] 베이지
ベージュ色 (いろ) 베-쥬이로
米黄色 [mǐhuángsè] 미황써

관련어

- 금빛, 황금색 **gold** [gould] 고울드 / **ゴルド** 고루도 / 金黄色 [jīnhuángsè] 찐황써
- 은빛, 은색 **silver** [sílvəːr] 씰버 / **シルバー** 시루바― / 银色 [yínsè] 인써
- 담청색, 하늘색 **light blue** [lait bluː] 라이트블루 / **空色** (そらいろ) 소라이로 / 天蓝色 [tiānlánsè] 티엔란써
- 짙은 청색 **navy blue** [néivi bluː] 네이비블루 / **紺青** (こんじょう) 콘죠― / 深蓝 [shēnlán] 션란
- 진초록 **dark green** [dɑːrk griːn] 다크그린 / **濃緑色** (のうりょくしょく) 노―료쿠쇼쿠 / 深绿 [shēnlǜ] 션뤼
- 연두색 **light green** [lait griːn] 라이트그린 / **浅緑** (あさみどり) 아사미도리 / 淡绿 [dànlǜ] 딴뤼
- 상아빛 **ivory** [áivəri] 아이버리 / **アイボリー** 아이보리― / 牙色 [yásè] 야써
- 복숭아빛 **peach** [piːtʃ] 피취 / **桃色** (ももいろ) 모모이로 / 桃红色 [táohóngsè] 타오훙써
- 심홍색 **crimson** [krímzən] 크림전 / **深紅色** (しんこうしょく) 싱코―쇼쿠 / 深红色 [shēnhóngsè] 션훙써
- 주홍, 진홍색 **scarlet** [skáːrlit] 스카릿 / **緋色** (ひいろ) 히이로 / 朱红色 [zhūhóngsè] 주훙써

chapter 3 의복

- □ 갈색을 띤 **brownish** [bráuniʃ] 브라우니쉬 /
  茶色を帯びた (ちゃいろをおびた) 챠이로오 오비타 /
  呈褐色的 [chénghèsède] 쳥허쎠더

- □ 푸른빛을 띤, 푸르스름한 **bluish** [blúːiʃ] 블루이쉬 /
  青みを帯びた (あおみをおびた) 아오미오 오비타 / 带蓝色的 [dàilánsède] 따이란쎠더

- □ 희끄무레한 **whitish** [hwáitiʃ] 화이티쉬 /
  白みがかった (しろみがかった) 시로미가캇타 / 发白的 [fābáide] 파바이더

- □ 어두운 **dark** [dɑːrk] 다크 /
  暗い (くらい) 쿠라이 / 黑沉沉 [hēichénchén] 헤이천천

- □ 엷은 빛깔의 **pale** [peil] 페일 / 薄い色の (うすいいろの) 우스이이로노 /
  淡色 [dànsè] 단쎠

- □ 거무스름한 **blackish** [blǽkiʃ] 블래키쉬 / 浅黒い (あさぐろい) 아사구로이 /
  深的 [shēnde] 션더

- □ 부드러운 색 **delicate color** [délikət kʌ́lər] 델리컷컬러 /
  柔らかな色 (やわらかないろ) 야와라카나이로 / 柔和色 [róuhésè] 로우허쎠

- □ 우중충한 색 **sordid color** [sɔ́ːrdid kʌ́lər] 쏘딧컬러 /
  くすんだ色 (いろ) 쿠슨다이로 / 色彩暗淡的 [sècǎiàndànde] 쎠차이안단더

- □ 밝은 색 **bright color** [brait kʌ́lər] 브라이트컬러 /
  明るい色 (あかるいいろ) 아카루이이로 / 亮色 [liàngsè] 량쎠

신체(Body, 体, 身体)

1 몸(Body, 体, 身体) – 얼굴(Face, 顔, 脸)

□ 머리
  head [hed] 헤드
  頭 (あたま) 아타마
  头 [tóu] 토우

□ 머리카락
  hair [hɛər] 헤어
  髪の毛 (かみのけ) 카미노케
  头发 [tóufa] 토우파

□ 이마
  forehead [fɔ́:rhèd] 포헤드
  額 (ひたい) 히타이
  额 [é] 어

□ 눈썹
  eyebrow [aíbràu] 아이브라우
  眉毛 (まゆげ) 마유게
  眉毛 [méimao] 메이마오

□ 눈
  eye [ai] 아이
  目 (め) 메
  眼睛 [yǎnjing] 옌징

□ 눈동자, 동공
  pupil [pjú:pəl] 퓨펄
  瞳, 瞳孔 (ひとみ, どうこう) 히토미, 도-코-
  瞳孔 [tóngkǒng] 통콩

□ 눈꺼풀
  eyelid [aílìd] 아이리드
  目蓋 (まぶた) 마부타
  眼皮 [yǎnpí] 옌피

□ 속눈썹
  eyelash [aílæ̀ʃ] 아이래시
  まつげ 마츠게
  睫毛 [jiémáo] 지에마오

□ 턱
  jaw [dʒɔ:] 죠
  顎 (あご) 아고
  颚 [è] 어

86

□ 여드름
  pimple [pímpl] 핌플
  にきび 니키비
  痘痘 [dòudòu] 또우또우

□ 주름
  wrinkle [ríŋk-əl] 링컬
  しわ 시와
  皱纹 [zhòuwén] 조우원

□ 사마귀, 점
  mole [moul] 모울
  黒子 (ほくろ) 호쿠로
  痦子 [hóuzi] 호우즈

□ 관자놀이
  temple [témp-əl] 템펄
  こめかみ 코메카미
  太阳穴 [tàiyángxué] 타이양슈에

□ 주근깨
  freckle [frékl] 프레클
  そばかす 소바카스
  雀斑 [quèbān] 취에반

□ 흉터
  scar [skɑːr] 스카
  傷跡 (きずあと) 키즈아토
  伤痕 [shānghén] 샹흔

□ 뺨, 볼
  cheek [tʃiːk] 칙
  頬, ほっぺた
  (ほお) 호-, 홉페타
  面颊 [miànjiá] 미엔쟈

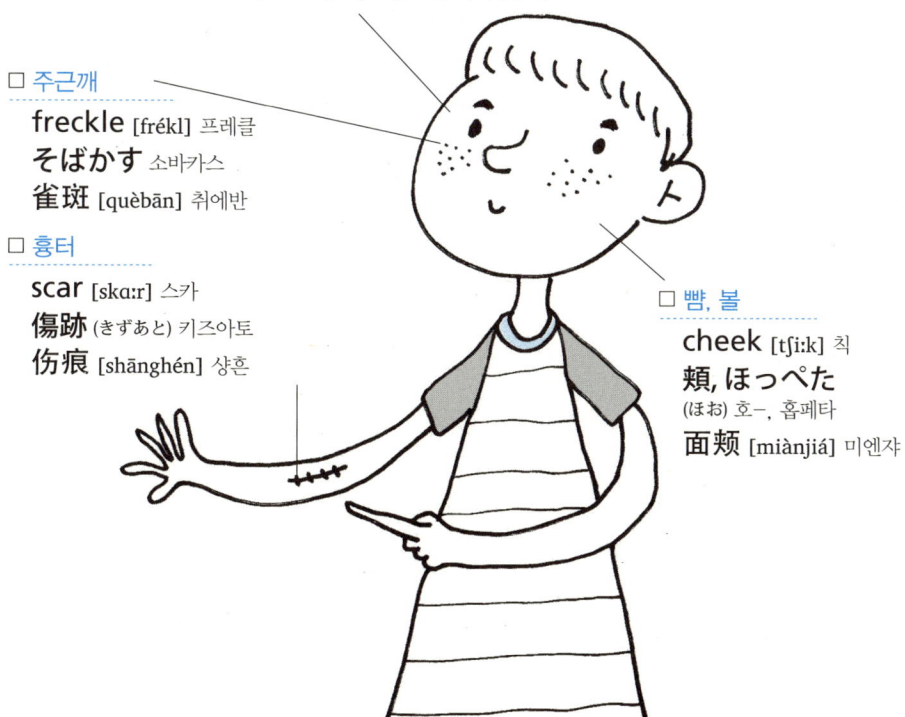

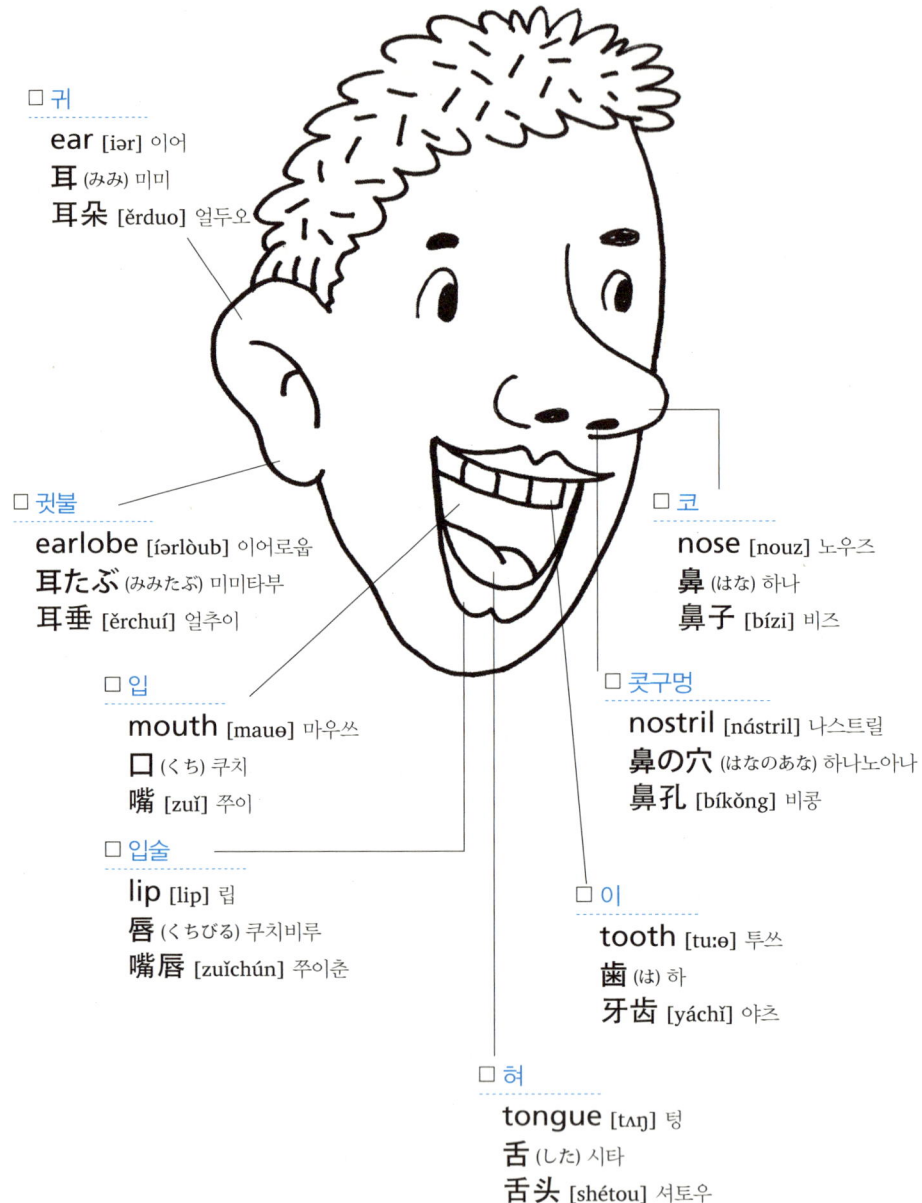

chapter 4 신체

□ 짧은 구렛나루
sideburns [saídbə̀:rnz] 싸이드번즈
もみあげ 모미아게
短连鬓胡子 [duǎnliánbìnhúzǐ] 두안리엔빈후즈

□ 구렛나루
whisker [hwískə:r] 휘스커
頬髭 (ほおひげ) 호-히게
连鬓胡子 [liánbìnhúzi] 리엔빈후즈

□ 콧수염
mustache [mÁstæʃ] 머스태시
鼻髭, 口髭 (はなひげ, くちひげ) 하나히게, 쿠치히게
小胡子 [xiǎohúzi] 샤오후즈

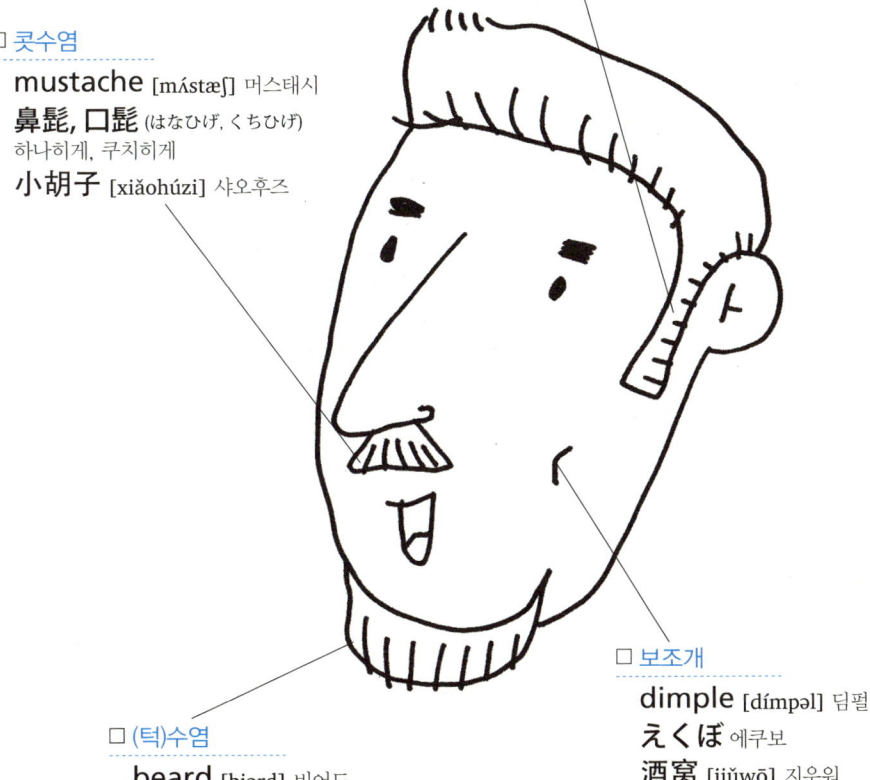

□ 보조개
dimple [dímpəl] 딤펄
えくぼ 에쿠보
酒窝 [jiǔwō] 지우워

□ (턱)수염
beard [biərd] 비어드
(顎)髭 ((あご)ひげ) (아고)히게
胡须 [húxū] 후쉬

□ 염소수염
goatee [goutí:] 고우티
山羊髭 (やぎひげ) 야기히게
山羊胡子 [shānyánghúzǐ] 산양후즈

89

관련어

- 쌍꺼풀 **double eyelid** [dÁbəlaílìd] 더블아이리드 /
  二重まぶた (ふたえまぶた) 후타에마부타 / 双眼皮 [shuāngyǎnpí] 슈앙옌피

- 홑꺼풀 **single eyelid** [síŋg-əl aílìd] 씽걸아이리드 /
  一重まぶた (ひとえまぶた) 히토에마부타 / 单眼皮 [dānyǎnpí] 딴옌피

- 윗눈꺼풀 **upper eyelid** [Ápər aílìd] 어퍼아이리드 /
  上まぶた (うえまぶた) 우에마부타 / 上眼睑 [shàngyǎnjiǎn] 샹옌지엔

- 아랫눈꺼풀 **lower eyelid** [lóuər aílìd] 로우어아이리드 /
  下まぶた (したまぶた) 시타마부타 / 下眼睑 [xiàyǎnjiǎn] 샤옌지엔

- 윗입술 **upper lip** [Ápər lip] 어퍼립 / 上唇 (うわくちびる) 우와쿠치비루 /
  上唇 [shàngchún] 샹춘

- 아랫입술 **lower lip** [lóuər lip] 로우어립 / 下唇 (したくちびる) 시타쿠치비루 /
  下唇 [xiàchún] 샤춘

- 잇몸 **gum** [gʌm] 검 / 歯茎 (はぐき) 하구키 / 齿龈 [chǐyín] 츠인

- 대머리 **bald** [bɔːld] 볼드 / 禿げ頭 (はげあたま) 하게아타마 / 秃头 [tūtóu] 투토우

- 고수머리 **curl** [kəːrl] 컬 / 縮れ毛 (ちぢれげ) 치지레게 / 卷发 [juǎnfà] 쥐엔파

- 포니테일(뒤에서 묶어 아래로 드리운 머리) **ponytail** [póunitèil] 포우니테일 /
  ポニーテール 포니–테–루 / 马尾式辫子 [mǎměishìbiànzi] 마메이스비엔즈

- 땋은 머리 **braid** [breid] 브레이드 / 下げ髪 (さげがみ) 사게가미 / 辫子 [biànzi] 비엔즈

- 아프로(아프리카풍의 둥그런 머리형) **Afro** [ǽfrou] 애프로우 / **アフロ** 아후로 / **圆蓬式发型** [yuánpéngshìfàxíng] 위엔펑스파싱

- 푸른 눈의 **blue-eyed** [blú:àid] 블루아이드 / **青目, 碧眼** (あおめ, へきがん) 아오메, 헤키간 / **蓝眼睛的** [lányǎnjingde] 란옌징더

- 졸린듯한 눈 **heavy eyes** [hévi aiz] 헤비아이즈 / **眠そうな目** (ねむそうなめ) 네무소-나메 / **睡眼** [shuìyǎn] 슈이옌

- 갈색 눈동자 **brown eyes** [braun aiz] 브라운아이즈 / **茶色の瞳** (ちゃいろのひとみ) 챠이로노히토미 / **棕色眼睛** [zōngsèyǎnjing] 쭝써옌징

- 호의적인 눈 **friendly eyes** [fréndli aiz] 프렌들리아이즈 / **好意的な目** (こういてきなめ) 코-이테키나메 / **亲切的目光** [qīnqièdemùguāng] 친치에더무광

- 시력검사표 **eye chart** [ai tʃɑ:rt] 아이챠트 / **視力検査表** (しりょくけんさひょう) 시료쿠켄사효- / **视力检查表** [shìlìjiǎncházbiǎo] 스리지엔차뱌오

- 옆모습 **profile** [próufail] 프로우파일 / **横顔** (よこがお) 요코가오 / **侧影** [cèyǐng] 처잉

- 안색 **complexion** [kəmplékʃən] 컴플렉션 / **顔色** (かおいろ) 카오이로 / **脸色** [liǎnsè] 리엔써

- 무표정한 얼굴 **poker face** [póukər feis] 포우커페이스 / **ポーカーフェース** 포-카-훼-스 / **扑克面孔** [pūkèmiànkǒng] 푸커미엔콩

- 찡그린 얼굴 **grimace** [gríməs] 그리머스 / **渋面** (しぶつら) 시붓츠라 / **皱着眉头的脸** [zhòuzheméitóudeliǎn] 조우즈메이토우더리엔

- 멍한 표정 **blank stare** [blæŋk stɛə:r] 블랭크스테어 / **ぽかんとした顔** (かお) 포칸토시타카오 / **茫凝视** [mángníngshì] 망닝스

❷ 몸(Body, 体, 身体)
– 보이는 부분(visible part, 目に見える部分, 可看见的部分)

□ 목
  neck [nek] 넥
  首 (くび) 쿠비
  脖子 [bózi] 보즈

□ 어깨
  shoulder [ʃóuldər] 쇼울더
  肩 (かた) 카타
  肩膀 [jiānbǎng] 지엔방

□ 팔
  arm [ɑ:rm] 암
  腕 (うで) 우데
  胳膊 [gēbo] 거보

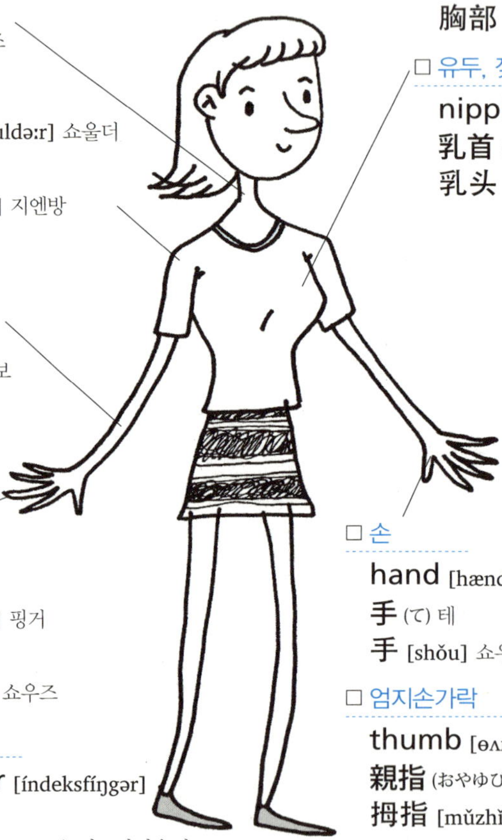

□ 손가락
  finger [fíŋgər] 핑거
  指 (ゆび) 유비
  手指 [shǒuzhǐ] 쇼우즈

□ 집게손가락
  index finger [índeksfíŋgər] 인덱스핑거
  人差し指 (ひとさしゆび) 히토사시유비
  食指 [shízhǐ] 스즈

□ 가운데손가락
  middle finger [mídl fíŋgər] 미들핑거
  中指 (なかゆび) 나카유비
  中指 [zhōngzhǐ] 종즈

□ 젖가슴
  breast [brest] 브레스트
  胸 (むね) 무네
  胸部 [xiōngbù] 숑뿌

□ 유두, 젖꼭지
  nipple [níp-əl] 니펄
  乳首 (ちくび) 치쿠비
  乳头 [rǔtóu] 로우토우

□ 손
  hand [hænd] 핸드
  手 (て) 테
  手 [shǒu] 쇼우

□ 엄지손가락
  thumb [θʌm] 썸
  親指 (おやゆび) 오야유비
  拇指 [mǔzhǐ] 무즈

□ 약지
  ring finger [riŋ fíŋgər] 링핑거
  薬指 (くすりゆび) 쿠스리유비
  无名指 [wúmíngzhǐ] 우밍즈

□ 새끼손가락
  little finger [lítl fíŋgər] 리틀핑거
  小指 (こゆび) 코유비
  小指 [xiǎozhǐ] 샤오즈

chapter 4 신체

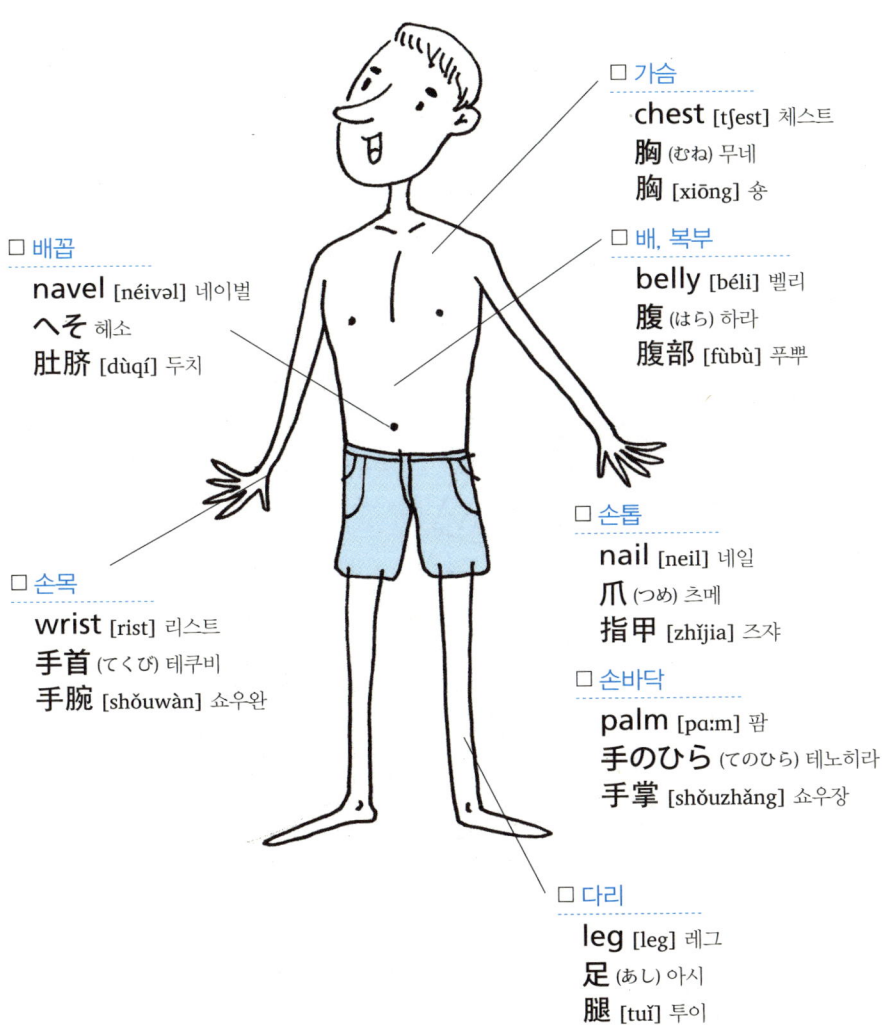

□ 가슴
chest [tʃest] 체스트
胸 (むね) 무네
胸 [xiōng] 숑

□ 배, 복부
belly [béli] 벨리
腹 (はら) 하라
腹部 [fùbù] 푸뿌

□ 배꼽
navel [néivəl] 네이벌
へそ 헤소
肚脐 [dùqí] 두치

□ 손톱
nail [neil] 네일
爪 (つめ) 츠메
指甲 [zhǐjia] 즈쟈

□ 손목
wrist [rist] 리스트
手首 (てくび) 테쿠비
手腕 [shǒuwàn] 쇼우완

□ 손바닥
palm [pɑːm] 팜
手のひら (てのひら) 테노히라
手掌 [shǒuzhǎng] 쇼우장

□ 다리
leg [leg] 레그
足 (あし) 아시
腿 [tuǐ] 투이

93

□ 목덜미
the nape of the neck [ðə neip əv ðə nek] 더네이프어브더넥
襟首 (えりくび) 에리쿠비
脖子 [bózi] 보즈

□ (쥔)주먹
fist [fist] 피스트
(握り)拳 ((にぎり)こぶし) (니기리)코부시
拳头 [quántóu] 취엔토우

□ 등
back [bæk] 백
背中 (せなか) 세나카
背 [bèi] 뻬이

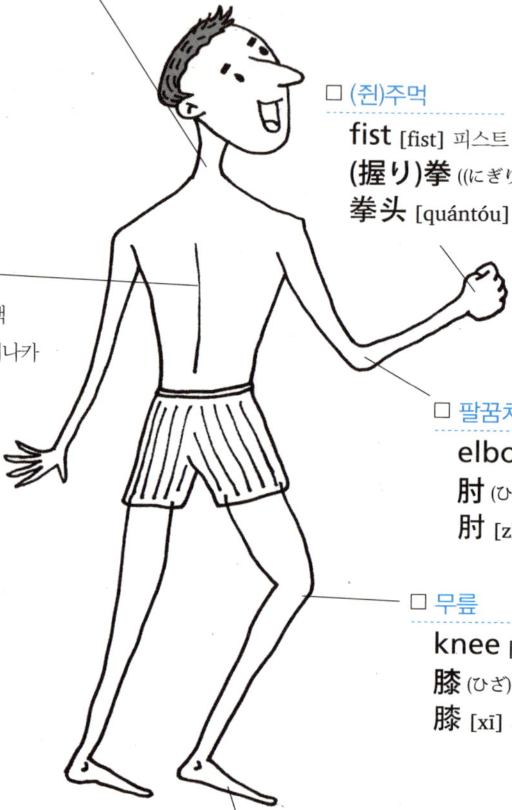

□ 팔꿈치
elbow [élbou] 엘보우
肘 (ひじ) 히지
肘 [zhǒu] 조우

□ 무릎
knee [ni:] 니
膝 (ひざ) 히자
膝 [xī] 시

□ 발
foot [fut] 풋
足 (あし) 아시
脚 [jiǎo] 쟈오

□ 피부
skin [skin] 스킨
肌 (はだ) 하다
皮肤 [pífū] 피푸

□ 허리
waist [weist] 웨이스트
腰 (こし) 코시
腰 [yāo] 야오

□ 골반
pelvis [pélvis] 펠비스
骨盤 (こつばん) 코츠방
骨盆 [gǔpén] 구편

□ 궁둥이
hip [hip] 힙
尻 (しり) 시리
臀部 [túnbù] 툰뿌

□ 넓적다리
thigh [θai] 싸이
太もも (ふともも) 후토모모
大腿 [dàtuǐ] 따투이

□ 종아리
calf [kæf] 캐프
ふくらはぎ 후쿠라하기
小腿 [xiǎotuǐ] 샤오투이

□ 뒤꿈치
heel [hi:l] 힐
踵 (かかと) 카카토
脚后跟 [jiǎohòugēn] 쟈오호우껀

□ 발가락
toe [tou] 토우
足の指 (あしのゆび) 아시노유비
脚趾 [jiǎozhǐ] 쟈오즈

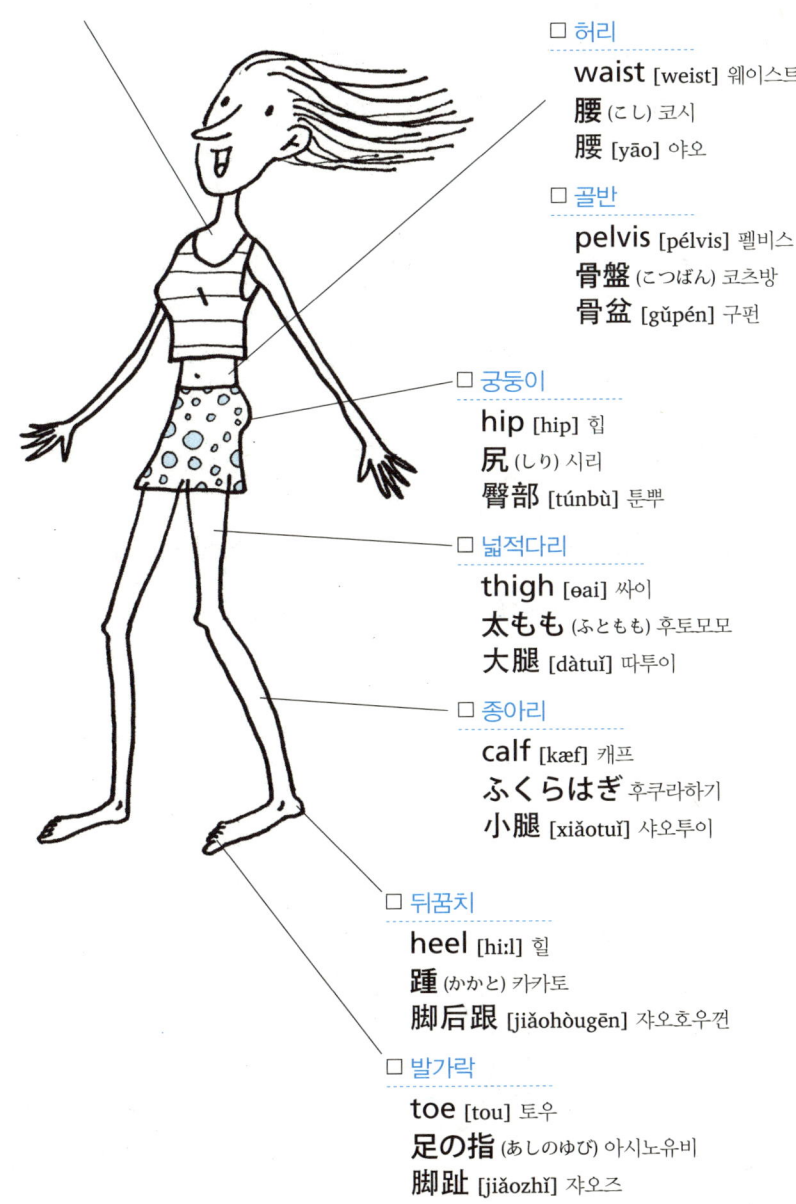

> 관련어

- 피부 skin [skin] 스킨 / 肌 (はだ) 하다 / 皮肤 [pífū] 피푸

- 하얀 살결 fair skin [feər skin] 페어스킨 / 白い肌 (しろいはだ) 시로이하다 /
  白皙的皮肤 [báixīdepífū] 바이시더피푸

- 표피 outer skin [áutər skin] 아우터스킨 / 表皮 (ひょうひ) 효-히 /
  外皮 [wàipí] 와이피

- 발톱 toenail [tóunèil] 토우네일 / 足指の爪 (あしゆびのつめ) 아시유비노츠메 /
  脚指甲 [jiǎozhǐjia] 쟈오즈쟈

- 엄지발가락 big toe [big tou] 빅토우 / 足の親指 (あしのおやゆび) 아시노오야유비 /
  大脚趾 [dàjiǎozhǐ] 따쟈오즈

- 새끼발가락 little toe [lítl tou] 리틀토우 / 足の小指 (あしのこゆび) 아시노코유비 /
  小趾 [xiǎozhǐ] 샤오즈

- 체중 weight [weit] 웨이트 / 体重 (たいじゅう) 타이쥬- / 体重 [tǐzhòng] 티종

- 키 height [hait] 하이트 / 身長 (しんちょう) 신쵸- / 个子 [gèzi] 거즈

- 뚱뚱한 사람 **fats** [fæts] 패츠 / **太っちょ** (ふとっちょ) 후톳쵸 /
  胖的人 [pàngderén] 팡더런

- 바싹마른 **skinny** [skíni] 스키니 / **やせっぽち** 야셉포치 /
  极瘦的 [jíshòude] 지쇼우더

- 뚱뚱한 여인 **stout lady** [staut léidi] 스타웃레이디 /
  太っちょの女 (ふとっちょのおんな) 후톳쵸노온나 / **胖姑娘** [pànggūniang] 팡꾸냥

- 풍만한 **plump** [plʌmp] 플럼프 / **ふくよか** 후쿠요카 /
  丰满 [fēngmǎn] 펑만

- 통통한 볼 **plump cheeks** [plʌmp tʃi:ks] 플럼프췩스 /
  ふっくらした頰 (ほお) 훅쿠라시타호- /
  暄乎乎的脸蛋 [xuānhūhūdeliǎndàn] 쉬엔후후더롄딴

- 키 큰 **tall** [tɔ:l] 톨 / **背の高い** (せのたかい) 세노타카이 / **高大的** [gāodàde] 까오따더

- 키가 작은 **short** [ʃɔ:rt] 쇼트 / **背の低い** (せのひくい) 세노히쿠이 / **矮的** [ǎide] 아이더

- 애교있는 얼굴 **pretty face** [príti feis] 프리티페이스 /
  可愛らしい顔 (かわいらしいかお) 카와이라시-카오 / **可爱的脸** [kě'àideliǎn] 커아이더롄

- 귀여운 **cute** [kju:t] 큐트 / **可愛い** (かわいい) 카와이- / **可爱** [kě'ài] 커아이

- 얼굴이 창백한 **pale** [peil] 페일 / **青白い** (あおじろい) 아오지로이 /
  苍白 [cāngbái] 창바이

- 아름다운 **beautiful** [bjú:təfəl] 뷰터펄 / **美しい** (うつくしい) 우츠쿠시- /
  漂亮 [piàoliang] 퍄오량

- 잘생긴 **handsome** [hǽnsəm] 핸썸 / **ハンサムな** 한사무나 /
  帅 [shuài] 슈아이

- 아름다운 얼굴 **nice face** [nais feis] 나이스페이스 /
  美しい顔 (うつくしいかお) 우츠쿠시-카오 / **美貌** [měimào] 메이마오

- 외이 **external ear** [ikstə́:rnəl iər] 익스터널이어 / **外耳** (がいじ) 가이지 /
  外耳 [wài'ěr] 와이얼

③ 몸(Body, 体, 身体)
– 보이지 않는 부분(invisible part, 目に見えない部分, 看不见的部分)

☐ 뇌
brain [brein] 브레인
脳 (のう) 노-
脑 [nǎo] 나오

☐ 목(구멍)
throat [θrout] 쓰로우트
喉 (のど) 노도
嗓子 [sǎngzi] 상즈

☐ 늑골, 갈빗대
rib [rib] 리브
肋骨 (あばらぼね) 아바라보네
肋骨 [lèigǔ] 레이구

☐ 위
stomach [stʌ́mək] 스터먹
胃 (い) 이
胃 [wèi] 웨이

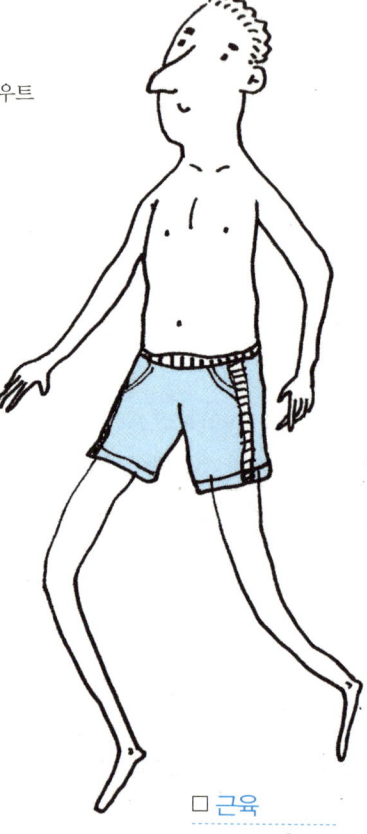

☐ 신경단위, 뉴런
neuron [njúərɑn] 뉴어란
ニューロン 뉴-롱
神经元 [shénjīngyuán] 션징위엔

☐ 뼈
bone [boun] 보운
骨 (ほね) 호네
骨头 [gǔtou] 구토우

☐ 근육
muscle [mʌ́s-əl] 머설
筋肉 (きんにく) 킨니쿠
肌肉 [jīròu] 지로우

☐ 관절
joint [dʒɔint] 죠인트
関節 (かんせつ) 칸세츠
关节 [guānjié] 관지에

□ 세포
cell [sel] 쎌
細胞 (さいぼう) 사이보-
细胞 [xìbāo] 시빠오

□ 힘줄
tendon [téndən] 텐던
腱 (けん) 켕
筋 [jīn] 진

□ 심장
heart [hɑ:rt] 하트
心臟 (しんぞう) 신조-
心脏 [xīnzàng] 신장

□ 간장, 간
liver [lívər] 리버
肝 (きも) 키모
肝肠 [gāncháng] 깐창

□ 폐, 허파
lung [lʌŋ] 렁
肺 (はい) 하이
肺 [fèi] 페이

□ 등뼈, 척추
spine [spain] 스파인
背骨 (せぼね) 세보네
脊椎 [jǐzhuī] 지쮸이

□ 신장, 콩팥
kidney [kídni] 키드니
腎臟 (じんぞう) 진조-
腰子 [yāozi] 야오즈

□ 동맥
artery [á:rtəri] 아터리
動脈 (どうみゃく) 도-먀쿠
动脉 [dòngmài] 동마이

□ 정맥
vein [vein] 베인
静脈 (じょうみゃく) 죠-먀쿠
静脉 [jìngmài] 징마이

□ 자궁
womb [wu:m] 움
子宮 (しきゅう) 시큐-
子宮 [zǐgōng] 쯔꽁

99

□ 방광
bladder [blǽdər] 블래더
膀胱 (ぼうこう) 보-코-
膀胱 [pángguāng] 팡꽝

□ 혈관
blood vessel [blʌd vésəl] 블러드베설
血管 (けっかん) 켁캉
血管 [xuèguǎn] 슈에꽌

□ 목젖
uvula [júːvjulə] 유 뷸러
口蓋垂 (こうがいすい) 코-가이스이
悬雍垂 [xuányōngchuí] 쉬엔용추이

□ 췌장
pancreas [pǽŋkriəs] 팽크리어스
膵臓 (すいぞう) 스이조-
胰脏 [yízàng] 이짱

□ 쓸개, 담낭
gallbladder [gɔ́ːlblæ̀dər] 골블래더
胆嚢 (たんのう) 탄노-
胆囊 [dǎnnáng] 딴낭

□ 십이지장
duodenum [djuːádənəm] 듀아더넘
十二指腸 (じゅうにしちょう) 쥬-니시쵸-
十二指肠 [shíʼèrzhǐcháng] 스얼즈창

100

□ 장
intestine [intéstin] 인테스틴
腸 (ちょう) 쵸-
肠 [cháng] 창

□ 대장
large intestine [lɑːrdʒ intéstin] 라쥐인테스틴
大腸 (だいちょう) 다이쵸-
大肠 [dàcháng] 따창

□ 소장
small intestine [smɔːl intéstin] 스몰인테스틴
小腸 (しょうちょう) 쇼-쵸-
小肠 [xiǎocháng] 샤오창

□ 살
flesh [fleʃ] 플레시
肉 (にく) 니쿠
肉 [ròu] 로우

□ 피, 혈액
blood [blʌd] 블러드
血, 血液 (ち, けつえき) 치, 케츠에키
血 [xuè] 슈에

□ 목소리
voice [vɔis] 보이스
声 (こえ) 코에
声音 [shēngyīn] 성인

□ 숨, 호흡
breath [breθ] 브레쓰
呼吸 (こきゅう) 코큐-
呼吸 [hūxī] 후시

101

> 관련어

- 충수, 맹장 **appendix** [əpéndiks] 어펜딕스 / 盲腸 (もうちょう) 모-쵸- / 盲肠 [mángcháng] 망창

- 진피 **inner skin** [ínər skin] 이너스킨 / 真皮 (しんぴ) 심피 / 真皮 [zhēnpí] 전피

- 목구멍, 인후 **throat** [θróut] 쓰로우트 / 喉 (のど) 노도 / 咽喉 [yānhóu] 옌호우

- 내이 **internal ear** [intə́:rnl iər] 인터늘이어 / 中耳 (ないじ) 나이지 / 内耳 [nèi'ěr] 네이얼

- 고막 **eardrum** [íərdrʌ̀m] 이어드럼 / 鼓膜 (こまく) 코마쿠 / 鼓膜 [gǔmó] 구모

- 소화기관 **organs of digestion** [ɔ́:rgənz əv daidʒéstʃən] 오건즈업다이줴스쳔 / 消化器官 (しょうかきかん) 쇼-카키캉 / 肠胃 [chángwèi] 창웨이

- 좋은 목소리 **fine voice** [fain vɔis] 파인보이스 / 良い声 (いいこえ) 이-코에 / 好听的声音 [hǎotīngdeshēngyīn] 하오팅더성인

- 목쉰소리 **veiled voice** [veild vɔis] 베일드보이스 / 嗄れ声 (かれごえ) 카레고에 / 哑嗓 [yǎsǎng] 야상

- 새된소리 **shrill voice** [ʃril vɔis] 쉬릴보이스 / 甲声 (かんごえ) 캉고에 / 尖叫声 [jiānjiàoshēng] 지엔쟈오셩

- 힘찬 저음 **deep voice** [di:p vɔis] 딥보이스 / 力強い低音 (ちからづよいていおん) 치카라즈요이 테-옹 / 低沉的嗓音 [dīchéndesǎngyīn] 디천더상인

□ 깊은 잠 deep sleep [diːp sliːp] 딥슬립 / 深い眠り (ふかいねむり) 후카이네무리 /
酣梦 [hānmèng] 한멍

□ (호흡)기관 trachea [tréikiə] 트레이키어 /
(呼吸)気管 ((こきゅう)きかん) 코큐―키캉 / 气管 [qìguǎn] 치꽌

□ 감각기관 sense organ [sens ɔ́ːrgən] 쎈스오건 /
感覚器官 (かんかくきかん) 캉카쿠키캉 / 感觉器官 [gǎnjuéqìguān] 간주에치꽌

□ 급소 vital spot [váitl spɑt] 바이틀스팟 / 急所 (きゅうしょ) 큐―쇼 / 要害 [yàohài] 야오하이

□ 생명력 vital energies [váitl énərdʒiz] 바이틀에너쥐즈 /
生命力 (せいめいりょく) 세―메―료쿠 / 生机 [shēngjī] 성지

□ 공복감 sense of hunger [sens əv hʌ́ŋgər] 쎈스업헝거 /
空腹感 (くうふくかん) 쿠―후쿠캉 / 饥饿感 [jī'ègǎn] 지어간

□ 불안감 sense of uneasiness [sens əv ʌníːzinis] 쎈스업어니지니스 /
不安感 (ふあんかん) 후앙캉 / 不安感 [bù'āngǎn] 뿌안간

□ 에너지원 energy source [énərdʒi sɔːrs] 에너지쏘스 /
エネルギー源 (げん) 에네루기―겡 / 能源 [néngyuán] 넝위엔

□ 체력 physical energy [fízikəl énərdʒi] 피지컬에너지 / 体力 (たいりょく) 타이료쿠 /
体力 [tǐlì] 티리

□ 기력 spiritual energy [spíritʃu-əl énərdʒi] 스피리추얼에너지 /
気力 (きりょく) 키료쿠 / 精力 [jīnglì] 징리

4 몸(Body, 体, 身体) – 분비물(Secretion, 分泌物, 分泌物)

□ 귀지
  earwax [íərwæks] 이어왝스
  耳垢 (みみあか) 미미아카
  耳垢 [ěrgòu] 얼고우

□ 눈물
  tear [tiə:r] 티어
  涙 (なみだ) 나미다
  眼泪 [yǎnlèi] 옌레이

□ 코딱지
  nose wax [nouzwæks] 노우즈왝스
  鼻くそ (はなくそ) 하나쿠소
  鼻牛儿 [bíniúr] 비뉴얼

□ 비듬
  scurf [skə:rf] 스커프
  (=dandruff)
  ふけ 후케
  头屑 [tóuxiè] 토우시에

□ 트림
  belch [beltʃ] 벨치
  おくび 오쿠비
  饱嗝儿 [bǎogér] 바오걸

□ 방귀
  wind [wind] 윈드
  おなら 오나라
  屁 [pì] 피

□ 소변, 오줌
  urine [júərin] 유어린
  小便 (しょうべん) 쇼-벵
  小便 [xiǎobiàn] 샤오비엔

□ 하품
 yawn [jɔːn] 욘
 欠伸 (あくび) 아쿠비
 呵欠 [hēqiàn] 허치엔

□ 땀
 sweat [swet] 스웻
 汗 (あせ) 아세
 汗水 [hànshuǐ] 한쉐이

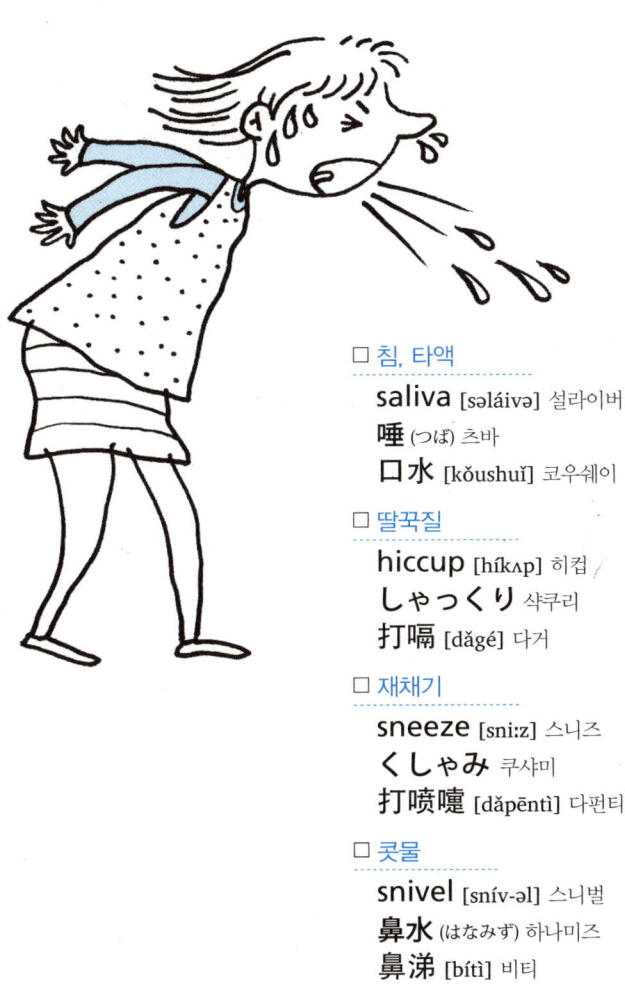

□ 침, 타액
 saliva [səláivə] 설라이버
 唾 (つば) 츠바
 口水 [kǒushuǐ] 코우쉐이

□ 딸꾹질
 hiccup [híkʌp] 히컵
 しゃっくり 샥쿠리
 打嗝 [dǎgé] 다거

□ 재채기
 sneeze [sniːz] 스니즈
 くしゃみ 쿠샤미
 打喷嚏 [dǎpēntì] 다펀티

□ 콧물
 snivel [snív-əl] 스니벌
 鼻水 (はなみず) 하나미즈
 鼻涕 [bítì] 비티

> 관련어

- 분비기관 secernent [sisə́:rnənt] 시써넌트 / 分泌器官 (ぶんぴつきかん) 붐피츠키캉 /
  泌尿系统 [mìniàoxìtǒng] 미냐오시통

- 땀샘 sweat glands [swet glændz] 스웻글랜(드)즈 / 汗腺 (かんせん) 칸셍 /
  汗腺 [hànxiàn] 한시엔

- 식은땀 night sweat [nait swet] 나이트스웻 / 冷や汗 (ひやあせ) 히야아세 /
  冷汗 [lěnghàn] 렁한

- 내분비(작용) internal secretion [íntə́:rnl sikríːʃ-ən] 인터늘씨크리션 /
  内分泌(作用) (ないぶんぴつ(さよう)) 나이붐피츠(사요-) / 内分泌 [nèifēnmì] 네이펀미

- 내출혈 internal bleeding [íntə́:rnl blíːdiŋ] 인터늘블리딩 /
  内出血 (ないしゅっけつ) 나이슉케츠 / 内出血 [nèichūxuè] 네이추슈에

- 분비선 secretory [sikríːtəri] 씨크리터리 / 分泌線 (ぶんぴつせん) 붐피츠셍 /
  分泌器官 [fēnmìqìguān] 펀미치꽌

- 세크레틴(소장내에 생기는 호르몬) secretin [sikríːtin] 씨크리틴 /
  セクレチン 세쿠레칭 / 促胰液素 [cùyíyèsù] 추이예쑤

- 과잉분비 excessive secretion [iksésiv sikríːʃ-ən] 익세시브씨크리션 /
  過剰分泌 (かじょうぶんぴつ) 카죠-붐피츠 / 分泌过剩 [fēnmìguòshèng] 펀미구오성

□ 배설물 **excrement** [ékskrəmənt] 엑스크러먼트 /
　排泄物 (はいせつぶつ) 하이세츠부츠 / 排泄物 [páixièwù] 파이시에우

□ 똥 **feces** [fíːsiːz] 피시즈 / うんこ 웅코 / 糞 [fèn] 펀

□ 갑상선 **thyroid** [θáirɔid] 싸이로이드 / 甲状腺 (こうじょうせん) 코-죠-셍 /
　甲状腺 [jiǎzhuàngxiàn] 쟈좡시엔

□ 티록신(갑상선호르몬) **thyroxin** [θairáksin] 싸이락신 /
　チロキシン 치로키싱 / 甲状腺素 [jiǎzhuàngxiànsù] 쟈좡시엔쑤

□ 한숨, 탄식 **sigh** [sai] 싸이 / ため息 (ためいき) 타메이키 / 叹息 [tànxī] 탄시

□ 숨, 호흡 **breath** [breθ] 브레쓰 / 息 (いき) 이키 / 呼吸 [hūxī] 후시

□ 기침 **cough** [kɔ(ː)f] 코프 / 咳 (せき) 세키 / 咳嗽 [késou] 커소우

□ 트림 **burp** [bəːrp] 버프 / げっぷ 겝푸 / 饱嗝儿 [bǎogér] 바오걸

107

성격(Personality, 性格, 性格)

1 느낌(Feeling, 感じ, 感覚)

□ 기분
　mood [muːd] 무드
　ムード 무-도
　心情 [xīnqíng] 신칭

□ 사랑
　love [lʌv] 러브
　恋 (こい) 코이
　爱 [ài] 아이

□ 기쁨, 즐거움
　pleasure [pléʒər] 플레저
　喜び (よろこび) 요로코비
　高兴 [gāoxìng] 까오싱

□ 흥분
　excitement [iksáitmənt] 익싸이트먼트
　興奮 (こうふん) 코-훙
　兴奋 [xīngfèn] 싱펀

□ 행복
　happiness [hǽpinis] 해피니스
　幸福, 幸せ (こうふく, しあわせ) 코-후쿠, 시아와세
　幸福 [xìngfú] 싱푸

□ 유쾌함
　cheerfulness [tʃíərfəlnis] 치어펄니스
　愉快 (ゆかい) 유카이
　愉快 [yúkuài] 위콰이

□ 친절
　kindness [káindnis] 카인드니스
　親切 (しんせつ) 신세츠
　亲切 [qīnqiè] 친치에

□ 상상(력)
　imagination [imædʒənéiʃən] 이매져네이션
　想像(力) (そうぞう(りょく)) 소-조-(료쿠)
　想象(力) [xiǎngxiàng(lì)] 샹샹(리)

□ 희망
　hope [houp] 호웁
　希望 (きぼう) 키보-
　希望 [xīwàng] 시왕

□ 안심
　relief [rilí:f] 릴리프
　安心 (あんしん) 안싱
　安心 [ānxīn] 안신

□ 믿음, 신뢰
　belief [bilí:f] 빌리프
　信頼 (しんらい) 신라이
　信任 [xìnrèn] 신런

□ 위로, 위안
　comfort [kʌ́mfərt] 캄퍼트
　慰め (なぐさめ) 나구사메
　安慰 [ānwèi] 안웨이

□ 동정
　sympathy [símpəθi] 씸퍼씨
　同情 (どうじょう) 도-죠-
　同情 [tóngqíng] 통칭

□ 두려움, 공포
　fear [fiər] 피어
　恐れ (おそれ) 오소레
　害怕 [hàipà] 하이파

□ 걱정
　worry [wə́:ri] 워리
　心配 (しんぱい) 심파이
　担心 [dānxīn] 딴신

□ 신경과민
　nervousness [nə́:rvəsnis] 너버스니스
　神経質 (しんけいしつ) 싱케-시츠
　神经过敏 [shénjīngguòmǐn] 션징구오민

109

□ 노여움, 분노

anger [ǽŋgər] 앵거
怒り (いかり) 이카리
生气 [shēngqì] 셩치

□ 부끄럼, 수치

shame [ʃeim] 셰임
恥ずかしさ (はずかしさ) 하즈카시사
羞耻 [xiūchǐ] 슈츠

□ 실망

disappointment [dìsəpɔ́intmənt] 디서포인트먼트
失望 (しつぼう) 시츠보-
失望 [shīwàng] 스왕

□ 감사

thank [θæŋk] 쌩크
感謝 (かんしゃ) 칸샤
感谢 [gǎnxiè] 간씨에

□ 슬픔, 비애

sadness [sǽdnis] 쌔드니스
(= sorrow)
悲しみ (かなしみ) 카나시미
悲哀 [bēi'āi] 뻬이아이

□ 오해

misunderstanding [mìsʌndə:rstǽndiŋ]
미스언더스탠딩
誤解 (ごかい) 고카이
误会 [wùhuì] 우후이

110

□ 위험

danger [déindʒər] 데인져
危険 (きけん) 키켕
危险 [wēixiǎn] 웨이시엔

□ 기쁨, 환희

joy [dʒɔi] 죠이
歓喜 (かんき) 캉키
欢喜 [huānxǐ] 환시

□ 평화

peace [pi:s] 피스
平和 (へいわ) 헤-와
平和 [pínghé] 핑허

□ 감정

sentiment [séntəmənt] 쎈터먼트
感情 (かんじょう) 칸죠-
情绪 [qíngxù] 칭쉬

□ 만족

satisfaction [sætisfǽkʃ-ən] 쌔티스팩션
満足 (まんぞく) 만조쿠
满意 [mǎnyì] 만이

□ 서두름

hurry [hə́:ri] 허리
急ぎ (いそぎ) 이소기
赶紧 [gǎnjǐn] 간진

□ 불만

dissatisfaction [dissætisfǽkʃən] 디쌔티스팩션
不満 (ふまん) 후망
不满 [bùmǎn] 뿌만

□ 인상

impression [impréʃən] 임프레션
印象 (いんしょう) 인쇼-
印象 [yìnxiàng] 인샹

□ 감탄

admiration [ædməréiʃən] 애드머레이션
感嘆 (かんたん) 칸탕
佩服 [pèifú] 페이푸

□ 깜짝놀람, 경악

amazement [əméizmənt] 어메이즈먼트
驚愕 (きょうがく) 쿄-가쿠
震惊 [zhènjīng] 전징

□ 고독

loneliness [lóunlinis] 로운리니스
寂しさ (さびしさ) 사비시사
孤独 [gūdú] 구두

chapter 5 성격

□ 안달, 초조
irritation [ìrətéiʃən] 이러테이션
焦り (あせり) 아세리
恼怒 [nǎonù] 나오누

□ 웃음
laugh [læf] 래프
笑い (わらい) 와라이
笑 [xiào] 샤오

□ 좌절
frustration [frʌstréiʃ-ne-ən 프러스트레이션
挫折 (ざせつ) 자세츠
挫折 [cuòzhé] 추오저

□ 자존심, 자만심
pride [praid] 프라이드
自尊心 (じそんしん) 지손싱
骄傲 [jiāoào] 쟈오아오

113

chapter 5

☐ 냉정
- calm [kɑ:m] 캄
- 冷静 (れいせい) 레-세-
- 镇定 [zhèndìng] 전딩

☐ 현명함, 지혜
- wisdom [wízdəm] 위즈덤
- 知恵 (ちえ) 치에
- 智慧 [zhìhuì] 즈후이

☐ 전율, 떨림
- thrill [θril] 쓰릴
- 戦慄 (せんりつ) 센리츠
- 激动 [jīdòng] 지동

☐ 공포
- horror [hɔ́:rər] 호러
- 恐怖 (きょうふ) 쿄-후
- 恐怖 [kǒngbù] 콩뿌

☐ 괴로움, 고통
- suffering [sʌ́fəriŋ] 써퍼링
- 苦痛 (くつう) 쿠츠-
- 痛苦 [tòngkǔ] 통쿠

☐ 기쁨
- gladness [glǽdnis] 글래드니스
- 喜び (よろこび) 요로코비
- 欢乐 [huānlè] 환러

☐ 유머, 해학
- humor [hjú:mər] (휴)유머
- ユーモア 유-모아
- 幽默 [yōumò] 요우모

☐ 흥미
- interest [íntərist] 인터리스트
- 興味 (きょうみ) 쿄-미
- 兴趣 [xìngqù] 싱취

114

□ 의기소침, 우울

depression [dipréʃən] 디프레션
憂鬱 (ゆううつ) 유-우츠
沮喪 [jǔsàng] 쥐상

□ 유혹

temptation [temptéiʃ-ne] 템프테이션
誘惑 (ゆうわく) 유-와쿠
诱惑 [yòuhuò] 요우후오

□ 자유

freedom [frí:dəm] 프리덤
自由 (じゆう) 지유-
自由 [zìyóu] 쯔요우

□ 진실

truth [tru:θ] 트루쓰
真実 (しんじつ) 신지츠
真实 [zhēnshí] 전스

□ 긴장

tension [ténʃ-ən] 텐션
緊張 (きんちょう) 킨쵸-
紧张 [jǐnzhāng] 진장

관련어

□ 술김의 용기, 허세 **Dutch courage** [dʌtʃ kə́:ridʒ] 더취커리쥐 / **酔った勢い** (よったいきおい) 욧타이키오이 / **胡吹** [húchuī] 후추이

□ 이상, 이념 **ideal** [aidí:əl] 아이디얼 / **理想** (りそう) 리소- / **理想** [lǐxiǎng] 리샹

□ 여행의 길동무 **travel companion** [trǽv-əl kəmpǽnjən] 트래벌컴패니언 / **道連れ** (みちづれ) 미치즈레 / **旅伴** [lǚbàn] 뤼빤

□ 무능력 **incompetence** [inkámpətəns] 인컴퍼턴스 / **無力** (むりょく) 무료쿠 / **无能力** [wúnénglì] 우넝리

□ 영웅적자질(행위) **heroism** [hérouìzəm] 헤로우이점 / **武勇** (ぶゆう) 부유- / **英雄气概** [yīngxióngqìgài] 잉숑치까이

□ 잔악함 **cruelty** [krú:əlti] 크루얼티 / **残酷さ** (ざんこくさ) 장코쿠사 / **残忍** [cánrěn] 찬런

□ 능력, 재능 **capacity** [kəpǽsəti] 커패서티 / **能力** (のうりょく) 노-료쿠 / **能力** [nénglì] 넝리

- ☐ 고독, 외로움 solitude [sálitjù:d] 쌀리튜드 / 孤独 (こどく) 코도쿠 / 寂寞 [jìmò] 지모
- ☐ 공손, 예의바름 politeness [pəláitnis] 펄라이트니스 / 丁重さ (ていちょうさ) 테-쵸-사 / 有礼貌 [yǒulǐmào] 요우리마오

- ☐ 질투, 시샘 jealousy [dʒéləsi] 젤러시 / 嫉妬 (しっと) 싯토 / 妒忌 [dùjì] 두지
- ☐ 성실 sincerity [sinsérəti] 신쎄러티 / 誠実 (せいじつ) 세-지츠 / 真实 [zhēnshí] 전스
- ☐ 청정, 순수 purity [pjúərəti] 퓨어러티 / 純粋 (じゅんすい) 쥰스이 / 纯净 [chúnjìng] 춘징
- ☐ 신념 faith [feiə] 페이스 / 信念 (しんねん) 신넹 / 信念 [xìnniàn] 신니엔
- ☐ 자신없음 diffidence [dífidəns] 디피던스 / 気兼ね (きばね) 키바네 / 缺乏自信 [quēfázìxìn] 취에파쯔신
- ☐ 충실 fidelity [fidéləti] 피델러티 / 忠実 (ちゅうじつ) 츄-지츠 / 忠诚 [zhōngchéng] 종청
- ☐ 겸손 modesty [mádisti] 마디스티 / 謙遜 (けんそん) 켄송 / 谦逊 [qiānxùn] 치엔쉰

2 감정(Emotion, 感情, 感情)

□ 기쁜, 행복에 가득찬
happy [hǽpi] 해피
嬉しい (うれしい) 우레시-
幸福的 [xìngfúde] 싱푸더

□ 슬픈
sad [sæd] 쌔드
悲しい (かなしい) 카나시-
悲哀的 [bēiāide] 뻬이아이더

□ 격렬한
hot [hɑt] 핫
激烈な (げきれつな) 게키레츠나
激动的 [jīdòngde] 지동더

□ 냉정한
cold [kould] 코울드
冷静な (れいせいな) 레-세-나
冷淡的 [lěngdànde] 렁단더

□ 졸린
sleepy [slíːpi] 슬리피
眠い (ねむい) 네무이
困乏的 [kùnfáde] 쿤파더

□ 피로한, 지친
tired [taiəːrd] 타이어드
疲れた (つかれた) 츠카레타
疲倦的 [píjuànde] 피쥐엔더

□ 녹초가 된
exhausted [igzɔ́ːstid] 이그조스티드
へこたれた 헤코타레타
瘫软的 [tānruǎnde] 탄루안더

chapter 5 성격

□ 배고픈
hungry [háŋgri] 헝그리
お腹がすいた (おなかがすいた)
오나카가 스이타
饥饿的 [jīède] 지어더

□ 깜짝 놀란
surprised [sərpráizd] 써프라이즈드
びっくりした 빅쿠리시타
惊讶的 [jīngyàde] 징야더

□ 부끄러운
ashamed [əʃéimd] 어셰임드
恥ずかしい (はずかしい) 하즈카시-
惭愧的 [cánkuìde] 찬쿠이더

□ 갈망하는
thirsty [θə́ːrsti] 써스티
渇望する (かつぼうする)
카츠보-스루
渴望的 [kěwàngde] 커왕더

□ 훌륭한, 뛰어난
fine [fain] 파인
立派な (りっぱな) 립파나
优秀的 [yōuxiùde] 요우시우더

□ 좋은
good [gud] 굳
いい 이-
好的 [hǎode] 하오더

119

chapter 5

☐ 마음에 드는
favorite [féivərit] 페이버릿
気に入った (きにいった) 키니잇타
喜爱的 [xǐàide] 시아이더

☐ 공평한,
fair [feər] 페어
公平な (こうへいな) 코-헤-나
公平的 [gōngpíngde] 꽁핑더

☐ 온화한, 점잖은
gentle [ʤéntl] 젠틀
穏やかな (おだやかな) 오다야카나
温和的 [wēnhéde] 원허더

☐ 공손한, 예의바른
polite [pəláit] 펄라이트
丁寧な (ていねいな) 테-네-나
客气的 [kèqìde] 커치더

☐ 환상적인, 굉장한
fantastic [fæntǽstik] 팬태스틱
素敵な (すてきな) 스테키나
了不起的 [liǎobùqǐde] 랴오부치더

□ 잔혹한
  cruel [krú:əl] 크루얼
  残酷な (ざんこくな) 장코쿠나
  残酷的 [cánkùde] 찬쿠더

□ 무서운
  terrible [térəb-əl] 테러벌
  恐ろしい (おそろしい) 오소로시-
  可怕的 [kěpàde] 커파더

□ 강한
  strong [strɔ(:)ŋ] 스트롱
  強い (つよい) 츠요이
  強健的 [qiángjiànde] 챵지엔더

□ 약한
  weak [wi:k] 위크
  弱い (よわい) 요와이
  虚弱的 [xūruòde] 쉬루오더

□ 무서워하는
  scared [skɛə:rd] 스케어드
  怖い (こわい) 코와이
  恐惧的 [kǒngjùde] 콩쥐더

□ 지루한
  bored [bɔ:rd] 보드
  うんざりな 운자리나
  无聊的 [wúliáode] 우랴오더

□ 진실한
  true [tru:] 트루
  本当の (ほんとうの) 혼토-노
  真实的 [zhēnshíde] 전스더

□ 병에 걸린
  sick [sik] 씩
  病気した (びょうきした) 뵤-키시타
  有病的 [yǒubìngde] 요우삥더

□ 건강한
  well [wel] 웰
  健康な (けんこうな) 켕코-나
  安好的 [ānhǎode] 안하오더

☐ 틀림없는

sure [ʃuər] 슈어
間違いない (まちがいない) 마치가이나이
一定的 [yídìngde] 이딩더

☐ 확실한

certain [sə́:rtən] 써턴
確信する (かくしんする) 카쿠신스루
确信的 [quèxìnde] 취에신더

☐ 완전한

perfect [pə́:rfikt] 퍼픽트
完璧な (かんぺきな) 캄페키나
完美的 [wánměide] 완메이더

☐ 정직한

honest [ánist] 아니스트
正直な (しょうじきな) 쇼-지키나
正直的 [zhèngzhíde] 정즈더

☐ 의심스러운

doubtful [dáutfəl] 다우트펄
疑わしい (うたがわしい) 우타가와시-
怀疑的 [huáiyíde] 화이이더

☐ 유머가 풍부한

humorous [hjú:mərəs] (휴)유머러스
ユーモラスな 유-모라스나
幽默的 [yōumòde] 요우모더

☐ 바보같은

foolish [fú:liʃ] 풀리시
馬鹿な (ばかな) 바카나
傻的 [shǎde] 샤더

122

□ 실망한
disappointed [dìsəpɔ́intid] 디서포인티드
失望した (しつぼうした) 시츠보-시타
失望的 [shīwàngde] 스왕더

□ 외로운
lonely [lóunli] 로운리
寂しい (さびしい) 사비시-
孤独的 [gūdúde] 구두더

□ 무례한
rude [ru:d] 루드
無礼な (ぶれいな) 부레-나
无礼的 [wúlǐde] 우리더

□ 필요한
necessary [nésəsèri] 네서세리
必要な (ひつような) 히츠요-나
必要的 [bìyàode] 삐야오더

□ 자유로운
free [fri:] 프리
自由な (じゆうな) 지유-나
自由的 [zìyóude] 쯔요우더

□ 게으른
lazy [léizi] 레이지
怠ける (なまける) 나마케루
懒散的 [lǎnsǎnde] 란싼더

□ 부지런한
diligent [díləʤənt] 딜러젼트
真面目な (まじめな) 마지메나
勤勉的 [qínmiǎnde] 친미엔더

chapter 5

□ 생생한
alive [əláiv] 얼라이브
生きている (いきる) 이키테이루
有活力的 [yǒuhuólìde] 요우훠리더

□ 미친
mad [mæd] 매드
狂った (くるった) 쿠룻타
疯狂的 [fēngkuángde] 펑쾅더

□ 잘못된, 거짓의
false [fɔːls] 폴스
誤った (あやまった) 아야맛따
假的 [jiǎde] 쟈더

□ 용감한
brave [breiv] 브레이브
勇ましい (いさましい) 이사마시이
勇敢 [yǒnggǎn] 용간

□ 끈기있는
patient [péiʃənt] 페이션트
根気 (こんきある) 콩키아루
有耐心的 [yǒunàixīnde] 요우나이신더

□ 당황한
embarrassed [imbǽrəst] 임배러스트
慌てる (あわてる) 아와테루
困惑 [kùnhuò] 쿤후오

□ 수줍어 하는
shy [ʃai] 샤이
照れる (てれる) 테레루
害羞 [hàixiū] 하이슈

□ 진짜의
　real [ríː-əl] 리얼
　真実な (しんじつな) 신지츠나
　真的 [zhēnde] 젼더

□ 이상한
　strange [streindʒ] 스트레인지
　不思議な (ふしぎな) 후시기나
　奇怪 [qíguài] 치꽈이

□ 호기심있는
　curious [kjúəriəs] 큐어리어스
　好奇心がある (こうきしんがある) 코-키싱가아루
　好奇 [hàoqí] 하오치

□ 로맨틱한
　romantic [rouǽntik] 로우맨틱
　ロマンチックだ 로만칙쿠다
　浪漫 [làngmàn] 랑만

□ 바쁜
　busy [bízi] 비지
　忙しい (いそがしい) 이소가시-
　忙 [máng] 망

□ 유명한
　famous [féiməs] 페이머스
　有名だ (ゆうめいだ) 유-메-다
　著名 [zhùmíng] 주밍

□ 인기있다
　popular [pápjələr] 파퓰러
　ポピュラーだ 포퓨라-다
　流行 [liúxíng] 류싱

□ 질투심이 많은, 시샘하는
　jealous [dʒéləs] 젤러스
　嫉妬する (しっとする) 싯토스루
　妒忌的 [dùjìde] 두지더

□ 어리석다
　stupid [stjúːpid] 스튜피드
　愚かだ (おろかだ) 오로카다
　愚蠢的 [yúchǔnde] 위춘더

□ 바보같은
　silly [síli] 씰리
　ばかばかしい 바카바카시-
　糊涂的 [hútude] 후투더

관련어

□ 풍부한, 부유한 **rich** [ritʃ] 리취 / **豊かだ** (ゆたかだ) 유타카다 /
　富有的 [fùyǒude] 푸요우더

□ 가난한 **poor** [puər] 푸어 / **貧しい** (まずしい) 마즈시- /
　贫穷的 [pínqióngde] 핀츙더

□ 복잡한 **complex** [kəmpléks] 컴플렉스 / **複雑な** (ふくざつな) 후쿠자츠나 /
　复杂 [fùzá] 푸자

□ 순박한 태도 **simple manners** [símp-əl mǽnəːrz] 씸펄매너즈 /
　純朴な態度 (じゅんぼくなたいど) 쥰보쿠나타이도 /
　朴素的态度 [púsùdetàidù] 푸쑤더타이두

□ 무조건의, 절대적인 **unconditional** [ʌ̀nkəndíʃənəl] 언컨디셔널 /
　絶対的 (ぜったいてき) 젯타이테키 /
　绝对的 [juéduìde] 주에뚜이더

chapter 5 성격

□ 다친 hurt [hə:rt] 허트 / 傷つく (きずつく) 키즈츠쿠 /
受伤的 [shòushāngde] 쇼우샹더

□ 특수한, 특별한 special [spéʃəl] 스페셜 / 特別な (とくべつな) 토쿠베츠나 /
特别的 [tèbiéde] 터비에더

□ 영광스러운 glorious [glɔ́:riəs] 글로리어스 / 栄光 (えいこうな) 에-코-나 /
辉煌的 [huīhuángde] 후이황더

□ 뚜렷한 distinct [distíŋkt] 디스팅크트 / 明らかな (あきらかな) 아키라카나 /
明显的 [míngxiǎnde] 밍시엔더

❸ 행동(Motion, 行動, 行动)

□ 활동
activity [æktívəti] 액티버티
活動 (かつどう) 카츠도-
行动 [xíngdòng] 싱뚱

□ 생명
life [laif] 라이프
生命 (せいめい) 세-메-
生命 [shēngmìng] 셩밍

□ 생각, 관념
idea [aidí:ə] 아이디어
アイデア 아이데아
观念 [guānniàn] 꽌니엔

□ 용서
pardon [pá:rdn] 파든
許し (ゆるし) 유루시
原谅 [yuánliàng] 위엔량

□ 충고
advice [ædváis] 애드바이스
アドバイス 아도바이스
劝告 [quàngào] 취엔까오

□ 희망
hope [houp] 호웁
望み (のぞみ) 노조미
希望 [xīwàng] 시왕

□ 꿈
dream [dri:m] 드림
夢 (ゆめ) 유메
梦 [mèng] 멍

□ 신비, 불가사의
mystery [míst-əri] 미스터리
不思議 (ふしぎ) 후시기
神秘 [shénmì] 션미

□ 모험
adventure [ædvéntʃər] 애드벤쳐
冒険 (ぼうけん) 보-켕
冒险 [màoxiǎn] 마오시엔

□ 운, 행운
luck [lʌk] 럭
幸運 (こううん) 코-웅
运气 [yùnqì] 윈치

□ 의무
duty [djú:ti] 듀티
義務 (ぎむ) 기무
义务 [yìwù] 이우

□ 주의, 주목
attention [əténʃən] 어텐션
注目 (ちゅうもく) 츄-모쿠
注意 [zhùyì] 주이

□ 테스트, 검사
test [test] 테스트
テスト 테스토
测试 [cèshì] 처스

□ 행동
act [ækt] 액트
行動 (こうどう) 코-도-
行动 [xíngdòng] 싱똥

□ 증거
proof [pru:f] 프루프
証拠 (しょうこ) 쇼-코
证据 [zhèngjù] 정쥐

□ 습관
practice [præktis] 프랙티스
習慣 (しゅうかん) 슈-캉
习惯 [xíguàn] 시꽌

□ 사용
use [ju:s] 유스
使用 (しよう) 시요-
使用 [shǐyòng] 스용

□ 목욕, 입욕
bath [bæθ] 배쓰
入浴 (にゅうよく) 뉴-요쿠
沐浴 [mùyù] 무위

□ 약속
appointment [əpɔ́intmənt] 어포인트먼트
約束 (やくそく) 야쿠소쿠
约定 [yuēdìng] 위에딩

□ 기초
base [beis] 베이스
基礎 (きそ) 키소
基础 [jīchǔ] 지추

□ 접촉, 연락
touch [tʌtʃ] 터치
接触 (せっしょく) 셋쇼쿠
联系 [liánxì] 리엔시

□ 출발
start [staːrt] 스타트
出発 (しゅっぱつ) 슙파츠
出发 [chūfā] 추파

□ 통과
pass [pæs] 패스
通過 (つうか) 츠-카
通过 [tōngguò] 통구오

□ 끝
end [end] 엔드
終わり (おわり) 오와리
结束 [jiéshù] 지에슈

□ 통제
control [kəntróul] 컨트로울
統制 (とうせい) 토-세-
控制 [kòngzhì] 콩즈

□ 실패
failure [féiljər] 페일러
失敗 (しっぱい) 싑파이
失败 [shībài] 스빠이

□ 전쟁
battle [bǽtl] 배틀
戰爭 (せんそう) 센소-
战争 [zhànzhēng] 쟌정

□ 복종
obedience [oubíːdiəns] 오우비디언스
服従 (ふくじゅう) 후쿠쥬-
服从 [fúcóng] 푸총

□ 치료
cure [kjuər] 큐어
治療 (ちりょう) 치료-
治疗 [zhìliáo] 즈랴오

□ 휴식
rest [rest] 레스트
休息 (きゅうそく) 큐-소쿠
休息 [xiūxī] 시우시

□ 필요
need [ni:d] 니드
必要 (ひつよう) 히츠요-
需要 [xūyào] 쉬야오

□ 기록
note [nout] 노우트
記録 (きろく) 키로쿠
记录 [Jìlù] 지루

□ 싸움
fight [fait] 파이트
けんか 켕카
战斗 [zhàndòu] 쟌또우

□ 공부
study [stʌ́di] 스터디
勉強 (べんきょう) 벵쿄-
学习 [xuéxí] 슈에시

□ 일
job [dʒab] 잡
仕事 (しごと) 시고토
工作 [gōngzuò] 꽁쭈오

□ 경력
career [kəríər] 커리어
キャリア 캬리아
经历 [jīnglì] 징리

□ 목적
　aim [eim] 에임
　目的 (もくてき) 모쿠테키
　目的 [mùdì] 무디

□ 계획
　plan [plæn] 플랜
　計画 (けいかく) 케-카쿠
　计划 [jìhuà] 지화

□ 선택
　choice [tʃɔis] 쵸이스
　選択 (せんたく) 센타쿠
　选择 [xuǎnzé] 쉬엔져

□ 기회
　chance [tʃæns] 챈스
　機会 (きかい) 키카이
　机会 [jīhuì] 지후이

□ 놀이
　game [geim] 게임
　ゲーム 게-무
　游戏 [yóuxì] 요우시

□ 스포츠
　sport [spɔ:rt] 스포트
　スポーツ 스포-츠
　体育 [tǐyù] 티위

□ 즐거운 놀이
　fun [fʌn] 펀
　遊び (あそび) 아소비
　娱乐 [yúlè] 위러

□ 복사
　copy [kápi] 카피
　コピー 코피-
　复印 [fùyìn] 푸인

□ 야영지, 캠프
camp [kæmp] 캠프
キャンプ 캰푸
野营 [yěyíng] 예잉

□ 이야기
story [stɔ́:ri] 스토리
物語り (ものがたり) 모노가타리
故事 [gùshì] 구스

□ 행진, 행군
march [mɑ:rtʃ] 마치
行進 (こうしん) 코-싱
行军 [xíngjūn] 싱쥔

□ 거짓말
lie [lai] 라이
嘘 (うそ) 우소
谎言 [huǎngyán] 황옌

> 관련어

- 지도자 **leader** [líːdər] 리더 / **指導者** (しどうしゃ) 시도-샤 /
  领导 [lǐngdǎo] 링다오

- 거짓말쟁이 **liar** [láiər] 라이어 / **嘘つき** (うそつき) 우소츠키 /
  说谎者 [shuōhuǎngzhě] 슈오황저

- 몽상가 **dreamer** [dríːmər] 드리머 / **夢想家** (むそうか) 무소-카 /
  梦想家 [mèngxiǎngjiā] 멍샹쟈

- 개구쟁이 **naughty boy** [nɔ́ːti bɔi] 노티보이 / **いたずらっ子** 이타즈락코 /
  淘气的小孩儿 [táoqìdexiǎohái(r)] 타오치더샤오하일

- 겁쟁이 **coward** [káuərd] 카우어드 / **臆病者** (おくびょうもの) 오쿠뵤-모노 /
  懦夫 [nuòfū] 누오푸

- 게으름뱅이 **idler** [áidlər] 아이들러 / **怠け者** (なまけもの) 나마케모노 / **懒汉** [lǎnhàn] 란한

- 낙천주의 **optimism** [áptəmìzəm] 압터미점 / **楽天主義** (らくてんしゅぎ) 라쿠텐슈기 /
  乐观主义 [lèguānzhǔyì] 러꽌주이

- 활동가 **active** [ǽktiv] 액티브 / **活動家** (かつどうか) 카츠도-카 /
  活动家 [huódòngjiā] 후오똥쟈

- 낭만주의 **romanticism** [roumǽntəsìz-əm] 로우맨터시점 /
  浪漫主義 (ろうまんしゅぎ) 로-만슈기 / **浪漫主义** [làngmànzhǔyì] 랑만주이

- 고전주의 **classicism** [klǽsəsìzəm] 클래서시점 / **古典主義** (こてんしゅぎ) 코텐슈기 /
  古典主义 [gǔdiǎnzhǔyì] 구디엔주이

• chapter 5 성격

- 풀뿌리 민주주의 **populism** [pápjəlìzəm] 파펼리점 / ポピュリズム 포퓨리즈무 / 平民主義 [píngmínzhǔyì] 핑민주이

- 투사 **fighter** [fáitər] 파이터 / 闘士 (とうし) 토-시 / 斗士 [dòushì] 또우스

- 전투기 **fighter plane** [fáitər plein] 파이터플레인 / 戦闘機 (せんとうき) 센토-키 / 战斗机 [zhàndòujī] 쟌또우지

- 전투기비행사 **fighter pilot** [fáitər páilət] 파이터파이럿 / 戦闘機パイロット (せんとうきぱいろっと) 센토-키파이롯토 / 战斗机飞行员 [zhàndòujīfēixíngyuán] 쟌또우지페이싱위엔

- 애국자 **patriot** [péitriət] 페이트리엇 / パトリオット 파토리옷토 / 爱国者 [àiguózhě] 아이구오져

- 사회주의자 **socialist** [sóuʃəlist] 쏘우셜리스트 / 社会主義者 (しゃかいしゅぎしゃ) 샤카이슈기샤 / 社会主义者 [shèhuìzhǔyìzhě] 셔후이주이져

- 공산주의자 **communist** [kámjənist] 카머니스트 / 共産主義者 (きょうさんしゅぎしゃ) 쿄-산슈기샤 / 共产主义者 [gòngchǎnzhǔyìzhě] 꽁찬주이져

- 민주주의자 **democrat** [déməkræt] 데머크랫 / 民主主義者 (みんしゅしゅぎしゃ) 민슈슈기샤 / 民主主义者 [mínzhǔzhǔyìzhě] 민주주이져

- 독재자 **dictator** [díkteitər] 딕테이터 / 独裁者 (どくさいしゃ) 도쿠사이샤 / 独裁者 [dúcáizhě] 두차이져

- 독재 **dictatorship** [díkteitərʃip] 딕테이터쉽 / 独裁 (どくさい) 도쿠사이 / 专政 [zhuānzhèng] 좐쩡

- 여행 **traveling** [trǽvliŋ] 트래블링 / 旅行 (りょこう) 료코- / 旅游 [lǚyóu] 뤼요우

- 움직임 **movement** [múːvmənt] 무브먼트 / 動き (うごき) 우고키 / 运动 [yùndòng] 윈뚱

관련어

- 이사 **move** [muːv] 무브 / **引越し** (ひっこし) 힉코시 / **搬家** [bānjiā] 빤쟈
- 사죄, 사과 **apology** [əpálədʒi] 어팔러쥐 / **謝り** (あやまり) 아야마리 / **道歉** [dàoqiàn] 다오치엔
- 칭찬 **compliment** [kámpləmənt] 캄플러먼트 / **賞賛** (しょうさん) 쇼-상 / **赞扬** [zànyáng] 짠양
- 변화 **change** [tʃeindʒ] 췌인쥐 / **変化** (へんか) 헹카 / **变化** [biànhuà] 비엔화
- 수리, 수선 **repair** [ripέəːr] 리페어 / **修理** (しゅうり) 슈-리 / **修理** [xiūlǐ] 슈리
- 치료 **cure** [kjuər] 큐어 / **治療** (ちりょう) 치료- / **治疗** [zhìliáo] 즈랴오

- 연습 **practice** [prǽktis] 프랙티스 / **練習** (れんしゅう) 렌슈- **练习** / [liànxí] 리엔시
- 허가 **leave** [liːv] 리브 / **許可** (きょか) 쿄카 / **许可** [xǔkě] 쉬커
- 면허 **permission** [pəːrmíʃən] 퍼미션 / **免許** (めんきょ) 멩쿄 / **执照** [zhízhào] 즈쟈오
- 고별 **farewell** [fὲərwél] 페어웰 / **別れ** (わかれ) 와카레 / **告別** [gàobié] 까오비에
- 소개하다 **introduce** [ìntrədjúːs] 인트러듀스 / **紹介する** (しょうかいする) 쇼-카이스루 / **介绍** [Jièshào] 지에샤오

- 배치하다 set [set] 쎗 / 置く (おく) 오쿠 / 配置 [pèizhì] 페이즈
- 받다 receive [risíːv] 리씨브 / もらう 모라우 / 收 [shōu] 쇼우
- 보내다 send [send] 쎈드 / 送る (おくる) 오쿠루 / 送 [sòng] 쏭
- 끼워넣다, 삽입하다 insert [insə́ːrt] 인써트 / 挿入 (そうにゅうする) 소-뉴-스루 / 插入 [chārù] 차루
- 옮기다 transfer [trænsfə́ːr] 트랜스퍼 / 移す (うつす) 우츠스 / 搬 [bān] 빤
- 나타나다 appear [əpíər] 어피어 / 現れる (あらわれる) 아라와레루 / 出现 [chūxiàn] 추시엔

- 탑승하다 board [bɔːrd] 보드 / 乗る (のる) 노루 / 乘坐 [chéngzuò] 청쭈오
- 투표하다 vote [vout] 보우트 / 投票する (とうひょうする) 토-효-스루 / 投票 [tóupiào] 토우퍄오
- 제거하다 remove [rimúːv] 리무브 / 消す (けす) 케스 / 消除 [xiāochú] 샤오추
- 초대하다, 초청하다 invite [inváit] 인바이트 / 招く (まねく) 마네쿠 / 邀请 [yāoqǐng] 야오칭
- 빌리다 rent [rent] 렌트 / 借りる (かりる) 카리루 / 借 [jiè] 지에

④ 성격(Personality, 性格, 性格)

☐ 조심성 있는

  careful [kέərfəl] 케어펄
  用心深い (ようじんぶかい) 요-짐부카이
  小心 [xiǎoxīn] 샤오신

☐ 부주의한

  careless [kέərlis] 케어리스
  不注意な (ふちゅういな) 후츄-이다
  粗心 [cūxīn] 추신

☐ 수다스러운

  talkative [tɔ́:kətiv] 토커티브
  おしゃべりな 오샤베리나
  饶舌 [báoshé] 바오셔

☐ 버릇없는

  rude [ru:d] 루드
  無礼な (ぶれいな) 부레-나
  调皮 [tiáopí] 탸오피

☐ 근면한

  diligent [dílədʒənt] 딜러젼트
  勤勉な (きんべんな) 킴벤나
  勤劳 [qínláo] 친라오

• chapter 5 성격

☐ 질투하는

jealous [dʒéləs] 젤러스
嫉妬する (しっとする) 싯토스루
妒忌 [dùjì] 두지

☐ 책임있는

responsible [rispánsəb-əl] 리스판서벌
責任がある (せきにんがある) 세키닝가아루
有责任的 [yǒuzérènde] 요우저런더

☐ 변덕스러운

moody [múːdi] 무디
気まぐれな (きまぐれな) 키마구레나
心情不稳的 [xīnqíngbùwěnde] 신칭뿌원더

☐ 고집센

stubborn [stʌ́bəːrn] 스터번
頑固な (がんこな) 강코나
固执 [gùzhí] 구지

☐ 호기심 있는

curious [kjúəriəs] 큐어리어스
好奇心がある (こうきしんがある) 코-키싱가아루
好奇 [hàoqí] 하오치

☐ 진지한

serious [síːəriəs] 씨어리어스
真剣な (しんけんな) 싱켄나
严肃 [yánsù] 옌쑤

☐ 사교적인, 개방적인

outgoing [áutgòuiŋ] 아우트고잉
開放的な (かいほうてきな) 카이호-테키나
善交际的 [shànjiāojìde] 샨쟈오지더

☐ 성실한

sincere [sinsíəːr] 씬씨어
真面目な (まじめな) 마지메나
真诚 [zhēnchéng] 전청

☐ 심술궂은, 사악한

wicked [wíkid] 위키드
意地悪い (いじわるい) 이지와루이
邪恶的 [xiéède] 씨에더

139

☐ 온화한
mild [maild] 마일드
穏やかな (おだやかな) 오다야카나
温和 [wēnhé] 원허

☐ 슬기로운
wise [waiz] 와이즈
賢い (かしこい) 카시코이
明智的 [míngzhìde] 밍즈더

☐ 정직한
honest [ánist] 아니스트
正直な (しょうじきな) 쇼-지키나
诚实 [chéngshí] 청스

☐ 겸손한
modest [mádist] 마디스트
腰が低い (こしがひくい) 코시가히쿠이
谦虚 [qiānxū] 치엔쉬

☐ 예의바른
polite [pəláit] 펄라이트
丁寧な (ていねいな) 테-네-나
礼貌 [lǐmào] 리마오

☐ 명랑한, 상냥한
merry [méri] 메리
陽気だ (ようきだ) 요-키다
愉快 [yúkuài] 위콰이

☐ 게으른
lazy [léizi] 레이지
怠慢な (たいまんな) 타이만나
懒 [lǎn] 란

☐ 지루한
boring [bɔ́:riŋ] 보링
退屈な (たいくつな) 타이쿠츠나
无聊 [wúliáo] 우랴오

☐ 어리석은
stupid [stjú:pid] 스튜피드
愚かな (おろかな) 오로카나
笨 [bèn] 뻔

☐ 용감한
brave [breiv] 브레이브
勇ましい (いさましい) 이사마시-
勇敢 [yǒnggǎn] 용간

□ 관대하다

generous [ʤénərəs] 제너러스
寛大だ (かんだいだ) 칸타이다
厚道 [hòudao] 호우다오

□ 섬세한

delicate [délikət] 델리컷
繊細な (せんさいな) 센사이나
细致 [xìzhì] 시즈

□ 신용(신뢰)할 수 있는

credible [krédəbəl] 크레더벌
信用できる (しんようできる) 싱요-데키루
可信 [kěxìn] 커신

□ 이기적이다

selfish [sélfiʃ] 셀 피시
利己的だ (りこてきだ) 리코테키다
自私 [zìsī] 즈쓰

□ 적극적이다

active [ǽktiv] 액티브
積極的だ (せっきょくてきだ) 섹쿄쿠테키다
积极 [jījí] 지지

□ 긍정적이다

positive [pázətiv] 파저티브
肯定的だ (こうていてきだ) 코-테-테키다
肯定 [kěndìng] 컨띵

관련어

□ 낮은 지위 **humble position** [hʌ́mbəl pəzíʃən] 험벌퍼지션 / **低位** (ていい) 테-이 / **卑职** [bēizhí] 뻬이즈

□ 겸허한 요구 **humble request** [hʌ́mbəl rikwést] 험벌리퀘스트 / **謙虚な要求** (けんきょなようきゅう) 켕쿄나요-큐- / **谦虚的要求** [qiānxūdeyāoqiú] 치엔쉬더야오츄

□ 꾸밈이 없는, 간소한 **unadorned** [ʌ̀nədɔ́ːrnd] 어너돈드 / **簡素だ** (かんそだ) 칸소다 / **朴实** [pǔshí] 푸스

□ 기품있는 **elegant** [éligənt] 엘리건트 / **優雅な** (ゆうがな) 유-가나 / **优雅** [yōuyǎ] 요우야

□ 단순한 **mere** [miər] 미어 / **単純な** (たんじゅんな) 탄쥰나 / **单纯** [dānchún] 단춘

□ 날카로운 **sharp** [ʃɑːrp] 샤프 / **鋭い** (するどい) 스루도이 / **尖锐** [jiānruì] 지엔루이

chapter 5 성격

□ 호된 질책 sharp reproof [ʃɑːrp riprúːf] 샤프리프루프 /
鋭い叱責 (するどいしっせき) 스루도이싯세키 / 严厉谴责 [yánlìqiǎnzé] 옌리치엔저

□ 특별한 경우 special occasion [spéʃ-əl əkéiʒən] 스페셜어케이젼 /
特別な場合 (とくべつなばあい) 토쿠베츠나 바아이 /
特殊情况 [tèshūqíngkuàng] 터슈칭쾅

□ 당당한 imposing [impóuziŋ] 임포우징 / 堂々たる (どうどうたる) 도-도-타루 /
理直气壮 [lǐzhíqìzhuàng] 리즈치좡

□ 당당한 태도 imposing air [impóuziŋ ɛər] 임포우징에어 /
堂々たる態度 (どうどうたるたいど) 도-도-타루 타이도 / 雄风 [xióngfēng] 숑펑

□ 거만한 arrogant [ǽrəgənt] 애러건트 / 腰が高い (こしがたかい) 코시가타카이 /
骄傲 [jiāoào] 쟈오아오

숫자(Number, 数字, 数字)

1 수(Number, 数, 数字)

기수

cardinal number
[ká:rdənl námbə:r] 카더늘 넘버
基数 (きすう) 키스-
基数 [jīshù] 지슈

☐ 하나
- one [wʌn] 원
- 一 (いち) 이치
- 一 [yī] 이

☐ 둘
- two [tu:] 투
- 二 (に) 니
- 二 [èr] 얼

☐ 셋
- three [θri:] 쓰리
- 三 (さん) 상
- 三 [sān] 싼

☐ 넷
- four [fɔ:r] 포
- 四 (し, よん) 시, 용
- 四 [sì] 쓰

☐ 다섯
- five [faiv] 파이브
- 五 (ご) 고
- 五 [wǔ] 우

☐ 여섯
- six [siks] 씩스
- 六 (ろく) 로쿠
- 六 [liù] 리우

☐ 일곱
- seven [sév-ən] 쎄번
- 七 (しち, なな) 시치, 나나
- 七 [qī] 치

☐ 여덟
- eight [eit] 에이트
- 八 (はち) 하치
- 八 [bā] 빠

chapter 6 숫자

□ 아홉
nine [nain] 나인
九 (く, きゅう) 쿠, 큐-
九 [jiǔ] 지우

□ 열
ten [ten] 텐
十 (じゅう) 쥬-
十 [shí] 스

□ 열하나
eleven [ilévən] 일레번
十一 (じゅういち) 쥬-이치
十一 [shíyī] 스이

□ 열둘
twelve [twelv] 투엘브
十二 (じゅうに) 쥬-니
十二 [shíèr] 스얼

□ 열셋
thirteen [θə̀ːrtíːn] 써틴
十三 (じゅうさん) 쥬-상
十三 [shísān] 스싼

□ 열넷
fourteen [fɔ́ːrtíːn] 포틴
十四 (じゅうよん) 쥬-용
十四 [shísì] 스쓰

□ 열다섯
fifteen [fíftíːn] 피프틴
十五 (じゅうご) 쥬-고
十五 [shíwǔ] 스우

□ 열여섯
sixteen [síkstíːn] 씩스틴
十六 (じゅうろく) 쥬-로쿠
十六 [shíliù] 스리우

□ 열일곱
seventeen [sév-əntíːn] 쎄번틴
十七 (じゅうしち, じゅうなな) 쥬-시치, 쥬-나나
十七 [shíqī] 스치

□ 열여덟
eighteen [éitíːn] 에이틴
十八 (じゅうはち) 쥬-하치
十八 [shíbā] 스빠

chapter 6

□ 열아홉
nineteen [náintí:n] 나인틴
十九 (じゅうきゅう) 쥬-큐-
十九 [shíjiǔ] 스지우

□ 쉰
fifty [fífti] 피프티
五十 (ごじゅう) 고쥬-
五十 [wǔshí] 우스

□ 스물
twenty [twénti] 투엔티
二十 (にじゅう) 니쥬-
二十 [èrshí] 얼스

□ 예순
sixty [síksti] 씩스티
六十 (ろくじゅう) 로쿠쥬-
六十 [liùshí] 리우스

□ 서른
thirty [θə́:rti] 써티
三十 (さんじゅう) 산쥬-
三十 [sānshí] 싼스

□ 일흔
seventy [sév-ənti] 쎄번티
七十 (ななじゅう) 나나쥬-
七十 [qīshí] 치스

□ 마흔
forty [fɔ́:rti] 포티
四十 (よんじゅう) 욘쥬-
四十 [sìshí] 쓰스

□ 여든
eighty [éiti] 에이티
八十 (はちじゅう) 하치쥬-
八十 [bāshí] 빠스

chapter 6 숫자

□ 아흔
　ninety [náinti] 나인티
　九十 (きゅうじゅう) 큐-쥬-
　九十 [jiǔshí] 지우스

□ 백
　hundred [hʌ́ndrəd] 헌드레드
　百 (ひゃく) 햐쿠
　百 [bǎi] 바이

□ 천
　thousand [θáuz-ənd] 싸우전드
　千 (せん) 셍
　千 [qiān] 치엔

□ 백만
　million [míljən] 밀리언
　百万 (ひゃくまん) 햐쿠망
　百万 [bǎiwàn] 바이완

□ 십억
　billion [bíljən] 빌리언
　十億 (じゅうおく) 쥬-오쿠
　十亿 [shíyì] 스이

□ 1조
　trillion [tríljən] 트릴리언
　一兆 (いっちょう) 잇쵸-
　兆 [zhào] 쟈오

□ (몇 조억이라는) 엄청난 수
　zillion [zíljən] 질리언
　無数 (むすう) 무스-
　庞大的数字 [pángdàdeshùzì] 팡따더슈즈

147

서수

ordinal number [ɔ́:rdənəlnʌ́mbə:r] 오더널넘버
序数 (じょすう) 죠스-
序数 [xùshù] 쉬슈

☐ 첫번째
first [fə:rst] 퍼스트 (1st)
一番目 (いちばんめ) 이치밤메
第一 [dìyī] 디이

☐ 두번째
second [sék-ənd] 쎄컨드 (2nd)
二番目 (にばんめ) 니밤메
第二 [dìèr] 디얼

☐ 세번째
third [θə:rd] 써드 (3rd)
三番目 (さんばんめ) 삼밤메
第三 [dìsān] 디싼

☐ 네번째
fourth [fɔ:rθ] 포쓰 (4th)
四番目 (よんばんめ) 욤밤메
第四 [dìsì] 디쓰

☐ 다섯(번)째
fifth [fifθ] 피프쓰 (5th)
五番目 (ごばんめ) 고밤메
第五 [dìwǔ] 디우

☐ 제6, 여섯번째
sixth [siksθ] 씩스쓰 (6th)
六番目 (ろくばんめ) 로쿠밤메
第六 [dìliù] 디리우

☐ 여덟번째
eighth [eitθ] 에잇쓰 (8th)
八番目 (はちばんめ) 하치밤메
第八 [dìbā] 디빠

☐ 아홉번째
ninth [nainθ] 나인쓰 (9th)
九番目 (きゅうばんめ) 큐-밤메
第九 [dìjiǔ] 디지우

☐ 열번째
tenth [tenθ] 텐쓰 (10th)
十番目 (じゅうばんめ) 쥬-밤메
第十 [dìshí] 디스

☐ 일곱번째
seventh [sév-ənθ] 쎄번쓰 (7th)
七番目 (ななばんめ) 나나밤메
第七 [dìqī] 디치

□ 열한번째
eleventh [ilévənθ] 일레번쓰 (11th)
十一番目 (じゅういちばんめ) 쥬ー이치방메
第十一 [dìshíyī] 디스이

□ 열두번째
twelfth [twelfθ] 투엘프쓰 (12th)
十二番目 (じゅうにばんめ) 쥬ー니방메
第十二 [dìshíèr] 디스얼

□ 열세번째
thirteenth [θə̀:rtí:nθ] 써틴쓰 (13th)
十三番目 (じゅうさんばんめ) 쥬ー삼방메
第十三 [dìshísān] 디스싼

□ 열네번째
fourteenth [fɔ̀:rtí:nθ] 포틴쓰 (14th)
十四番目 (じゅうよんばんめ) 쥬ー욤방메
第十四 [dìshísì] 디스쓰

□ 열다섯번째
fifteenth [fiftí:nθ] 피프틴쓰 (15th)
十五番目 (じゅうごばんめ) 쥬ー고방메
第十五 [dìshíwǔ] 디스우

□ 열여섯번째
sixteenth [sìkstí:nθ] 씩스틴쓰 (16th)
十六番目 (じゅうろくばんめ) 쥬ー로쿠방메
第十六 [dìshíliù] 디스리우

□ 열일곱번째
seventeenth [sèv-əntí:nθ] 쎄번틴쓰 (17th)
十七番目 (じゅうななばんめ) 쥬ー나나방메
第十七 [dìshíqī] 디스치

□ 열여덟번째
eighteenth [èití:nθ] 에이틴쓰 (18th)
十八番目 (じゅうはちばんめ) 쥬ー하치방메
第十八 [dìshíbā] 디스빠

□ 열아홉번째
nineteenth [nàintí:nθ] 나인틴쓰 (19th)
十九番目 (じゅうきゅうばんめ) 쥬ー큐ー방메
第十九 [dìshíjiǔ] 디스지우

□ 스무번째
twentieth [twéntiiθ] 투엔티이쓰 (20th)
二十番目 (にじゅうばんめ) 니쥬ー방메
第二十 [dìèrshí] 디얼스

149

□ 서른번째
thirtieth [θə́:rtiiθ]
써티이쓰 **(30th)**
三十番目 (さんじゅうばんめ) 산쥬-밤메
第三十 [dìsānshí] 디싼스

□ 마흔번째
fortieth [fɔ́:rtiiθ]
포티이쓰 **(40th)**
四十番目 (よんじゅうばんめ) 욘쥬-밤메
第四十 [dìsìshí] 디쓰스

□ 백번째
hundredth [hʌ́ndrədθ]
헌드렛쓰 **(100th)**
百番目 (ひゃくばんめ) 햐쿠밤메
第一百 [dìyībǎi] 디이바이

□ 천번째
thousandth [θáuz-əndθ] 싸우전드쓰
千番目 (せんばんめ) 셈밤메
第一千 [dìyīqiān] 디이치엔

□ 백만번째
millionth [mílјənθ] 밀리언쓰
百万番目 (ひゃくまんばんめ) 햐쿠맘밤메
第一百万 [dìyībǎiwàn] 디이바이완

□ 십억번째
billionth [bílјənθ] 빌리언쓰
十億番目 (じゅうおくばんめ) 쥬-오쿠밤메
第十亿 [dìshíyì] 디스이

□ 한번
once [wʌns] 원스
一回 (いっかい) 익카이
一次 [yīcì] 이츠

□ 두 번
twice [twais] 트와이스
二回 (にかい) 니카이
两次 [liǎngcì] 량츠

□ 세 번
three times [θri:taimz] 쓰리타임즈
三回 (さんかい) 상카이
三次 [sāncì] 싼츠

□ 덧셈
addition [ədíʃən] 어디션
足し算 (たしざん) 타시장
加法 [jiāfǎ] 쟈파

□ 뺄셈
subtraction [səbtrǽkʃən] 썹트랙션
引き算 (ひきざん) 히키장
减法 [jiǎnfǎ] 지엔파

□ 곱셈
multiplication [mʌ̀ltəplikéiʃ-ən]
멀터플리케이션
掛け算 (かけざん) 카케장
乘法 [chéngfǎ] 청파

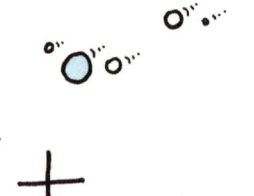

chapter 6 숫자

□ 나눗셈
division [divíʒən] 디비젼
割り算 (わりざん) 와리장
除法 [chúfǎ] 추파

□ 면
side [said] 싸이드
側面 (そくめん) 소쿠멩
面 [miàn] 미엔

□ 일직선
straight [streit] 스트레이트
一直線 (いっちょくせん) 잇쵸쿠셍
直线 [zhíxiàn] 즈시엔

□ 각, 각도
angle [ǽŋgl] 앵글
角, 角度 (かく, かくど) 카쿠, 카쿠도
角 [jiǎo] 쟈오

□ 모양, 형태
shape [ʃeip] 셰이프
形 (かたち) 카타치
形状 [xíngzhuàng] 싱쫭

□ 원
circle [sə́ːrkl] 써클
円 (えん) 엥
圆形 [yuánxíng] 위엔싱

□ 정사각형
square [skwɛəːr] 스퀘어
正方形 (せいほうけい) 세-호-케-
正方形 [zhèngfāngxíng] 정팡싱

□ 직사각형
rectangle [réktæŋg-əl] 렉탱걸
長方形 (ちょうほうけい) 쵸-호-케-
长方形 [chángfāngxíng] 창방싱

□ 삼각형
triangle [tráiæŋg-əl] 트라이앵걸
三角形 (さんかくけい) 상카쿠케-
三角形 [sānjiǎoxíng] 싼쟈오싱

151

> 관련어

- 시간 time [taim] 타임 / 時間 (じかん) 지캉 / 时间 [shíjiān] 스지엔
- ~시 o'clock [əklák] 어클락 / 〜時 (〜じ) 〜지 / 点钟 [diǎnzhōng] 디엔종
- (시간의)분 minute [mínit] 미닛 / 〜分 (〜ふん、ぷん) 〜훙, 풍 / 分钟 [fēnzhōng] 펀종
- 초 second [sék-ənd] 쎄컨드 / 〜秒 (〜びょう) 〜뵤− / 秒 [miǎo] 먀오

- 주 week [wi:k] 위크 / 週 (しゅう) 슈− / 周 [zhōu] 조우
- 평일 weekday [wí:kdèi] 위−데이 / 平日 (へいじつ) 헤−지츠 / 平日 [píngrì] 핑르
- 주말 weekend [wí:kènd] 위켄드 / 週末 (しゅうまつ) 슈−마츠 / 周末 [zhōumò] 조우모
- 지난 주 last week [læst wi:k] 래스트위크 / 先週 (せんしゅう) 센슈− / 上周 [shàngzhōu] 샹조우

- 이번 주 this week [ðis wi:k] 디스위크 / 今週 (こんしゅう) 콘슈- / 这周 [zhèzhōu] 쩌조우
- 다음 주 next week [nekst wi:k] 넥스트위크 / 来週 (らいしゅう) 라이슈- / 下周 [xiàzhōu] 샤조우
- 제로, 영 zero [zí-ərou] 지어로우 / ゼロ 제로 / 零 [líng] 링
- 천만 ten million [ten míljən] 텐밀리언 / 千万 (せんまん) 셈망 / 千万 [qiānwàn] 치엔완

- 일억 one hundred million [wʌn hʌ́ndrəd míljən] 원헌드럿밀련 / 一億 (いちおく) 이치오쿠 / 一亿 [yīyì] 이이
- 홀수 odd number [ɑd nʌ́mbəːr] 아드넘버 / 奇数 (きすう) 키스- / 单数 [dānshù] 딴슈
- 짝수 even number [íːvən nʌ́mbəːr] 이번넘버 / 偶数 (ぐうすう) 구-스- / 双数 [shuāngshù] 슈앙슈
- 처음 first [fəːrst] 퍼스트 / 最初 (さいしょ) 사이쇼 / 开初 [kāichū] 카이추
- 끝 end [end] 엔드 / 最後 (さいご) 사이고 / 末尾 [mòwěi] 모웨이

> 관련어

- 15분 quarter [kwɔ́:rtər] 쿼터 / 十五分 (じゅうごふん) 쥬-고훙 / 一刻 [yíkè] 이커
- 반, 절반 half [hæf] 해프 / 半 (はん) 항 / 一半 [yíbàn] 이빤
- 계산 count [kaunt] 카운트 / 計算 (けいさん) 케-상 / 计算 [jìsuàn] 지쑤안
- 두배, 배 double [dʌ́bəl] 더블 / 二倍 (にばい) 니바이 / 两倍 [liǎngbèi] 량뻬이

- 빼다 deduct [didʌ́kt] 디덕트 / 引く (ひく) 히쿠 / 减 [jiǎn] 지엔
- 더하다 add [æd] 애드 / 足す (たす) 타스 / 加 [jiā] 쟈
- 나누다 divide [diváid] 디바이드 / 割る (わる) 와루 / 分 [fēn] 펀
- 곱하다 multiply [mʌ́ltəplài] 멀터플라이 / 掛ける (かける) 카케루 / 乘 [chéng] 청
- 타원형 oval [óuvəl] 오우벌 / 長円形 (ちょうえんけい) 쵸-엥케- / 椭圆形 [tuǒyuánxíng] 투오위엔싱

- 마름모 rhombus [rámbəs] 람버스 / 菱形 (ひしがた) 히시가타 / 菱形 [língxíng] 링싱
- 평행사변형 parallelogram [pærəlélərgræm] 패러렐러그램 / 平行四辺形 (へいこうしへんけい) 헤-코-시헹케- / 平行四边形 [píngxíngsìbiānxíng] 핑싱쓰비엔싱
- 오각형 pentagon [péntəgàn] 펜터간 / 五角形 (ごかくけい) 고카쿠케- / 五边形 [wǔbiānxíng] 우비엔싱
- 육각형 hexagon [héksəgàn] 헥서간 / 六角形 (ろっかくけい) 록카쿠케- / 六边形 [liùbiānxíng] 리우비엔싱

- 정육면체 cube [kju:b] 큐브 / 正六面体 (せいろくめんたい) 세-로쿠멘타이 / 立方体 [lìfāngtǐ] 리팡티
- 원통, 원기둥 cylinder [sílindər] 씰린더 / 円筒 (えんとう) 엔토- / 圆柱 [yuánzhù] 위엔주
- 원뿔 cone [koun] 코운 / 円錐 (えんすい) 엔스이 / 圆锥 [yuánzhuī] 위엔주이
- 각뿔 pyramid [pírəmìd] 피러미드 / 角錐 (かくすい) 카쿠스이 / 角锥 [jiǎozhuī] 쟈오주이
- 구체, 구 sphere [sfiə:r] 스피어 / 球(体) (きゅう(たい)) 큐-(타이) / 球体 [qiútǐ] 치우티

2 달(Month, 月, 月)

☐ 1월
January [dʒǽnjuèri] 재뉴어리
一月 (いちがつ) 이치가츠
一月 [yīyuè] 이위에

☐ 2월
February [fébruèri] 페브루어리
二月 (にがつ) 니가츠
二月 [èryuè] 얼위에

☐ 3월
March [mɑːrtʃ] 마치
三月 (さんがつ) 상가츠
三月 [sānyuè] 싼위에

☐ 4월
April [éiprəl] 에이프럴
四月 (しがつ) 시가츠
四月 [sìyuè] 쓰위에

☐ 5월
May [mei] 메이
五月 (ごがつ) 고가츠
五月 [wǔyuè] 우위에

☐ 6월
June [dʒuːn] 준
六月 (ろくがつ) 로쿠가츠
六月 [liùyuè] 리우위에

□ 12월

December [disémbər] 디쎔버
十二月 (じゅうにがつ) 쥬-니가츠
十二月 [shíèryuè] 스얼위에

□ 11월

November [nouvémbə:r] 노우벰버
十一月 (じゅういちがつ) 쥬-이치가츠
十一月 [shíyīyuè] 스이위에

□ 10월

October [ɑktóubər] 악토우버
十月 (じゅうがつ) 쥬-가츠
十月 [shíyuè] 스위에

□ 9월

September [səptémbər] 썹템버
九月 (くがつ) 쿠가츠
九月 [jiǔyuè] 지우위에

□ 8월

August [ɔ́:gəst] 오거스트
八月 (はちがつ) 하치가츠
八月 [bāyuè] 빠위에

□ 7월

July [dʒu:lái] 쥴라이
七月 (しちがつ) 시치가츠
七月 [qīyuè] 치위에

> 관련어

- 달력 **calendar** [kǽləndər] 캘린더 / **カレンダー** 카렌다- / 日历 [rìlì] 르리

- 일요일 **Sunday** [sʌ́ndei] 썬데이 / **日曜日** (にちようび) 니치요-비 / 星期日 [xīngqírì] 싱치르

- 월요일 **Monday** [mʌ́ndei] 먼데이 / **月曜日** (げつようび) 게츠요-비 / 星期一 [xīngqíyī] 싱치이

- 화요일 **Tuesday** [tjú:zdei] 튜즈데이 / **火曜日** (かようび) 카요-비 / 星期二 [xīngqíèr] 싱치얼

- 수요일 **Wednesday** [wénzdèi] 웬즈데이 / **水曜日** (すいようび) 스이요-비 / 星期三 [xīngqísān] 싱치싼

- 목요일 **Thursday** [θə́:rzdei] 써즈데이 / **木曜日** (もくようび) 모쿠요-비 / 星期四 [xīngqísì] 싱치쓰

- 금요일 **Friday** [fráidei] 프라이데이 / **金曜日** (きんようび) 킹요-비 / 星期五 [xīngqíwǔ] 싱치우

- 토요일 **Saturday** [sǽtə:rdèi] 쌔터데이 / **土曜日** (どようび) 도요-비 / 星期六 [xīngqíliù] 싱치리우

- 이번주 **this week** [ðis wi:k] 디스위크 / **今週** (こんしゅう) 콘슈- / 这一周 [zhèyīzhōu] 쩌이조우

- 지난 주 last week [læst wi:k] 래스트위크 / 先週 (せんしゅう) 센슈- / 上周 [shàngzhōu] 샹조우

- 다음주 next week [nekst wi:k] 넥스트위크 / 来週 (らいしゅう) 라이슈- / 下周 [xiàzhōu] 샤조우

- 과거 past [pæst] 패스트 / 過去 (かこ) 카코 / 过去 [guòqù] 구오취

- 현재 present [prézənt] 프레젠트 / 現在 (げんざい) 겐자이 / 现在 [xiànzài] 시엔짜이

- 미래 future [fjú:tʃər] 퓨쳐 / 未来 (みらい) 미라이 / 未来 [wèilái] 웨이라이

- 언젠가(미래) someday [sámdèi] 썸데이 / いつか 이츠카 / 有一天 [yǒuyìtiān] 요우이티엔

- 어느날(과거) one day [wʌn dei] 원데이 / ある日 (あるひ) 아루히 / 某一天 [mǒuyìtiān] 모우이티엔

- 매년 every year [évri:jiər] 에브리이어 / 毎年 (まいとし) 마이토시 / 每年 [měinián] 메이니엔

- 반년 half year [hæf jiər] 해프이어 / 半年 (はんとし) 한토시 / 半年 [bànnián] 빤니엔

- 월초 the beginning of the month [ðə bigíniŋ əv ðə mʌnθ] 더비기닝업더먼쓰 / 月初め (つきはじめ) 츠키하지메 / 月初 [yuèchū] 위에추

- 월말 the end of the month [ði end əv ðə mʌnθ] 디엔드업더먼쓰 / 月末 (げつまつ) 게츠마츠 / 月末 [yuèmò] 위에모

- 때때로 sometimes [sámtàimz] 썸타임즈 / 時々 (ときどき) 토키도키 / 有时 [yǒushí] 요우스

- 일년내내 all the year round (long) [ɔ:l ðə jiər raund] 올더이어라운드(롱) / 一年中 (いちねんじゅう) 이치넨쥬- / 一年到头 [yīniándàotóu] 이니엔다오토우

③ 공휴일(Holiday, 祝日)과 특별한 날(Special day)

□ 생일
birthday [bá:rədèi] 버쓰데이
誕生日 (たんじょうび) 탄죠-비
生日 [shēngrì] 셩르

□ 설날
Lunar New Years Day
[lú:nər nju:jiə:rs dei] 루너뉴이어스데이
お正月 (おしょうがつ) 오쇼-가츠
春节 [chūnjié] 춘지에

□ 추석날
Korean Thanksgiving Day
[kərí:ən θǽŋksgíviŋ dei] 커리언쌩스기빙데이
お盆 (おぼん) 오봉
中秋节 [zhōngqiūjié] 종치우지에

□ 성탄절
Christmas [krísməs] 크리스마스 (~Day)
クリスマス 쿠리스마스
圣诞节 [shèngdànjié] 셩딴지에

□ 발렌타인데이
Valentines Day
[vǽləntàinz dei] 밸런타인즈데이
バレンタインデー 바렌타인데-
情人节 [qíngrénjié] 칭런지에

□ 환갑
The 60th birthday
[ðə síkstiiθ bá:rədèi]
더씩스티이쓰버쓰데이
還暦 (かんれき) 칸레키
六十大寿 [liùshídàshòu] 리우스따쇼우

□ 어린이날
Childrens Day [tʃíldrənz dei] 칠드런즈데이
子供の日 (こどものひ) 코도모노히
儿童节 [értóngjié] 얼통지에

□ 식목일
Arbor Day [á:rbər dei] 아버데이
植樹祭 (しょくじゅさい) 쇼쿠쥬사이
植树节 [zhíshùjié] 즈슈지에

□ 어버이날
Parents Day [péərənts dei] 페어런츠데이
父の日, 母の日 (ちちのひ, ははのひ)
치치노히, 하하노히
父母节 [fùmǔjié] 푸무지에

□ 신정
New Years (Day)
[nju: jə:rz (dei)] 뉴이어즈(데이)
元日 (がんじつ) 간지츠
元旦 [yuándàn] 위엔딴

□ 스승의 날
Teachers Day [tí:tʃə:rz dei]
티쳐즈데이
先生の日 (せんせいのひ) 센세-노히
教师节 [jiàoshījié] 쟈오스지에

□ 현충일
Memorial Day [mimɔ́:riəl dei]
미모리얼데이
顕忠日 (けんちゅうび) 켄츄-비
显忠日 [xiǎnzhōngrì] 시엔종르

□ 제헌절
Constitution Day [kùnstətjú:ʃən dei]
칸스터튜션데이
憲法記念日 (けんぽうきねんび) 켐포-키넴비
制宪节 [zhìxiànjié] 즈시엔지에

□ 개천절
foundation Day [faundéiʃ-ən dei]
파운데이션데이
建国記念の日 (けんこくきねんのひ)
켕코쿠키넨노히
开天节 [kāitiānjié] 카이티엔지에

chapter 6

☐ 한글날

Hangul Proclamation Day
[háːŋgul pràkləméiʃən dei]
한글프라클러메이션데이
ハングルの日 항구루노히
韩文纪念日 [hánwénjìniànrì]
한원지니엔르

☐ 모든 성인의 날 전야 (10월 31일)

Halloween [hæ̀ləwíːn] 핼러윈
ハローイン 하로-잉
万圣节 [wànshèngjié] 완성지에

☐ 백일

100th day after birth
[hándrədə dei æftər bəːrθ]
헌드러쓰데이애프터버쓰
生まれてから百日
(うまれてからひゃくにち)
우마레테카라햐쿠니치
百日筵 [bǎiriyán] 바이르엔

☐ 돌(돓)

the first birthday (anniversary)
[ðə fəːrst bɜ́ːrədèi (æ̀nəvɜ́ːrsəri)]
더퍼스트버쓰데이(애너버서리)
初誕生日 (はつたんじょうび) 하츠탄죠-비
周岁 [zhōusuì] 조우수이

☐ 결혼기념일

wedding anniversary
[wédiŋ æ̀nəvɜ́ːrsəri]
웨딩애너버서리
結婚記念日 (けっこんきねんび) 켁콘키넴비
结婚纪念日 [jiéhūnjìniànrì] 지에훈지니엔르

☐ 집들이파티

housewarming party
[haus wɔ́ːrmiŋ páːrti]
하우스워밍파티
引っ越し祝い (ひっこしいわい) 힉코시이와이
乔迁宴 [qiáoqiānyàn] 챠오치엔엔

□ 깜짝파티

surprise party [sərpráiz pá:rti]
써프라이즈파티
びっくりパーティー 빅쿠리파ー티ー
惊喜聚会 [jīngxǐjùhuì] 징시쥐후이

□ 송별회

farewell party [fɛ̀ərwél pá:rti]
페어웰파티
送別会 (そうべつかい) 소ー베츠카이
告別宴 [gàobiéyàn] 까오비에옌

□ 환영회

welcome party [wélkəm pá:rti]
웰컴파티
歓迎会 (かんげいかい) 캉게ー카이
欢迎会 [huānyínghuì] 환잉후이

□ 하지

summer solstice [sʌ́mər sálstis]
써머쌀스티스
夏至 (げし) 게시
夏至 [xiàzhì] 샤즈

□ 동지

winter solstice [wíntər sálstis]
윈터쌀스티스
冬至 (とうじ) 토ー지
冬至 [dōngzhì] 똥즈

□ 음력

lunar calendar [lú:nər kǽləndər]
루너캘린더
陰暦 (いんれき) 인레키
农历 [nónglì] 농리

□ 부활절

Easter [í:stər] 이스터
復活祭 (ふっかつさい) 훅카츠사이
复活节 [fùhuójié] 푸후오지에

□ 양력

solar calendar
[sóulər kǽləndər] 소울러캘린더
陽暦 (ようれき) 요ー레키
阳历 [yánglì] 양리

□ 윤년

leap year [li:p jiər] 리프이어
閏年 (うるうどし, じゅんねん) 우루ー도시, 쥰넹
闰年 [rùnnián] 룬니엔

> 관련어

- 가족 **family** [fǽməli] 패머리 / **家族** (かぞく) 카조쿠 / **家族** [jiāzú] 자주

- 양친 **parents** [pɛ́ərənts] 페어런츠 / **両親** (りょうしん) 료-싱 / **双亲** [shuāngqīn] 슈앙친

- 선조, 조상 **ancestor** [ǽnsestər] 앤세스터 / **先祖** (せんぞ) 센조 / **祖先** [zǔxiān] 주시엔

- 자손 **descendant** [diséndənt] 디쎈던트 / **子孫** (しそん) 시송 / **子孙** [zǐsūn] 즈쑨

- 조부모 **grandparents** [grǽndpɛ̀ərənts] 그랜드페어런츠 / **祖父母** (そふぼ) 소후보 / **祖父母** [zǔfùmǔ] 주푸무

- 형제, 자매 **sibling** [síbliŋ] 씨블링 / **兄弟** (きょうだい) 쿄-다이, **姉妹** (しまい) 시마이 / **兄弟姐妹** [xiōngdìjiěmèi] 숑디지에메이

- 친척 **relative** [rélətiv] 렐러티브 / **親戚** (しんせき) 신세키 / **亲戚** [qīnqi] 친치

- 사촌 cousin [kÁzn] 커즌 / 従兄弟 (いとこ) 이토코 / 堂兄弟 [tángxiōngdì] 탕숑디

- 조카 nephew [néfju:] 네퓨 / 甥 (おい) 오이 / 侄子 [zhízi] 즈쯔

- 조카딸 niece [ni:s] 니스 / 姪 (めい) 메이 / 侄女 [zhínǚ] 즈뉘

- 쌍둥이 twins [twinz] 트윈즈 / 双子 (ふたご) 후타고 / 双胞胎 [shuāngbāotāi] 슈앙바오타이

- 외동아이 only child [óunli tʃaild] 오운리챠일드 / 一人(独り)っ子 (ひとりっこ) 히토릭코 / 独生子女 [dúshēngzǐnǚ] 두셩즈뉘

- 장자 eldest child [éldist tʃaild] 엘디스트챠일드 / 長男 (ちょうなん) 쵸-낭 / 长子 [zhǎngzǐ] 장쯔

chapter 6 숫자

관련어

- 노동절 **Labor Day** [léibər dei] 레이버데이 /
  メーデー 메이데이 / 劳动节 [láodòngjié] 라오동지에

- 어머니날 **mothers Day** [mʌ́ðəːrz dei] 머더즈데이 / 母の日 (ははのひ) 하하노히 /
  母亲节 [mǔqīnjié] 무친지에

- 추수감사절 **Thanksgiving Day** [θæŋks giving dei] 쌩스기빙데이 /
  感謝祭 (かんしゃさい) 칸샤사이 / 感恩节 [gǎnēnjié] 깐언지에

- 콜럼버스기념일 **Columbus Day** [kəlʌ́mbəs dei] 컬럼버스데이 /
  コロンブス・デー 코롬부스・데– / 哥伦布日 [gēlúnbùrì] 거런부르

- 재향군인의 날 **Veterans Day** [vétərəns dei] 베터런스데이 /
  復員軍人の日 (ふくいんぐんじんのひ) 후쿠잉군진노히 /
  退伍军人节 [tuìwǔjūnrénjié] 투이우쮠런지에

교통(Transportation, 交通, 交通)

1 탈것(Vehicle, 乗り物, 交通工具)

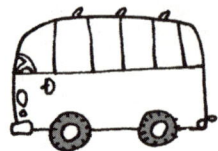

□ 자동차
  car [kɑːr] 카 (= automobile)
  車 (くるま) 쿠루마
  汽车 [qìchē] 치처

□ 버스
  bus [bʌs] 버스
  バス 바스
  巴士 [bāshì] 빠스

□ 열차, 기차
  train [trein] 트레인
  列車 (れっしゃ) 렛샤
  火车 [huǒchē] 후오처

□ 지하철
  subway [sʌ́bwèi] 썹웨이
  地下鉄 (ちかてつ) 치카테츠
  地铁 [dìtiě] 디티에

□ 급행열차
  express (train) [iksprés (trein)] 익스프레스(트레인)
  急行列車 (きゅうこうれっしゃ) 큐-코-렛샤
  快车 [kuàichē] 콰이처

□ 직행열차
  through train [θruː trein] 쓰루트레인
  直行列車 (ちょっこうれっしゃ) 쵹코-렛샤
  直达列车 [zhídálièchē] 즈다리에처

□ 화물열차
  freight train [freit trein] 프레이트트레인
  貨物列車 (かもつれっしゃ) 카모츠렛샤
  货物列车 [huòwùlièchē] 후오우리에처

□ 고속열차
  high-speed train [hai-spiːd trein]
  하이스피드트레인
  弾丸列車 (だんがんれっしゃ) 당간렛샤
  高速列车 [gāosùlièchē] 까오수리에처

□ 비행기
  airplane [ɛ́ərplèin] 에어플레인
  飛行機 (ひこうき) 히코-키
  飞机 [fēijī] 페이지

168

□ 이층버스
double-decker [dʌ́bəl-dékər] 더벌데커
二階バス (にかいばす) 니카이바스
双层公共汽车 [shuāngcénggōnggòngqìchē] 슈앙청꽁꽁치처

□ 관광버스
tourist bus [tú-ərist bʌs] 투어리스트버스
観光バス (かんこうばす) 캉코-바스
观光巴士 [guānguāngbāshì] 꽌꽝빠스

□ 스쿠터
motor scooter [móutə:r skú:tə:r] 모우터스쿠터
スクーター 스쿠-타-
摩托车 [mótuōchē] 모투오처

□ 트럭, 화물자동차
truck [trʌk] 트럭
トラック 토라쿠
卡车 [kǎchē] 카처

□ 배
ship [ʃip] 쉽
船 (ふね) 후네
船 [chuan] 촨

□ 헬리콥터
helicopter [hélikàptər] 헬리캅터
ヘリコプター 헤리코푸타-
直升机 [zhíshēngjī] 즈성지

□ 캠프차(캠프트레일러)
camper [kǽmpər] 캠퍼
キャンピングカー 캼핑구카ー
露营拖车 [lùyíngtuōchē] 루잉투오처

□ 지프
jeep [dʒi:p] 지프
ジープ 지ー푸
吉普车 [jípǔchē] 지푸처

□ 요트
yacht [jɑt] 야트
ヨット 욧토
游艇 [yóutǐng] 요우팅

□ 자전거
bicycle [báisikəl] 바이시클
自転車 (じてんしゃ) 지텐샤
自行车 [zìxíngchē] 즈싱처

□ 오토바이
motorcycle [móutə:rsàikl] 모우터싸이클
オートバイ 오ー토바이
摩托车 [mótuōchē] 모투오처

□ 청소차, 쓰레기운반차
dirt wagon [də:rt wǽgən] 더트왜건
清掃車 (せいそうしゃ) 세ー소ー샤
清洁车 [qīngjiéchē] 칭지에처

관련어

- 고속철 **bullet train** [búlit trein] 불릿트레인 /
  新幹線 (しんかんせん) 싱칸센 /
  超级特快列车 [chāojítèkuàilièchē] 차오지터콰이리에처

- 완행열차 **slow train** [slou trein] 슬로우트레인 /
  緩行列車 (かんこうれっしゃ) 캉코–렛샤 / **慢车** [mànchē] 만처

- 여객열차 **passenger train** [pǽsəndʒər trein] 패선져트레인 /
  旅客列車 (りょかくれっしゃ) 료카쿠렛샤 / **旅客列车** [lǔkèlièchē] 뤼커리에처

- 하행열차 **down train** [daun trein] 다운트레인 / **下り列車** (くだりれっしゃ) 쿠다리렛샤 /
  下行列车 [xiàxínglièchē] 샤싱리에처

- 상행열차 **up train** [ʌp trein] 업트레인 / **上り列車** (のぼりれっしゃ) 노보리렛샤 /
  上行列车 [shàngxínglièchē] 샹싱리에처

- 택시 **taxi** [tǽksi] 택시 / **タクシー** 타쿠시– / **出租车** [chūzūchē] 추주처

- 순찰차 **patrol car** [pətróul kɑːr] 퍼트로울카 /
  パトロールカー 파토로–루카– / **巡逻车** [xúnluóchē] 쉰루오처

- 정거(정류)장 **stop** [stɑp] 스탑 / **乗り場** (のりば) 노리바 / **车站** [chēzhàn] 처잔

관련어

- 이동 movement [mú:vmənt] 무브먼트 / 移動 (いどう) 이도- / 移动 [yídòng] 이똥

- 운송, 교통기관 transportation [trænspəːrtéiʃ-ən] 트랜스퍼테이션 /
  交通機関 (こうつうきかん) 코-츠-키캉 / 运输工具 [yùnshūgōngjù] 윈슈꽁쥐

- 갈아타다, 환승하다 transfer [trænsfə́ːr] 트랜스퍼 /
  乗り換える (のりかえる) 노리카에루 / 转乘 [zhuǎnchéng] 주안청

- 금지 prohibition [pròuhəbíʃən] 프로우허비션 / 禁止 (きんし) 킨시 /
  禁止 [jìnzhǐ] 진즈

- 속도가 빠른 rapid [rǽpid] 래피드 / 速い (はやい) 하야이 / 快速 [kuàisù] 콰이수

- 천천히 slowly [slóuli] 슬로울리 / ゆっくり 윳쿠리 /
  慢慢地 [mànmande] 만만더

- 도착하다 arrive [əráiv] 어라이브 / 着く (つく) 츠쿠 /
  到达 [dàodá] 다오다

- (노로 배를)젓다 row [rou] 로우 / 漕ぐ (こぐ) 코구 / 划船 [huáchuán] 화촨

- 상륙하다 land [lænd] 랜드 / 上陸 (じょうりくする) 죠-리쿠스루 / 登陆 [dēnglù] 떵루

2 도로(Road, 道路, 街道)

□ 철도

railroad [réilròud] 레일로우드
鉄道 (てつどう) 테츠도-
铁路 [tiělù] 티에루

□ 철도 건널목

railroad crossing [réilròudkrɔ́:siŋ] 레일로우드크러싱
鉄道の踏み切り (てつどうのふみきり) 테츠도-노후미키리
铁路道口 [tiělùdàokǒu] 티에루다오코우

□ 교차점(로)

intersection [ìntərsékʃən] 인터쎅션
交差点 (こうさてん) 코-사텡
道路交叉口 [dàolùjiāochākǒu] 다오루쟈오차코우

□ 십자로, 네거리

crossroad [krɔːsròud] 크로스로우드
十字路 (じゅうじろ) 쥬-지로,
四つ角 (よつかど) 요츠카도
十字路口 [shízìlùkǒu] 스즈루코우

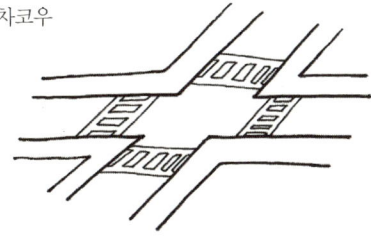

□ 횡단보도

crosswalk [krɔːs wɔ̀ːk] 크로스워크
横断歩道 (おうだんほどう) 오-단호도-
行人过街 [xíngrénguòjiē] 싱런구오지에

□ 보도, 인도

sidewalk [sáidwɔ̀ːk] 싸이드워크
歩道, 人道 (ほどう, じんどう) 호도-, 진도-
人行道 [rénxíngdào] 런싱다오

□ 일방통행로

one-way street [wánwéi striːt]
원웨이스트리트
一方通路 (いっぽうつうろ) 입포-즈-로
单向街 [dānxiàngjiē] 단샹지에

□ 골목

side street [said striːt] 싸이드스트리트
小道 (こみち) 코미치
胡同 [hútòng] 후통

Chapter 1

□ 비포장도로
- dirt road [dəːrt roud] 더트로우드
- 非舗装道路 (ひほそうどうろ) 히호소-도-로
- 土路 [tǔlù] 투루

□ 국도
- national highway [nǽʃənəl háiwèi] 내셔널하이웨이
- 国道 (こくどう) 코쿠도-
- 国道 [guódào] 구오다오

□ 큰길, 대로
- boulevard [bú(ː)ləvàːrd] 불러바드
- 大通り (おおどおり) 오-도-리
- 大马路 [dàmǎlù] 따마루

□ 지름길
- shortcut [ʃɔːrtkʌt] 쇼트컷
- 近道 (ちかみち) 치카미치
- 捷径 [jiéjìng] 지에징

□ 가드레일
- crash barrier [kræʃ bǽriər] 크래시배리어
- ガードレール 가-도레-루
- 防撞护栏 [fángzhuànghùlán] 팡좡후란

□ (고속도로의)갓길
- hard shoulder [hɑːrd ʃóuldər] 하드쇼울더
- 路肩 (ろかた) 로카타
- 路肩 [lùjiān] 루지엔

□ 지하도
- underpass [ʌ́ndərpæ̀s] 언더패스 (= undercrossing)
- 地下道 (ちかどう) 치카도-
- 地下通道 [dìxiàtōngdào] 디샤통다오

□ 뒷골목
- alley [ǽli] 앨리
- 路地裏 (ろじうら) 로지우라
- 小巷 [xiǎoxiàng] 샤오샹

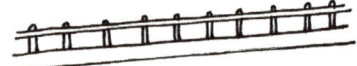

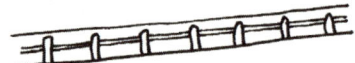

□ 고속도로
- express highway [iksprés háiwèi] 익스프레스하이웨이
- 高速道路 (こうそくどうろ) 코-소쿠도-로
- 高速公路 [gāosùgōnglù] 까오수공루

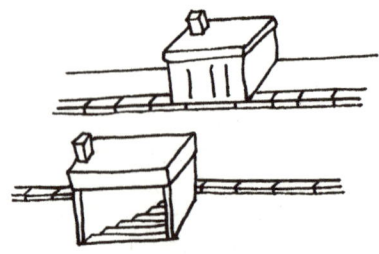

> chapter 1 교통

관련어

- 교통신호등 **traffic light** [trǽfik lait] 트래픽라이트 / **信号灯** (しんごうとう) 싱고-토- / **红绿灯** [hónglǜdēng] 홍뤼떵

- 교통법규 **traffic law** [trǽfik lɔ:] 트래픽로 / **交通法律** (こうつうほうりつ) 코-츠-호-리츠 / **交通法规** [jiāotōngfǎguī] 쟈오통파구이

- 교통규칙 **traffic regulations** [trǽfik règjəléiʃ-ənz] 트래픽레결레이션즈 / **交通規則** (こうつうきそく) 코-츠-키소쿠 / **交通规则** [jiāotōngguīzé] 쟈오통구이저

- 교통위반 **traffic violation** [trǽfik vàiəléiʃən] 트래픽바이얼레이션 / **交通違反** (こうついはん) 코-츠-이항 / **交通违章** [jiāotōngwéizhāng] 쟈오통웨이장

- 교통량 **traffic volume** [trǽfik válju:m] 트래픽발륨 / **交通量** (こうつうりょう) 코-츠-료- / **交通量** [jiāotōngliàng] 쟈오통량

- 극심한 교통량 **heavy traffic** [hévi trǽfik] 헤비트래픽 / **交通渋滞** (こうつうじゅうたい) 코-츠-쥬-타이 / **严重的交通** [yánzhòngdejiāotōng] 옌종더쟈오통

- 통행료 징수소 **tollgate** [tóulgèit] 토울게이트 / **料金所** (りょうきんじょ) 료-킨죠 / **收费站** [shōufèizhàn] 쇼우페이잔

- 거리가 먼 **distant** [dístənt] 디스턴트 / **遠い** (とおい) 토-이 / **遥远** [yáoyuǎn] 야오위엔

> 관련어

- 건너다 **cross** [krɔːs] 크로스 / **渡る** (わたる) 와타루 / **过** [guò] 꾸오

- 우회로, 도는 길 **detour** [díːtuər] 디투어 / **回り道** (まわりみち) 마와리미치 / **弯路** [wānlù] 완루

- 방향 **direction** [dirékʃən] 디렉션 / **方向** (ほうこう) 호-코- / **方向** [fāngxiàng] 팡샹

- 위험 **danger** [déindʒər] 데인져 / **危険** (きけん) 키켕 / **风险** [fēngxiǎn] 펑시엔

- 견인차 **wrecker** [rékər] 레커 (=tow truck) / **レッカー車** (れっかーしゃ) 렉카-샤 / **牵引车** [qiānyǐnchē] 치엔인처

- 펑크난 타이어 **flat tíre** [flæt taiər] 플랫타이어 / **パンクタイヤ** 팡쿠타이야 / **漏气轮胎** [lòuqìlúntāi] 로우치룬타이

③ 부대시설 및 관련용어
(Subsidiary Facilities & Related Words, 付帯施設, 设施和相关术语)

□ 매표소
ticket window [tíkitwíndou] 티킷윈도우
切符売場 (きっぷうりば) 킵푸우리바
售票处 [shòupiàochù] 쇼우퍄오추

□ 운임
fare [fɛər] 페어
運賃 (うんちん) 운칭
票价 [piàojià] 퍄오쟈

□ 선불, 선금
advance [ædvǽns] 애드밴스
前金 (まえきん) 마에킹
预付款 [yùfùkuǎn] 위푸콴

□ 예매권
advance ticket [ædvǽns tíkit] 애드밴스티킷
前売り券 (まえうりけん) 마에우리켕
预售票 [yùshòupiào] 위쇼우퍄오

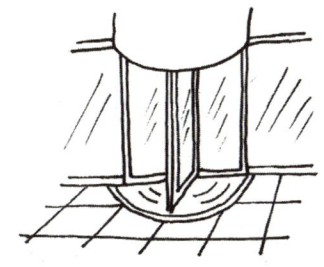

□ 십자형 회전식 문, 회전식 개찰구
turnstile [tə́:rnstàil] 턴스타일
回転ドア (かいてんどあ) 카이텐도아
旋转门 [xuánzhuǎnmén] 쉬엔좐먼

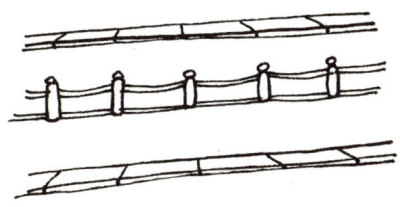

□ 중앙분리대
median strip [mí:diən strip] 미디언스트립
中央分離帯 (ちゅうおうぶんりたい) 츄-오-분리타이
隔离墩 [gélídūn] 거리둔

177

chapter 1

□ 자동판매기
vending machine [véndiŋ məʃíːn] 벤딩머신
自動販売機 (じどうはんばいき) 지도-함바이키
自动售货机 [zìdòngshòuhuòjī] 즈동쇼우후오지

□ 버스정류장
bus stop [bʌs stɑp] 버스스탑
バス停 (ばすてい) 바스테-
公共汽车站 [gōnggòngqìchēzhàn] 꽁꽁치처잔

□ 택시승차장
taxi stand [tǽksi stænd] 택시스탠드
タクシー乗り場 (たくしーのりば) 타쿠시-노리바
出租车车站 [chūzūchēchēzhàn] 추주처처잔

□ (철도)역
railroad station [[réilròud stéiʃ-ən]
레일로우드스테이션
駅 (えき) 에키
火车站 [[huǒchēzhàn] 후오처잔

□ 주차장
parking lot [páːrkiŋ lɑt] 파킹랏
駐車場 (ちゅうしゃじょう) 츄-샤죠-
停车场 [tíngchēchǎng] 팅처창

□ 주유소
gas station [gæs stéiʃ-ən] 개스스테이션
ガソリンスタンド 가소린스탄도
加油站 [jiāyóuzhàn] 쟈요우잔

chapter 1 교통

□ 교통신호
traffic signal [trǽfik sígn-əl] 트래픽씨그널
交通信号 (こうつうしんごう) 코-츠-싱고
交通信号 [jiāotōngxìnhào] 쟈오통신하오

□ 운전면허(증)
drivers license [dráivərz láis-əns]
드라이버즈라이쎈스
運転免許 (うんてんめんきょ) 운템멩쿄
驾驶执照 [jiàshǐzhízhào] 쟈스즈쟈오

□ 안전벨트
seat belt [si:t belt] 씨트벨트
シートベルト 시-토베루토
安全带 [ānquándài] 안첸따이

□ 승객
passenger [pǽsəndʒər] 패썬져
乗客 (じょうきゃく) 죠-캬쿠
乘客 [chéngkè] 청커

□ (자동차의)핸들
steering wheel
[stí-əriŋ hwi:l] 스티어링휠
ハンドル 한도루
方向盘 [fāngxiàngpán] 팡샹판

□ 교통표지
traffic sign [trǽfik sain] 트래픽싸인
交通標識 (こうつうひょうしき) 코-츠-효-시키
交通标志 [jiāotōngbiāozhì] 쟈오통뱌오즈

179

□ 벌금
fine [fain] 파인
罰金 (ばっきん) 박킹
罰款 [fákuǎn] 파콴

□ 속도위반
speeding [spí:diŋ] 스피딩
速度違反 (そくどいはん) 소쿠도이항
超速 [chāosù] 차오수

□ 제한속도
speed limit [spi:d límit] 스피드리밋
制限速度 (せいげんそくど) 세-겐소쿠도
速度限制 [sùdùxiànzhì] 수두시엔즈

□ 보행자
pedestrian [pədéstriən] 퍼데스트리언
歩行者 (ほこうしゃ) 호코-샤
行人 [xíngrén] 싱런

□ 교통혼잡(마비)
traffic jam [trǽfik dʒæm] 트래픽잼
交通渋滞 (こうつうじゅうたい) 코-츠-쥬-타이
塞车 [sāichē] 싸이처

□ 출입(진입)금지
no entry [nou éntri] 노우엔트리
立ち入り禁止 (たちいりきんし) 타치이리킨시
禁止出入 [jìnzhǐchūrù] 진즈추루

> chapter 1 교통

관련어

- 경찰서 **police station** [pəlí:s stéiʃ-ne] 폴리스스테이션 /
  警察署 (けいさつしょ) 케−사츠쇼 / 派出所 [pàichūsuǒ] 파이추수오

- 육교 **bridge** [bridʒ] 브릿쥐 / 陸橋 (りっきょう) 릭쿄− /
  天桥 [tiānqiáo] 티엔쟈오

- 거리 행상인 **street peddler** [stri:t pédlər] 스트릿페들러 /
  街の行商人 (まちのぎょうしょうにん) 마치노쿄−쇼−닝 /
  街头小贩 [jiētóuxiǎofàn] 지에토우샤오판

- 거리악단 **street band** [stri:t bænd] 스트릿밴드 /
  ストリートバンド 스토리−토반도 / 街乐队 [jiēyuèduì] 지에위에뚜이

- 고층건물 **high-rise** [háiráiz] 하이라이즈 / 高層ビル (こうそうびる) 코−소−비루 /
  高层建筑 [gāocéngjiànzhú] 까오청지엔주

- 플래카드 **placard** [plǽkɑ:rd] 플래카드 /
  プラカード 푸라카−도 / 横幅 [héngfú] 헝푸

- 대합실 **waiting room** [wéitiŋ rum] 웨이팅룸 / 待合室 (まちあいしつ) 마치아이시츠 /
  候车室 [hòuchēshì] 호우처스

- 검표원 **ticket inspector** [tíkit inspéktər] 티킷인스펙터 /
  検札係 (けんさつがかり) 켄사츠가카리 / 检票员 [jiǎnpiàoyuán] 지엔퍄오위엔

- 편도승차권 **one-way ticket** [wánwéi tíkit] 원웨이티킷 /
  片道乗車券 (かたみちじょうしゃけん) 카타미치죠−샤켕 / 单程票 [dānchéngpiào] 단청퍄오

chapter 1 교통

관련어

- 왕복승차권 **roundtrip ticket** [raundtrip tíkit] 라운드트립티킷 /
  往復乗車券 (おうふくじょうしゃけん) 오-후쿠죠-샤켄 / **往返票** [wǎngfǎnpiào] 왕판퍄오

- 할인(단체)유람권 **excursion ticket** [ikskə́:rʒən tíkit] 익스커젼티킷 /
  団体割引券 (だんたい わりびきけん) 단타이와리비키켕 /
  优惠游览票 [yōuhuìyóulǎnpiào] 요우후이요우란퍄오

- 정기권 **commutation ticket** [kɑ̀mjətéiʃən tíkit] 카머테이션티킷 /
  定期券 (ていきけん) 테-키켄 / **定期票** [dìngqīpiào] 딩치퍄오

- 직행차표 **through ticket** [θru:tíkit] 쓰루티킷 /
  直行チケット (ちょっこうちけっと) 쵸코-치켓토 / **通票** [tōngpiào] 통퍄오

- 정가 **fixed price** [fikst prais] 픽스트프라이스 / **定価** (ていか) 테-카 /
  定价 [dìngjià] 딩쟈

- 공공물 **public property** [pʌ́blik prɑ́pərti] 퍼블릭프라퍼티 /
  公共物 (こうきょうぶつ) 코-쿄- 부츠 / **公共财产** [gōnggòngcáichǎn] 꽁꽁차이찬

- 치안 **public safety** [pʌ́blik séifti] 퍼블릭쎄이프티 / **治安** (ちあん) 치앙 /
  治安 [zhì'ān] 즈안

- 공문서 **public document** [pʌ́blik dɑ́kjəmənt] 퍼블릭다큐먼트 /
  公文書 (こうぶんしょ) 코-분쇼 / **公函** [gōnghán] 꽁한

chapter 2 회사(Company, 会社, 公司)

1 사무실(Office, 事務所, 办公室)

☐ 응접계(접수계)원
receptionist [risépʃənist] 리셉셔니스트
受付係 (うけつけがかり) 우케츠케가카리
接待员 [jiēdàiyuán] 지에따이위엔

☐ 엘리베이터
elevator [éləvèitər] 엘러베이터
エレベーター 에레베-타-
电梯 [diàntī] 디엔티

☐ 자동문
automatic door [ɔ̀:təmǽtik dɔ:r]
오터매틱도어
自動ドア (じどうどあ) 지도-도아
自动门 [zìdòngmén] 쯔동먼

☐ 회전문
revolving door
[riválviŋ dɔ:r] 리발빙도어
回転ドア (かいてんどあ) 카이텐도아
旋转门 [xuánzhuǎnmén] 쉬엔좐먼

☐ 국경일
national holiday
[nǽʃənəl hálədèi] 내셔널할러데이
国民の祝祭日 (こくみんのしゅくさいじつ)
코쿠민노 슈쿠사이지츠
国定假日 [guódìngjiàrì] 구오딩쟈르

☐ 법정공휴일
legal holiday [líg-əl hálədèi]
리걸할러데이
法定休日 (ほうていきゅうじつ) 호-테-큐-지츠
法定节假日 [fǎdìngjiéjiàrì] 파딩지에쟈르

☐ 유급휴가
paid vacation [peid veikéiʃən]
페이드베이케이션
有給休暇 (ゆうきゅうきゅうか) 유-큐-큐-카
带薪假期 [dàixīnjiàqī] 따이신쟈치

183

□ 흡연실

smoking-room [smóukiŋrùːm]
스모우킹룸
喫煙室 (きつえんしつ) 키츠엔시츠
吸烟室 [xīyānshì] 시옌스

□ 금연구역

smoke-free zone [smoukˊ frì zoun]
스모우크프리조운
禁煙区域 (きんえんくいき) 킹엥쿠이키
禁烟区 [jìnyānqū] 진옌취

□ 장비, 비품

equipment [ikwípmənt] 이큅먼트
備品 (びひん) 비힝
设备 [shèbèi] 셔뻬이

□ 서류정리함

file cabinet [fail kǽbənit] 파일캐버닛
ファイルキャビネット
화이루캬비넷토
纸包装 [zhǐbāozhuāng] 즈빠오쫭

□ 금고

safe [seif] 쎄이프
金庫 (きんこ) 킹코
保险柜 [bǎoxiǎnguì] 바오시엔꾸이

□ 서랍

drawer [drɔ́ːər] 드로어
引き出し (ひきだし) 히키다시
抽屉 [chōuti] 초우티

□ 회전의자

swivel chair [swívəl tʃɛər] 스위벌체어
回転椅子 (かいてんいす) 카이텐이스
转椅 [zhuànyǐ] 좐이

관련어

- 소개 **introduction** [ìntrədʌ́kʃən] 인트러덕션 / **紹介** (しょうかい) 쇼—카이 / **介绍** [jièshào] 지에샤오

- 인사 **greeting** [gríːtiŋ] 그리팅 / **挨拶** (あいさつ) 아이사츠 / **问候** [wènhòu] 원호우

- 대량생산 **mass production** [mæs prədʌ́kʃən] 매스프러덕션 / **大量生産** (たいりょうせいさん) 타이료—세—상 / **批量生产** [pīliàngshēngchǎn] 피량성찬

- 공업(과학)기술 **technology** [teknálədʒi] 테크날러쥐 / **科学(工業)技術** (かがく(こうぎょう)ぎじゅつ) 카가쿠(코—교—)기쥬츠 / **工业(科技)技术** [gōngyè(kējì)jìshù] 꽁예(커지)지슈

- 노동 **labor** [léibər] 레이버 / **労働** (ろうどう) 로—도— / **劳动** [láodòng] 라오동

- 지불 **payment** [péimənt] 페이먼트 / **支払い** (しはらい) 시하라이 / **支付** [zhīfù] 즈푸

- 이익, 수익 **profit** [práfit] 프라핏 / **利益** (りえき) 리에키 / **利润** [lìrùn] 리룬

- 공급자 **supplier** [səpláiər] 써플라이어 / **供給者** (きょうきゅうしゃ) 쿄—큐—샤 / **供应者** [gōngyìngzhě] 꽁잉저

- 도매상인 **distributor** [distríbjətər] 디스트리뷰터 / **卸売り業者** (おろしうりぎょうしゃ) 오로시우리교—샤 / **批发商** [pīfāshāng] 피파샹

관련어

- 수입 **income** [ínkʌm] 인컴 / **収入** (しゅうにゅう) 슈-뉴- / **收入** [shōurù] 쇼우루

- 지출 **outgo** [áutgòu] 아웃고우 / **支出** (ししゅつ) 시슈츠 / **支出** [zhīchū] 즈추

- 불경기 **depression** [dipréʃən] 디프레션 / **不景気** (ふけいき) 후케-키 / **不景气** [bùjǐngqì] 뿌징치

- 소비 **consumption** [kənsámpʃən] 컨섬프션 / **消費** (しょうひ) 쇼-히 / **消费** [xiāofèi] 샤오페이

- 수요 **demand** [diménd] 디맨드 / **需要** (じゅよう) 쥬요- / **需求** [xūqiú] 쉬치우

- 공급 **supply** [səplái] 써플라이 / **供給** (きょうきゅう) 쿄-큐- / **供应** [gōngyìng] 꽁잉

- 빚, 부채 **debt** [det] 데트 / **借金** (しゃっきん) 샤킹 / **欠款** [qiànkuǎn] 치엔콴

- 주식 **stock** [stɑk] 스탁 / **株式** (かぶしき) 카부시키 / **股票** [gǔpiào] 구퍄오

❷ 사무용품(Office supplies, 事務用品, 办公用品)

□ 휴대용 컴퓨터
laptop [lǽptàp] 랩탑
ラップトップ 랍푸톱푸
便携式计算机 [biànxiéshìjìsuànjī]
비엔시에스지수안지

□ 컴퓨터
computer [kəmpjú:tər] 컴퓨터
コンピューター 콤퓨―타―
电脑 [diànnǎo] 디엔나오

□ (업무용) 명함
business card
[bíznis kɑ:rd] 비즈니스카드
名刺 (めいし) 메―시
名片 [míngpiàn] 밍피엔

□ 전화기
telephone [téləfòun] 텔러포운
電話機 (でんわき) 뎅와키
电话 [diànhuà] 디엔화

□ 복사기
copier [kápiər] 카피어
複写機 (ふくしゃき) 후쿠샤키
复印机 [fùyìnjī] 푸인지

□ 사무용 책상
office table
[ɔ́(:)fis téib-əl] 오피스테이벌
オフィステーブル
오휘스테―부루
办公台 [bàngōngtái] 빤꽁타이

□ 계산기
calculator [kǽlkjəlèitər]
캘켜레이터
電卓 (でんたく) 덴타쿠
计算机 [jìsuànjī] 지수안지

□ 팩스기
fax machine
[fæks məʃí:n] 팩스머신
ファクシミリ
화쿠시미리
传真 [chuánzhēn] 촨전

□ 문서, 서류
document [dákjəmənt] 다켜먼트
書類 (しょるい) 쇼루이
文件 [wénjiàn] 원지엔

chapter 2

□ 이동전화기(휴대폰)
mobile phone [móubəl foun] 모우벌포운
携帯電話 (けいたいでんわ) 케−타이뎅와
手机 [shǒujī] 쇼우지

□ (스테이플러) 철침
staple [stéip-əl] 스테이펄
ステープル 스테−푸루
订书针 [dìngshūzhēn] 딩슈전

□ 스테이플러
stapler [stéiplə:r] 스테이플러
ステープラー 스테−푸라−
订书机 [dìngshūjī] 딩슈지

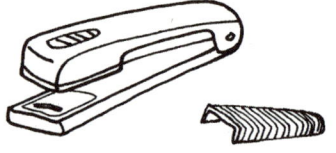

□ 매직펜
marker [má:rkə:r] 마커
マーカー 마−카−
记号笔 [jìhaobǐ] 지하오비

□ 압핀
thumbtack [θʌ́mtæk] 썸택
画鋲 (がびょう) 가뵤−
图钉 [túdīng] 투딩

문방구

stationery [stéiʃ-ənèri] 스테이셔네리
文房具 (ぶんぼうぐ) 붐보-구
文具 [wénjù] 원쥐

종이집게

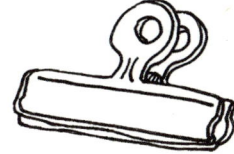

bulldog clip [búldɔ̀gklip] 불독클립
目玉(めだま)クリップ 메다마쿠립푸
大纸夹 [dàzhǐjiā] 다즈쟈

(백색의)수정액

whiteout [hwáitàut] 화이타우트
修正液 (しゅうせいえき) 슈-세-에키
涂改液 [túgǎiyè] 투가이예

볼펜

ballpoint (pen) [bɔ́:lpɔ̀int(pen)] 볼포인트(펜)
ボールペン 보-루펭
圆珠笔 [yuánzhūbǐ] 위엔주비

샤프펜

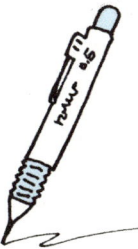

mechanical pencil
[məkǽnik-əl pénsəl] 머캐니컬펜설
シャープペンシル
샤-푸펜시루
活动铅笔 [huódòngqiānbǐ]
후오뚱치엔비

지우개

eraser [iréizər] 이레이저
消しゴム (けしごむ) 케시고무
橡皮 [xiàngpí] 샹피

만년필

fountain pen
[fáuntin pen] 파운틴펜
万年筆 (まんねんひつ) 만넹히츠
钢笔 [gāngbǐ] 깡비

관련어

☐ 재고품 **supply** [səplái] 써플라이 / **在庫品** (ざいこひん) 자이코힝 / **庫存** [kùcún] 쿠춘

☐ 서류철 **folder** [fóuldəːr] 포울더 / **フォルダー** 훠루다- / **文件夹** [wénjiànjiā] 원지엔쟈

☐ 행상인 **packman** [pǽkmən] 팩먼 (=peddler) / **行商人** (ぎょうしょうにん) 교-쇼-닝 / **小贩** [xiǎofàn] 샤오판

☐ 포장지 **packing paper** [pǽkiŋ péipər] 패킹페이퍼 / **包装紙** (ほうそうし) 호-소-시 / **包装纸** [bāozhuāngzhǐ] 빠오쫭즈

☐ 칸막이 **partition** [pɑːrtíʃən] 파티션 / **仕切り** (しきり) 시키리 / **舱壁** [cāngbì] 창삐

☐ 물건, 상품 **goods** [gudz] 굳즈 / **品物** (しなもの) 시나모노 / **商品** [shāngpǐn] 샹핀

☐ 일용 잡화품 **convenience goods** [kənvíːnjəns gudz] 컨비니언스굳즈 / **日用雑貨** (にちようざっか) 니치요-작카 / **日用品** [rìyòngpǐn] 르용핀

☐ 소비재 **consumer goods** [kənsúːmər gudz] 컨수머굳즈 / **消費財** (しょうひざい) 쇼-히자이 / **消费品** [xiāofèipǐn] 샤오페이핀

☐ 도매 **wholesale** [hóulsèil] 호울쎄일 / **卸売り** (おろしうり) 오로시우리 / **批发** [pīfā] 피파

- 소매 retail [rí:teil] 리테일 / 小売り (こうり) 코우리 / 零售 [língshòu] 링쇼우
- 품질 quality [kwáləti] 퀄러티 / 品質 (ひんしつ) 힌시츠 / 质量 [zhìliàng] 즈량
- 할인 discount [dískaunt] 디스카운트 / 割り引き (わりびき) 와리비키 / 折扣 [zhékòu] 저코우
- 가격 price [prais] 프라이스 / 値段 (ねだん) 네당 / 价格 [jiàgé] 쟈거

- 독점 monopoly [mənápəli] 머나펄리 / 独占 (どくせん) 도쿠셍 / 垄断 [lǒngduàn] 롱두안
- 특가 special price [spéʃ-əl prais] 스페셜프라이스 / 特価 (とっか) 톡카 / 特价 [tèjià] 터쟈
- 영수증 receipt [risí:t] 리씨트 / 領収証 (りょうしゅうしょう) 료-슈-쇼- / 收据 [shōujù] 쇼우쥐
- 손님 guest [gest] 게스트 / お客 (おきゃく) 오캬쿠 / 客人 [kèrén] 커런
- 상인 merchant [má:rtʃənt] 머쳔트 / 商人 (しょうにん) 쇼-닝 / 商人 [shāngrén] 샹런

❸ 회의(Meeting, 会議, 会议)

□ 회의
meeting [míːtiŋ] 미팅
会議 (かいぎ) 카이기
(临时)会议 [(línshí)huìyì] 린스후이이

□ 회의실
meeting room [míːtiŋ ruːm] 미팅룸
会議室 (かいぎしつ) 카이기시츠
会议室 [huìyìshì] 후이이스

□ 안건, 의제
agenda [ədʒéndə] 어젠더
議題 (ぎだい) 기다이
案件 [ànjiàn] 안지엔

□ 출석자
turnout [táːrnàut] 터나우트
出席者 (しゅっせきしゃ) 슛세키샤
出席者 [chūxízhě] 추시저

□ 참가자
participant [pɑːrtísəpənt] 파티서펀트
参加者 (さんかしゃ) 상카샤
参加者 [cānjiāzhě] 찬쟈저

□ 현안의 제문제
pending questions [péndiŋ kwéstʃənz] 펜딩퀘스쳔즈
懸案問題 (けんあんもんだい) 켕암몬다이
悬案问题 [xuán'ànwèntí] 쉬엔안원티

□ 그래프
  graph [græf] 그래프
  グラフ 구라후
  图表 [túbiǎo] 뜌뱌오

□ 교섭중
  pending the negotiations [péndiŋ ðə nigòuʃiéiʃənz]
  펜딩더니고우시에이션즈
  交渉中 (こうしょうちゅう) 코-쇼-츄-
  在交涉 [zàijiāoshè] 짜이쟈오셔

□ 토론
  discussion [diskʌ́ʃən] 디스커션
  討論 (とうろん) 토-롱
  讨论 [tǎolùn] 타오룬

□ 협상, 교섭
  negotiation [nigòuʃiéiʃən]
  니고우시에이션
  交渉 (こうしょう) 코-쇼-
  交涉 [jiāoshè] 쟈오셔

□ 계약
  contract [kántrækt] 칸트랙트
  契約 (けいやく) 케-야쿠
  合同 [hétóng] 허통

□ 제안
suggestion [sədʒéstʃən] 써제스천
提案 (ていあん) 테-앙
建议 [jiànyì] 지엔이

□ 결론
conclusion [kənklú:ʒən] 컨클루전
結論 (けつろん) 케츠론
结论 [jiélùn] 지에룬

□ 청중
audience [ɔ́:diəns] 오디언스
聴衆 (ちょうしゅう) 쵸-슈-
听众 [tīngzhòng] 팅종

□ 회담
conference [kánfərəns] 칸퍼런스
会談 (かいだん) 카이당
会谈 [huìtán] 후이탄

□ 이사(중역,임원)회
board of directors [bɔːrd ʌv diréktərz]
보드어브디렉터즈
取締役委員会 (とりしまりやくいいんかい) 토리시마리야쿠 이잉카이
董事会 [dǒngshìhuì] 동스후이

> 관련어

- 수출 **export** [íkspɔːrt] 익스포트 / **輸出** (ゆしゅつ) 유슈츠 / **出口** [chūkǒu] 추코우

- (수출)장려금 **bounty** [báunti] 바운티 /
  (輸出)奨励金 ((ゆしゅつ)しょうれいきん) (유슈츠)쇼-레-킹 /
  出口奖金 [chūkǒujiǎngjīn] 추코우장진

- 무역 **trade** [treid] 트레이드 / **貿易** (ぼうえき) 보-에키 / **贸易** [màoyì] 마오이

- 단일어음 **sole bill** [soul bil] 쏘울빌 / **単一手形** (たんいつてがた) 탄이츠테가타 /
  单张汇票 [dānzhānghuìpiào] 단장후이퍄오

- 관세 **customs duties** [kʌ́stəms djúːtiz] 커스텀스듀티즈 / **関税** (かんぜい) 칸제- /
  关税 [guānshuì] 꽌슈이

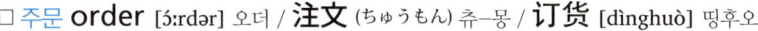

- 주문 **order** [ɔ́ːrdər] 오더 / **注文** (ちゅうもん) 츄-몽 / **订货** [dìnghuò] 띵후오

- 클레임 **claim** [kleim] 클레임 / **クレーム** 쿠레-무 /
  索赔 [suǒpéi] 쑤오페이

- 비용 **cost** [kɔːst] 코스트 / **費用** (ひよう) 히요- / **费用** [fèiyòng] 페이용

- 환율 **exchange rate** [ikstʃéindʒ reit] 익스체인쥐레이트 /
  為替レート (かわせれーと) 카와세레-토 / **汇率** [huìlǜ] 후이뤼

- 외환은행 exchange bank [ikstʃéindʒ bæŋk] 익스체인쥐뱅크 / 為替銀行 (かわせぎんこう) 카와세깅코- / 外換銀行 [wàihuànyínháng] 와이환인항
- 시세, 가격표 quotation [kwoutéiʃən] 쿼우테이션 / 相場 (そうば) 소-바 / 行情 [hángqíng] 항칭
- 증권 거래소 stock exchange [stɑk ikstʃéindʒ] 스탁익스체인쥐 / 証券取引所 (しょうけんとりひきじょ) 쇼-켄토리히키죠 / 股市 [gǔshì] 구스
- 제안 offer [ɔ́(:)fər] 오퍼 / オファー 오화- / 建议 [jiànyì] 지엔이

- 수수료 commission [kəmíʃən] 커미션 / 手数料 (てすうりょう) 테스-료- / 手续费 [shǒuxùfèi] 쇼우쉬페이
- 화물 freight [freit] 프레이트 / 貨物 (かもつ) 카모츠 / 货物 [huòwù] 후오우
- 매상 sale [seil] 쎄일 / 売上 (うりあげ) 우리아게 / 收购 [shōugòu] 쇼우꼬우
- 밀수품 smuggled goods [smʌ́g-əld gudz] 스머걸드군즈 / 密輸品 (みつゆひん) 미츠유힝 / 违禁品 [wéijìnpǐn] 웨이진핀
- 몰수 confiscation [kánfiskèiʃən] 칸피스케이션 / 没収 (ぼっしゅう) 봇슈 / 没收 [mòshōu] 모쇼우

④ 회사(Company, 会社, 公司)

□ 면접
interview [íntərvjùː] 인터뷰
面接 (めんせつ) 멘세츠
面试 [miànshì] 미엔스

□ 이력서
resume [rèzuméi] 레주메이
履歴書 (りれきしょ) 리레키쇼
简历 [jiǎnlì] 지엔리

□ 고용
employment [emplɔ́imənt] 엠플로이먼트
雇用 (こよう) 코요-
雇佣 [gùyōng] 구용

□ 일, 노동
work [wəːrk] 워크
仕事 (しごと) 시고토
劳动 [láodòng] 라오동

□ 봉급
salary [sǽləri] 쌜러리
給料 (きゅうりょう) 큐-료-
薪酬 [xīnchóu] 신초우

□ 보너스, 상여금
bonus [bóunəs] 보우너스
ボーナス 보-나스
奖金 [jiǎngjīn] 쟝진

□ 출근
attendance [əténdəns] 어텐던스
出勤 (しゅっきん) 슉킨
上班 [shàngbān] 샹빤

□ 결근
absence [ǽbsəns] 앱선스
欠勤 (けっきん) 켁킨
缺席 [quēxí] 취에시

□ 승진
promotion [prəmóuʃən] 프러모우션
昇進 (しょうしん) 쇼-싱
升职 [shēngzhí] 셩즈

□ 은퇴
retirement [ritáiə:rmənt] 리타이어먼트
隠退 (いんたい) 인타이
退休 [tuìxiū] 투이슈

□ 연금
pension [pénʃən] 펜션
年金 (ねんきん) 넹킹
养老金 [yǎnglǎojīn] 양라오진

□ 연금수령인
annuitant [ənjú:ətənt] 어뉴어턴트
年金受取人 (ねんきんうけとりにん) 넹킨우케토리-닝
领取年金者 [lǐngqǔniánjīnzhě]
링취니엔진저

□ 사직
resignation [rèzignéiʃ-ən] 레지그네이션
辞職 (じしょく) 지쇼쿠
辞职 [cízhí] 츠즈

□ 설립
establishment [istǽbliʃmənt] 이스태블리시먼트
設立 (せつりつ) 세츠리츠
成立 [chénglì] 청리

□ 본사
headquarters [héd̪kwɔ̀:rtərz] 헤드쿼터즈
本社 (ほんしゃ) 혼샤
总公司 [zǒnggōngsī] 종꽁쓰

□ 자본(금)
capital [kǽpitl] 캐피틀
資本 (しほん) 시홍
资本金 [zīběnjīn] 쯔번진

□ 창립(설립)자
founder [fáundə:r] 파운더
創立者 (そうりつしゃ) 소-리츠샤
创立者 [chuànglìzhě] 촹리저

□ 지사, 지점
branch office
[bræntʃ ɔ́(:)fis] 브랜치오피스
支社 (ししゃ) 시샤
分社 [fēnshè] 펀셔

□ 병가
sick leave [sik li:v] 씩리브
病気休暇 (びょうききゅうか) 뵤-키큐-카
病假 [bìngjià] 빙쟈

□ 고용주
employer [emplɔ́iər] 엠플로이어
雇い主 (やといぬし) 야토이누시
雇主 [gùzhǔ] 구주

□ 종업원
employee [implɔ́ii:] 임플로이이
従業員 (じゅうぎょういん) 쥬-교-잉
雇员 [gùyuán] 구위엔

• chapter 2 회사

□ 흑자
surplus [sə́ːrplʌs] 써플러스
黒字 (くろじ) 쿠로지
过剩 [guòshèng] 꾸오성

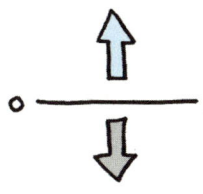

□ 투자
investment [invéstmənt] 인베스트먼트
投資 (とうし) 토-시
投资 [tóuzī] 토우즈

□ 적자
deficit [défəsit] 데퍼싯
赤字 (あかじ) 아카지
逆差 [nìchà] 니차

□ 생산품
product [prɑ́dəkt] 프라덕트
生産品 (せいさんひん) 세-상힝
产品 [chǎnpǐn] 찬핀

□ 거래
transaction [trænsǽkʃ-ne-] 트랜쌕션
取り引き (とりひき) 토리히키
交易 [jiāoyì] 쟈오이

□ 파산
bankruptcy [bǽŋkrəpsi] 뱅크럽시
破産 (はさん) 하상
破产 [pòchǎn] 포찬

□ 합병
merger [mə́ːrdʒər] 머져
合併 (がっぺい) 갑페-
合并 [hébìng] 허빙

201

> 관련어

- 농업 agriculture [ǽgrikʌltʃər] 애그리컬쳐 / 農業 (のうぎょう) 노-교- / 农业 [nóngyè] 농예

- 어업 fishing [fíʃiŋ] 피싱 / 漁業 (ぎょぎょう) 교교- / 渔业 [yúyè] 위예

- 고기잡이 배, 낚싯배 fishing boat [fíʃiŋ bout] 피싱보우트 / 釣り船 (つりぶね) 츠리부네 / 渔船 [yúchuán] 위촨

- 양식장 fishing farm [fíʃiŋ fɑ:rm] 피싱팜 / 養殖場 (ようしょくじょう) 요-쇼쿠죠- / 养殖场 [yǎngzhíchǎng] 양즈창

- 어장 fishing ground [fíʃiŋ graund] 피싱그라운드 / 漁場 (ぎょじょう・りょうば) 교죠-・료-바 / 渔场 [yúchǎng] 위창

- 임업 forestry [fɔ́(:)ristri] 포리스트리 / 林業 (りんぎょう) 링교- / 林业 [línyè] 린예

- 농장 farm [fɑ:rm] 팜 / 農場 (のうじょう) 노-죠- / 农场 [nóngchǎng] 농창

- 양계장 poultry farm [póultri fɑ:rm] 포울트리팜 / 養鶏場 (ようけいじょう) 요-케-죠- / 养鸡场 [yǎngjīchǎng] 양지창

- 광업 mining [máiniŋ] 마이닝 / 鉱業 (こうぎょう) 코-교- / 矿业 [kuàngyè] 쾅예

- 수확 harvest [hɑ́:rvist] 하비스트 / 収穫 (しゅうかく) 슈-카쿠 / 收获 [shōuhuò] 쇼우후오

□ 비료 fertilizer [fə́:rtəlàizər] 퍼털라이저 / 肥料 (ひりょう) 히료- / 肥料 [féiliào] 페이랴오

□ 농작물 crop [krɑp] 크랍 / 農作物 (のうさくぶつ) 노-사쿠부츠 / 农作物 [nóngzuòwù] 농쭈오우

□ 목장 ranch [rænt∫] 랜취 / 牧場 (ぼくじょう) 보쿠죠- / 牧场 [mùchǎng] 무챵

□ 가축 livestock [láivstàk] 라이브스탁 / 家畜 (かちく) 카치쿠 / 牲畜 [shēngchù] 셩추

□ 목축(업) livestock farming [láivstàk fá:rmiŋ] 라이브스탁파밍 / 牧畜業 (ぼくちくぎょう) 보쿠치쿠교- / 畜牧业 [xùmùyè] 쉬무예

□ 씨(앗) seed [si:d] 씨드 / 種・種子 (たね・しゅし) 타네・슈시 / 种子 [zhǒngzi] 종즈

□ 과수원 orchard [ɔ́:rt∫ərd] 오쳐드 / 果樹園 (かじゅえん) 카쥬엥 / 果园 [guǒyuán] 구오위엔

□ 공장 factory [fǽktəri] 팩터리 / 工場 (こうじょう・こうば) 코-죠-・코-바 / 工厂 [gōngchǎng] 꽁창

□ 염전 saltpan [sɔ́:ltpæ̀n] 쏠트팬 / 塩田 (えんでん) 엔덴 / 盐田 [yántián] 옌티엔

□ 선적 shipment [∫ípmənt] 쉽먼트 / 船積み (ふなづみ) 후나즈미 / 装船 [zhuāngchuán] 쫭촨

5 지위(Position, 地位, 地位)

□ 최고경영자

CEO(chief executive officer)
[si:i:ou] 씨이오우
最高経営者
(さいこうけいえいしゃ)
사이코-케-에-샤
执行总裁 [zhíxíngzǒngcái] 즈싱종차이

□ 회장

chairman [tʃɛərmən]
췌어먼
会長 (かいちょう) 카이쵸-
董事长 [dǒngshìzhǎng] 동스장

□ 사장

president [prézidənt]
프레지던트
社長 (しゃちょう) 샤쵸-
总经理 [zǒngjīnglǐ] 종징리

□ 관리(감독)자

supervisor [sú:pərvàizər] 수퍼바이저
管理者 (かんりしゃ) 칸리샤
管理者 [guǎnlǐzhě] 꽌리저

□ 전무이사

executive director
[igzékjətivdiréktər] 이그제커티브디렉터
専務理事 (せんむりじ) 셈무리지
专务董事 [zhuānwùdǒngshì] 좐우동즈

□ 상무이사

managing director
[mǽnidʒiŋdiréktər] 매니징디렉터
常務理事 (じょうむりじ) 죠-무리지
执行董事 [zhíxíngdǒngshì] 즈싱동스

□ 부사장

vice-president
[váisprézədənt] 바이스프레저던트
副社長 (ふくしゃちょう) 후쿠샤쵸-
副经理 [fùjīnglǐ] 푸징리

□ 부장
department (general) manager
[dipá:rtmənt mǽnidʒə:r] 디파트먼트매니저
部長 (ぶちょう) 부쵸−
部长 [bùzhǎng] 뿌장

□ 과장
section(al) chief [sékʃ-ən tʃi:f] 쎅션치프
課長 (かちょう) 카쵸−
科长 [kēzhǎng] 커장

□ 대리
deputy [dépjəti] 데퍼티
代理 (だいり) 다이리
代理 [dàilǐ] 따이리

□ 조수, 보조자
assistant [əsístənt] 어시스턴트
助手 (じょしゅ) 죠슈
助理 [zhùlǐ] 주리

□ 비서
secretary [sékrətèri] 쎄크러테리
秘書 (ひしょ) 히쇼
秘书 [mìshū] 미슈

□ 동료
colleague [káli:g] 칼리그
同僚 (どうりょう) 도−료−
同事 [tóngshì] 통스

□ 신입사원
newcomer [njú:kʌ̀mə:r] 뉴카머
新入社員 (しんにゅうしゃいん) 신뉴−샤잉
新人 [xīnrén] 신런

□ 상사
boss [bɔ(:)s] 보스
上司 (じょうし) 죠−시
上级 [shàngjí] 샹지

□ 직원
staff [stæf] 스태프
職員 (しょくいん) 쇼쿠잉
工作人员 [gōngzuòrényuán]
꽁쭈오런위엔

관련어

- 부하, 아랫사람 **subordinate** [səbɔ́ːrdənit] 썹오더닛 / **部下** (ぶか) 부카 / **下属** [xiàshǔ] 샤슈

- 일벌레 **workaholic** [wɜ̀ːrkəhɔ́ːlik] 워커홀릭 / **働き蜂** (はたらきばち) 하타라키바치 / **工作狂** [gōngzuòkuáng] 꽁쭈오쾅

- 사원 **clerk** [kləːrk] 클럭 / **社員** (しゃいん) 샤잉 / **职员** [zhíyuán] 즈위엔

- 사무장 **head clerk** [hed kləːrk] 헤드클럭 / **事務長** (じむちょう) 지무쬬- / **总管** [zǒngguǎn] 종관

- 실업 **unemployment** [ʌ̀nemplɔ́imənt] 언엠플로이먼트 / **失業** (しつぎょう) 시츠교- / **失业** [shīyè] 스예

- 감원하다 **lay off** [lei ɔːf] 레이오프 / **減員** (げんいん) 겡잉 / **减员** [jiǎnyuán] 지엔위엔

- 해고하다 **fire** [faiər] 파이어 / **首を切る** (くびをきる) 쿠비오키루 / **解雇** [jiěgù] 지에구

- 구조, 구성 **structure** [strʌ́ktʃəːr] 스트럭쳐 / 構造 (こうぞう) 코-조- / 结构 [jiégòu] 지에꼬우
- 체계, 계통 **system** [sístəm] 씨스텀 / 体系 (たいけい) 타이케- / 系统 [xìtǒng] 시퉁
- 노동 조합 **labor union** [léibər júːnjən] 레이버유니언 / 労働組合 (ろうどうくみあい) 로-도-쿠미아이 / 工会 [gōnghuì] 꽁후이
- 급여 **allowance** [əláuəns] 얼라우언스 / 給与 (きゅうよ) 큐-요 / 工资 [gōngzī] 꽁쯔

- 업무용 명함 **business card** [bíznis kɑːrd] 비즈니스카드 / 業務用名刺 (ぎょうむようめいし) 교-무요-메-시 / 名片 [míngpiàn] 밍피엔
- 취직하다 **get a job** [get ə dʒɑb] 겥어쟙 / 就職 (しゅうしょくする) 슈-쇼쿠스루 / 就业 [jiùyè] 지우예
- 퇴직하다 **leave the office** [liːv ði ɔ́(ː)fis] 리브디오피스 / 退職 (たいしょくする) 타이쇼쿠스루 / 退休 [tuìxiū] 투이슈
- 월급이 오르다 **get a raise** [get ə reiz] 겥어레이즈 / 給料が上がる (きゅうりょうがあがる) 큐-료-가아가루 / 加薪 [jiāxīn] 쟈신

❻ 부서(Department, 部署, 部门)

☐ 감사부

audit department [ɔ́:dit dipá:rtmənt] 오딧디파트먼트
監査部 (かんさぶ) 칸사부
审计处 [shěnjichǔ] 션지추

☐ 경리부

accounting department
[əkáuntiŋ dipá:rtmənt] 어카운팅디파트먼트
経理部 (けいりぶ) 케-리부
会计处 [kuàijìchǔ] 콰이지추

☐ 기획부

planning department
[plǽniŋ dipá:rtmənt] 플래닝디파트먼트
企画部 (きかくぶ) 키카쿠부
计划处 [jìhuàchǔ] 지화추

□ 총무부
general affairs department
[ʤénərəl əféərz dipá:rtmənt] 제너럴어페어즈디파트먼트
総務部 (そうむぶ) 소-무부
总务部 [zǒngwùbù] 종우뿌

□ 인사부
personnel department
[pə̀:rsənél dipá:rtmənt] 퍼서넬디파트먼트
人事部 (じんじぶ) 진지부
人事部 [rénshìbù] 런쓰뿌

□ 영업부
sales department
[seilz dipá:rtmənt] 쎄일즈디파트먼트
営業部 (えいぎょうぶ) 에-교-부
营业部 [yíngyèbù] 잉예뿌

□ 비서실
secretariat [sèkrətɛ́-əriət] 쎄크러테어리엇
秘書室 (ひしょしつ) 히쇼시츠
秘书处 [mìshūchǔ] 미슈추

관련어

- 대화 **conversation** [kànvərséiʃən] 칸버쎄이션 / **会話** (かいわ) 카이와 / 对话 [duìhuà] 뚜이화

- 몸짓 **gesture** [ʤéstʃər] 제스쳐 / **ジェスチャー** 제스쨔- / 手势 [shǒushì] 쇼우스

- 아량, 관용 **fine gesture** [fain ʤéstʃər] 파인제스쳐 / **寬容** (かんよう) 캉요- / 宽容 [kuānróng] 콴롱

- 태도 **attitude** [ǽtitjùːd] 애티튜드 / **態度** (たいど) 타이도 / 态度 [tàidu] 타이두

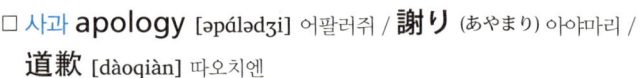

- 사과 **apology** [əpálədʒi] 어팔러쥐 / **謝り** (あやまり) 아야마리 / 道歉 [dàoqiàn] 따오치엔

- 사투리 **dialect** [dáiəlèkt] 다이어렉트 / **方言** (ほうげん) 호-겡 / 方言 [fāngyán] 팡옌

- 관계 **relationship** [riléiʃ-ənʃip] 릴레이션쉽 / **関係** (かんけい) 캉케- / 关系 [guānxi] 꽌시

- 초대 **invitation** [ìnvətéiʃən] 인버테이션 / **招待** (しょうたい) 쇼-타이 / 招待 [zhāodài] 쟈오따이

- 의견, 견해 **opinion** [əpínjən] 어피니언 / **意見** (いけん) 이켕 / 意见 [yìjiàn] 이지엔

- 거래 deal [diːl] 딜 / 取引 (とりひき) 토리히키 / 交易 [jiāoyì] 쟈오이
- 정보 information [ìnfərméiʃən] 인퍼메이션 / 情報 (じょうほう) 죠-호- / 信息 [xìnxī] 신시
- 권리 right [rait] 라이트 / 権利 (けんり) 켄리 / 权利 [quánlì] 췐리

- 의무 obligation [àbləgéiʃən] 아블러게이션 / 義務 (ぎむ) 기무 / 义务 [yìwù] 이우
- 책임 responsibility [rispànsəbíləti] 리스판서빌러티 / 責任 (せきにん) 세키닝 / 责任 [zérèn] 져런
- 협력, 협동 co(-)operation [kouàpəréiʃən] 코우아퍼레이션 / 協力 (きょうりょく) 쿄-료쿠 / 协力 [xiélì] 시에리
- 다수의견 company opinion [kʌ́mpəni əpínjən] 컴퍼니어피니언 / 多数の意見 (たすうのいけん) 타스-노이켕 / 多数意见 [duōshù yìjiàn] 뚜어슈이지엔

직업(Occupation, 職業, 职业)

□ 판사
- judge [dʒʌdʒ] 져쥬
- 判事 (はんじ) 한지
- 法官 [fǎguān] 파관

□ 검사
- public prosecutor
- [[pʌ́blik prásəkjùːtər] 퍼블릭프라서큐터
- 検事 (けんじ) 켄지
- 検察官 [jiǎncháguān] 지엔챠관

□ 변호사
- lawyer [lɔ́ːjəːr] 로이여
- 弁護士 (べんごし) 벵고시
- 律师 [lǜshī] 뤼스

□ 교수
- professor [prəfésər] 프러페서
- 教授 (きょうじゅ) 쿄-쥬
- 教授 [jiàoshòu] 쟈오쇼우

□ 교사
- teacher [tíːtʃəːr] 티쳐
- 教師 (きょうし) 쿄-시
- 老师 [lǎoshī] 라오스

□ 군인
- soldier [sóuldʒəːr] 쏘울져
- 軍人 (ぐんじん) 군징
- 军人 [jūnrén] 쥔런

□ 가수
- singer [síŋəːr] 씽어
- 歌手 (かしゅ) 카슈
- 歌手 [gēshǒu] 꺼쇼우

chapter 3 직업

□ 무용가
dancer [dǽnsər] 댄서
ダンサー 단사-
舞蹈家 [wǔdǎojiā] 우다오쟈

□ 수의사
veterinarian [vètərənéəriən] 베터러네어리언
獣医 (じゅうい) 쥬-이
兽医 [shòuyī] 쇼우이

□ 의사
doctor [dáktər] 닥터
医者 (いしゃ) 이샤
医生 [yīshēng] 이성

□ 외과의사
surgeon [sə́:rdʒən] 써젼
外科医者 (げかいしゃ) 게카이샤
外科医生 [wàikēyīshēng] 와이커이성

□ 내과의사
physician [fizíʃən] 피지션
内科医者 (ないかいしゃ) 나이카이샤
内科医生 [nèikēyīshēng] 네이커이성

□ 치과의사
dentist [déntist] 덴티스트
歯医者 (はいしゃ) 하이샤
牙医 [yáyī] 야이

□ 간호사
nurse [nə:rs] 너스
看護婦 (かんごふ) 캉고후
护士 [hùshi] 후스

□ 미용사
hairdresser [hɛə́rdrèsər] 헤어드레서
美容師 (びようし) 비요-시
美容师 [měiróngshī] 메이롱스

□ 이발사
barber [bá:rbər] 바버
床屋 (とこや) 토코야
理发师 [lǐfàshī] 리파스

□ 약사
pharmacist [fá:rməsist] 파머시스트
薬剤師 (やくざいし) 야쿠자이시
药师 [yàoshī] 야오스

213

□ 요리사
cook [kuk] 쿡
コック 콕쿠
厨师 [chúshī] 추스

□ 제빵사
baker [béikər] 베이커
パティシエ 파티셰
面包师 [miànbāoshī] 미엔빠오스

□ 택시기사
taxi driver [tǽksidráivər] 택시드라이버
タクシードライバー 타쿠시-도라이바-
出租车司机 [chūzūchēsījī] 추주처스지

□ 작가
writer [ráitəːr] 라이터
作家 (さっか) 삭카
作家 [zuòjiā] 쭈오쟈

□ 소설가
novelist [návəlist] 나벌리스트
小説家 (しょうせつか) 쇼-세츠카
小说家 [xiǎoshuōjiā] 샤오슈오쟈

□ 어부
fisherman [fíʃərmən] 피셔먼
漁師 (りょうし) 료-시
渔夫 [yúfū] 위푸

□ 농부
farmer [fá:rmər] 파머
農夫 (のうふ) 노-후
农夫 [nóngfū] 농푸

□ 주부
homemaker
[hoúmmèikər] 호움메이커 (= housewife)
主婦 (しゅふ) 슈후
主妇 [zhǔfù] 주푸

□ 보도기자
reporter [ripɔ́:rtə:r] 리포터
報道記者 (ほうどうきしゃ) 호-도-키샤
新闻记者 [xīnwénjìzhě] 신원지져

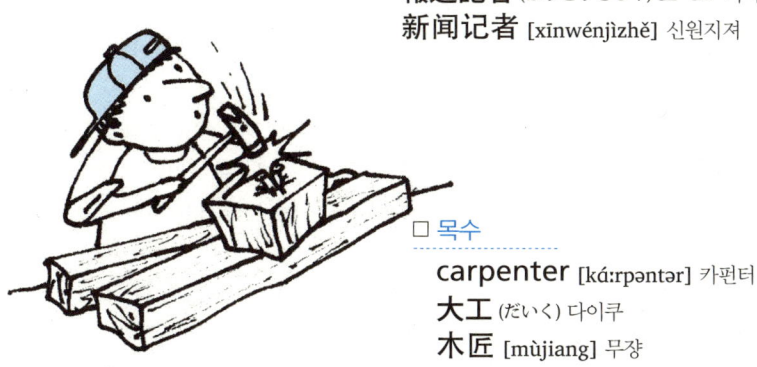

□ 목수
carpenter [ká:rpəntər] 카펜터
大工 (だいく) 다이쿠
木匠 [mùjiang] 무쟝

□ 물리학자
physicist [fízisist] 피지시스트
物理学者 (ぶつりがくしゃ) 부츠리가쿠샤
物理学家 [wùlǐxuéjiā] 우리쉬에쟈

□ 과학자
scientist [sáiəntist] 싸이언티스트
科学者 (かがくしゃ) 카가쿠샤
科学家 [kēxuéjiā] 커쉬에쟈

□ 화학자
chemist [kémist] 케미스트
化学者 (かがくしゃ) 카가쿠샤
化学家 [huàxuéjiā] 화쉬에쟈

□ 우주비행사
astronaut [ǽstrənɔ̀:t] 애스터러노트
宇宙飛行士 (うちゅうひこうし) 우츄-히코-시
宇航员 [yǔhángyuán] 위항위엔

□ 대통령
president [prézidənt] 프레지던트
大統領 (だいとうりょう) 다이토-료-
总统 [zǒngtǒng] 종통

□ 청소원
sanitation worker
[sæ̀nətéiʃ-ən wə́:rkə:r] 쌔너테이션워커
清掃作業員 (せいそうさぎょういん)
세-소-사교-잉
清洁工 [qīngjiégōng] 칭지에꽁

□ 공무원
public officer [pʌ́blik ɔ́(:)fisər]
퍼블릭오피서
公務員 (こうむいん) 코-무잉
公务员 [gōngwùyuán] 꽁우위엔

□ 소방관
fire fighter [faiər fáitər] 파이어파이터
消防士 (しょうぼうし) 쇼-보-시
消防员 [xiāofángyuán] 샤오팡위엔

□ 경찰관
policeman [pəlí:smən] 펄리스먼
警察官 (けいさつかん) 케-사츠캉
警官 [jǐngguān] 징꽌

chapter 3 직업

□ 조종사

pilot [páilət] 파일랏
パイロット 파이롯토
飞行员 [fēixíngyuán] 페이싱위엔

□ 스튜어디스(여승무원)

stewardess [stjúːərdis] 스튜어디스
スチュワーデス 스츄와ー데스
空中小姐 [kōngzhōngxiǎojiě] 콩종샤오지에

□ 스튜어드(남자승무원)

steward [stjúːərd] 스튜어드
スチュワード 스츄와ー도
乘务员 [chéngwùyuán] 청우위엔

□ (음악)지휘자

conductor [kəndʌ́ktər] 컨덕터
指揮者 (しきしゃ) 시키샤
指挥 [zhǐhuī] 즈후이

□ 음악가

musician [mjuːzíʃ-ən] 뮤지션
音楽家 (おんがくか) 옹가쿠카
音乐家 [yīnyuèjiā] 인위에쟈

□ 실업가

businessman [bíznismæ̀n] 비즈니스맨
実業家 (じつぎょうか) 지츠교ー카
实业家 [shíyèjiā] 스예쟈

□ 건축가

architect [ɑ́ːrkitèkt] 아키텍트
建築家 (けんちくか) 켄치쿠카
建筑家 [jiànzhùjiā] 지엔주쟈

□ 화가

artist [ɑ́ːrtist] 아티스트
画家 (がか) 가카
画家 [huàjiā] 화쟈

217

chapter 3

□ 작곡가
composer [kəmpóuzər] 컴포우저
作曲家 (さっきょくか) 삭쿄쿠카
作曲家 [zuòqǔjiā] 쭈오취쟈

□ 남자배우
actor [ǽktər] 액터
男優 (だんゆう) 당유-
男演員 [nányǎnyuán] 난옌위엔

□ 여자배우
actress [ǽktris] 액트리스
女優 (じょゆう) 죠유-
女演員 [nǚyǎnyuán] 뉘옌위엔

□ (영화)감독
director [diréktər] 디렉터
監督 (かんとく) 칸토쿠
电影导演 [diànyǐngdǎoyǎn] 디엔잉다오옌

□ 회계사
accountant [əkáuntənt] 어카운턴트
会計士 (かいけいし) 카이케-시
会计师 [kuàijìshī] 콰이지스

□ 통역(자)
interpreter [intə́:rprətər] 인터프러터
通訳者 (つうやくしゃ) 츠-야쿠샤
口译员 [kǒuyìyuán] 코우이위엔

□ 성직자
priest [pri:st] 프리스트
聖職者 (せいしょくしゃ) 세-쇼쿠샤
神职人员 [shénzhírényuán] 션즈런위엔

218

□ 번역가
translator [trænsléitəːr] 트랜스레이터
翻訳者 (ほんやくしゃ) 홍야쿠샤
译者 [yìzhě] 이져

□ 코미디언, 희극배우
comedian [kəmíːdiən] 커미디언
コメディアン 코메디앙
喜剧演员 [xǐjùyǎnyuán] 시쥐옌위엔

□ 아나운서
announcer [ənáunsər] 어나운서
アナウンサー 아나운사ー
广播员 [guǎngbōyuán] 꽝보위엔

□ 엔지니어
engineer [èndʒəníər] 엔저니어
エンジニア 엔지니아
工程师 [gōngchéngshī] 꽁청스

□ 디자이너
designer [dizáinər] 디자이너
デザイナー 데자이나ー
设计师 [shèjìshī] 셔지스

□ 외교관
diplomat [dípləmæt] 디플러매트
外交官 (がいこうかん) 가이코ー캉
外交官 [wàijiāoguān] 와이쟈오관

관련어

- 은행가 banker [bǽŋkər] 뱅커 / 銀行家 (ぎんこうか) 깅코-카 / 银行家 [yínhángjiā] 인항쟈

- 회사원 company employee [kʌ́mpəni èmplɔií:] 컴퍼니엠플로이이 / 会社員 (かいしゃいん) 카이샤잉 / 公司职员 [Gōngsīzhíyuán] 꽁스즈위엔

- 하사관 sergeant [sɑ́:rdʒ-ənt] 써전트 / 下士官 (かしかん) 카시캉 / 军士 [jūnshì] 쥔스

- 소령 major [méidʒə:r] 메이져 / 少佐 (しょうさ) 쇼-사 / 少校 [shàoxiào] 샤오샤오

- 중령 lieutenant colonel [lu:ténənt kə́:rnəl] 루테넌트커널 / 中佐 (ちゅうさ) 츄-사 / 中校 [zhōngxiào] 종샤오

- 대령 colonel [kə́:rnəl] 커널 / 大佐 (たいさ) 타이사 / 大校 [dàxiào] 따샤오

- 소위 second lieutenant [sék-ənd lu:ténənt] 쎄컨드루테넌트 / 少尉 (しょうい) 쇼-이 / 少尉 [shàowèi] 샤오웨이

- 중위 lieutenant [luːténənt] 루테넌트 / 中尉 (ちゅうい) 츄ー이 / 中尉 [zhōngwèi] 쫑웨이
- 당직장교 duty officer [djúːti ɔ́(ː)fisər] 듀티오피서 / 当直将校 (とうちょくしょうこう) 토ー쵸쿠쇼ー코ー / 值日主任 [zhírìzhǔrèn] 즈르쭈런

- 대위 captain [kǽptin] 캡틴 / 大尉 (たいい) 타이ー / 大尉 [dàwèi] 따웨이
- 정부 고관 government official [gʌ́vərnmənt əfíʃəl] 거번먼트어피셜 / 政府高官 (せいふこうかん) 세ー후코ー캉 / 政府高官 [zhèngfǔgāoguān] 정푸까오관
- 공직 government position [gʌ́vərnmənt pəzíʃən] 거번먼트퍼지션 / 公職 (こうしょく) 코ー쇼쿠 / 公职 [gōngzhí] 공즈

> 관련어

- 예능인 **entertainer** [èntərtéinər] 엔터테이너 / **芸能人** (げいのうじん) 게-노-징 / **艺人** [yìrén] 이런

- 노동자 **worker** [wə́:rkə:r] 워커 / **労働者** (ろうどうしゃ) 로-도-샤 / **工人** [gōngrén] 꽁런

- 저자, 작가 **author** [ɔ́:θər] 오써 / **著者** (ちょしゃ) 쵸샤 / **作者** [zuòzhě] 쭈오저

- 저널리스트 **journalist** [dʒə́:rnəlist] 저널리스트 / **ジャーナリスト** 쟈-나리스토 / **新闻工作者** [xīnwéngōngzuòzhě] 신원꽁쭈어저

- 편집자 **editor** [édətər] 에더터 / **編集者** (へんしゅうしゃ) 헨슈-샤 / **编辑** [biān] 비엔

- 화가 **painter** [péintər] 페인터 / **画家** (がか) 가카 / **画家** [huàjiā] 화쟈

- 조각가 **sculptor** [skʌ́lptə:r] 스컬프터 / **彫刻家** (ちょうこくか) 쵸-코쿠카 / **雕刻家** [diāokèjiā] 댜오커쟈

• chapter 3 직업

□ 베이비시터(보모) **baby-sitter** [béibisìtər] 베이비시터 /
ベビーシッター 베비-싯타- / **保姆** [bǎomǔ] 바오무

□ 손발 치료 전문의사 **chiropodist** [kirápədist] 키라퍼디스트 /
手足治療医 (てあしちりょうい) 테아시치료-이 /
手足病医生 [shǒuzúbìngyīshēng] 쇼우주뼁이셩

□ 자작농 **dirt farmer** [də:rt fá:rmər] 더트파머 / **自作農** (じさくのう) 지사쿠노- /
自耕农 [zìgēngnóng] 즈껑농

□ 농장 경영자 **gentleman-farmer** [dʒéntlmən-fá:rmər] 젠틀먼파머 /
農場経営者 (のうじょうけいえいしゃ) 노-죠-케-에-샤 /
富裕农场主 [fùyùnóngchǎngzhǔ] 푸위농창주

□ 낙농업 **dairy** [déəri] 데어리 / **酪農業** (らくのうぎょう) 라쿠노-교- /
乳酪业 [rǔlàoyè] 루라오예

□ 한의사 **oriental medicine doctor** [ɔ:riéntl médəs-ən dáktər] 오리엔틀메더선닥터 /
漢方医 (かんぽうい) 캄포-이 / **中医/韩医** [zhōngyī] [hányī] 죵이/ 한이

223

chapter 4 학교(School, 学校, 学校)

1 조직(Organization, 組織, 组织)

□ 유치원
kindergarten [kíndərgà:rtn] 킨더가튼
幼稚園 (ようちえん) 요-치엥
幼儿园 [yòu'éryuán] 요우얼위엔

□ 중학교
junior high school
[dʒú:njər hai sku:l] 쥬니어하이스쿨
中学校 (ちゅうがっこう) 츄-각코-
中学 [zhōngxué] 쫑슈에

□ 초등학교
elementary school
[èləméntəri sku:l] 엘러멘터리스쿨
小学校 (しょうがっこう) 쇼-각코-
小学 [xiǎoxué] 샤오슈에

□ 고등학교
senior high school
[sí:njər hai sku:l] 씨니어하이스쿨
高等学校 (こうとうがっこう) 코-토-각코-
高中 [gāozhōng] 까오종

□ 강당
auditorium [ɔ̀:ditɔ́:riəm] 오디토리엄
講堂 (こうどう) 코-도-
礼堂 [lǐtáng] 리탕

□ 양호실
infirmary [infə́:rməri] 인퍼머리
保健室 (ほけんしつ) 호켄시츠
医务室 [yīwùshì] 이우스

□ 운동장
playground [pleígràund] 플레이그라운드
運動場 (うんどうじょう) 운도-죠-
操场 [cāochǎng] 차오창

□ 체육관
gymnasium [ʤimnéiziəm] 짐네이지엄
体育館 (たいいくかん) 타이이쿠칸
体育馆 [tǐyùguǎn] 티위관

□ 학교식당
school cafeteria [sku:l kæ̀fitíəriə]
스쿨캐피티어리어
学校食堂 (がっこうしょくどう) 각코-쇼쿠도-
学校餐厅 [xuéxiàocāntīng] 슈에샤오찬팅

□ 단과대학
　college [kálidʒ] 칼리지
　単科大学 (たんかだいがく) 탕카다이가쿠
　学院 [xuéyuàn] 슈에위엔

□ 종합대학
　university [jùːnəvə́ːrsəti] 유너버서티
　総合大学 (そうごうだいがく) 소-고-다이가쿠
　大学 [dàxué] 따슈에

□ 대학원
　graduate school [grǽdʒuèit skuːl]
　그래쥬에잇스쿨
　大学院 (だいがくいん) 다이가쿠잉
　研究生院 [yánjiūshēngyuàn] 옌쥬성위엔

□ 기숙사
　dormitory [dɔ́ːrmətəri] 도머터리
　寮 (りょう) 료-
　宿舍 [sùshè] 쑤셔

□ 도서관
　library [láibrəri] 라이브러리
　図書館 (としょかん) 토쇼캉
　图书馆 [túshūguǎn] 투슈관

□ 휴게실
　resting room [réstiŋ rum] 레스팅룸
　休憩室 (きゅうけいしつ) 큐-케-시츠
　休息室 [xiūxishì] 슈시스

□ 강의실
　lecture room [léktʃəːr rum] 렉쳐룸
　講義室 (こうぎしつ) 코-기시츠
　讲堂 [jiǎngtáng] 쟝탕

□ 교무실(교직원실)
　faculty room [fǽkəlti rum] 패컬티룸
　教職員室 (きょうしょくいんしつ) 쿄-쇼쿠인시츠
　教职员室 [jiàozhíyuánshì] 쟈오즈위엔스

□ 실험실
　laboratory [lǽb-ərətɔ̀ːri] 래버러토리
　実験室 (じっけんしつ) 직켄시츠
　实验室 [shíyànshì] 스옌스

관련어

☐ 유아원, 유치원 **preschool** [príːskùːl] 프리스쿨 / **幼稚園** (ようちえん) 요-치엥 /
　幼儿园 [yòuéryuán] 요우얼위엔

☐ 학원 **academy** [əkǽdəmi] 어캐더미 / **塾** (じゅく) 쥬쿠 / **学院** [xuéyuàn] 슈에위엔

☐ 평생교육 **lifelong education** [láiflɔ(ː)ŋ èdʒukéiʃən] 라이프롱에쥬케이션 /
　生涯教育 (しょうがいきょういく) 쇼-가이쿄-이쿠 / **终身教育** [zhōngshēnjiàoyù] 죵션쟈오위

☐ 사회복지 **social welfare** [sóuʃəl wélfɛ̀ər] 쏘우셜 웰페어 /
　社会福祉 (しゃかいふくし) 샤카이후쿠시 / **社会福利** [shèhuìfúlì] 셔후이푸리

☐ 인문과학 **cultural science** [kʌ́ltʃərəl sáiəns] 컬츄럴 싸이언스 /
　人文科学 (じんぶんかがく) 짐붕카가쿠 / **人文科学** [rénwén kēxué] 런원커슈에

☐ 의학부 **medical school** [médikəl skuːl] 메디컬스쿨 / **医学部** (いがくぶ) 이가쿠부 /
　医学院 [yīxuéyuàn] 이슈에위엔

☐ 법학부(대학원) **law school** [lɔːskuːl] 로스쿨 / **法学部** (ほうがくぶ) 호-가쿠부 /
　法学院 [fǎxuéyuàn] 파슈에위엔

chapter 4 학교

- □ 언어번역기 **language translator** [lǽŋgwidʒ trænsléitəːr] 랭귀쥐트랜스레이터 /
  語学翻訳機 (ごがくほんやくき) 고가쿠홍야쿠키 /
  语言翻译程序 [yǔyánfānyìchéngxù] 위옌판이청쉬

- □ 어학실습실 **language laboratory** [lǽŋgwidʒ lǽb-ərətɔ̀ːri] 랭귀쥐래버러토리 /
  ランゲージラボラトリー 랑게–지 라보라토리– /
  语言学习室 [yǔyánxuéxíshì] 위옌슈에시스

- □ 화학실험실 **chemical laboratory** [kémikəl lǽb-ərətɔ̀ːri] 케미컬래버러토리 /
  化学実験室 (かがくじっけんしつ) 카가쿠직켄시츠 /
  化学实验室 [huàxuéshíyànshì] 화슈에스옌스

- □ 학생활동 **campus activities** [kǽmpəs æktívətiz] 캠퍼스액티버티즈 /
  学生活動 (がくせいかつどう) 가쿠세–카츠도– / 校内活动 [xiàonèihuódòng] 샤오네이훠동

- □ 대학생활 **campus life** [kǽmpəs laif] 캠퍼스라이프 /
  大学生活 (だいがくせいかつ) 다이가쿠세–카츠 /
  校园生活 [xiàoyuán shēnghuó] 시아오위옌셩훠

- □ 교육대학 **teachers college** [tíːtʃəːrz kálidʒ] 티쳐즈칼리쥐 /
  教育大学 (きょういくだいがく) 쿄–이쿠다이가쿠 / 师范学院 [shīfànxuéyuàn] 스판슈에위옌

227

❷ 교실(Classroom, 教室, 教室)

□ 교육
education [èdʒukéiʃən] 에쥬케이션
教育 (きょういく) 쿄-이쿠
教育 [jiàoyù] 쟈오위

□ 학급
class [klæs] 클래스
クラス 쿠라스
班 [bān] 빤

□ 시험
examination [igzæmənéiʃən] 이그재머네이션
試験 (しけん) 시켕
考试 [kǎoshì] 카오스

□ 학년
grade [greid] 그레이드
学年 (がくねん) 가쿠넹
年级 [niánjí] 니엔지

□ 학기말 레포트
term paper [tə:rm péipər] 텀페이퍼
期末レポート (きまつれぽーと) 키마츠레포-토
期末报告 [qīmòbàogào] 치모빠오까오

□ 숙제
homework [hóumwə̀rk] 호움워크
宿題 (しゅくだい) 슈쿠다이
作业 [zuòyè] 쭈오예

□ 장학금
scholarship [skálə:rʃip] 스칼러십
奨学金 (しょうがくきん) 쇼-가쿠킹
奖学金 [jiǎngxuéjīn] 쟝슈에진

□ 성적표
report card [ripɔ́:rt kɑ:rd] 리포트카드
成績表 (せいせきひょう) 세-세키효-
成绩单 [chéngjìdān] 청지딴

□ 성적증명서
transcript [trǽnskript] 트랜스크립트
成績証明書 (せいせきしょうめいしょ) 세-세키쇼-메-쇼
成绩证明书 [chéngjìzhèngmíngshū] 청지정밍슈

□ 수업료
tuition [tjuːíʃ-ən] 튜이션
授業料 (じゅぎょうりょう) 쥬교-료-
学费 [xuéfèi] 슈에페이

□ 수업
lesson [lésn] 레쓴
授業 (じゅぎょう) 쥬교-
课业 [kèyè] 커예

□ 교육과정
curriculum [kəríkjələm] 커리큘럼
カリキュラム 카리큐라무
课程 [kèchéng] 커청

□ 졸업증서
diploma [diplóumə] 디플로우머
卒業証書 (そつぎょうしょうしょ) 소츠교-쇼-쇼
毕业证书 [bìyèzhèngshū] 비예정슈

□ 학기
semester [siméstər] 씨메스터
学期 (がっき) 각키
学期 [xuéqī] 슈에치

□ 참고서적
reference book [réf-ərəns buk] 레퍼런스북
参考書籍 (さんこうしょせき) 상코-쇼세키
参考书 [cānkǎoshū] 찬카오슈

□ 교과서
textbook [tékstbùk] 텍스트북
教科書 (きょうかしょ) 쿄-카쇼
教科书 [jiàokēshū] 쟈오커슈

□ 전공과목
major [méidʒəːr] 메이져
専攻科目 (せんこうかもく) 셍코-카모쿠
主修 [zhǔxiū] 쥬시유

□ 학위
degree [digríː] 디그리
学位 (がくい) 가쿠이
学位 [xuéwèi] 슈에웨이

□ 학점
credit [krédit] 크레딧
単位 (たんい) 탕이
学分 [xuéfēn] 슈에펀

□ 졸업기념앨범
yearbook [jíəːrbùk] 이어북
卒業記念アルバム
(そつぎょうきねんあるばむ) 소츠교-키넹 아루바무
毕业纪念相册 [bìyèjìniànxiàngcè]
비예지니엔샹처

관련어

- 보조교재, 교구 **teaching aid** [tíːtʃiŋ eid] 티칭에이드 / **校具** (こうぐ) 코-구 /
  教具 [jiàojù] 쟈오쥐

- 교수법 **teaching method** [tíːtʃiŋ méθəd] 티칭메써드 /
  教授法 (きょうじゅほう) 쿄-쥬호- / **教法** [jiàofǎ] 쟈오파

- 중요한 문제 **major question** [méidʒəːr kwéstʃən] 메이져퀘스쳔 /
  重要な問題 (じゅうようなもんだい) 쥬-요-나 몬다이 /
  重要的问题 [zhòngyàodewèntí] 쭝야오더원티

- 개인지도 **private instruction** [práivət instrʌ́kʃən] 프라이비트 인스트럭션 /
  個人指導 (こじんしどう) 코진시도- / **个人指导** [gèrénzhǐdǎo] 꺼런즈다오

- 발견 **discovery** [diskʌ́vəri] 디스커버리 / **発見** (はっけん) 학켕 / **发现** [fāxiàn] 파시엔

- 발명, 발명품 **invention** [invénʃən] 인벤션 / **発明** (はつめい) 하츠메- /
  发明物 [fāmíngwù] 파밍우

- 조사 **research** [risə́ːrtʃ] 리써취 / **調査** (ちょうさ) 쵸-사 / **调查** [diàochá] 디아오챠

- 노력 **effort** [éfərt] 에퍼트 / **努力** (どりょく) 도료쿠 / **努力** [nǔlì] 누리

□ 천재 genius [ʤíːnjəs] 쥐니어스 / 天才 (てんさい) 텐사이 / 天才 [tiāncái] 티엔차이

□ 재능 talent [tǽlənt] 탤런트 / 才能 (さいのう) 사이노- / 才华 [cáihuá] 차이화

□ 지식 knowledge [nálidʒ] 날리쥐 / 知識 (ちしき) 치시키 / 知识 [zhīshí] 즈스

□ 목표 goal [goul] 고울 / 目的 (もくてき) 모쿠테키 / 目标 [mùbiāo] 무뱌오

□ 능력 ability [əbíləti] 어빌러티 / 能力 (のうりょく) 노-료쿠 / 能力 [nénglì] 넝리

□ 사전 dictionary [díkʃənèri] 딕셔네리 / 辞書 (じしょ) 지쇼 / 词典 [cídiǎn] 츠디엔

□ 발달 development [divéləpmənt] 디벨럽먼트 / 発達 (はったつ) 핫타쯔 / 发达 [fādá] 파다

□ 이해 understanding [ʌ̀ndərstǽndiŋ] 언더스탠딩 / 理解 (りかい) 리카이 / 了解 [liǎojiě] 랴오지에

❸ 학과목(Subject, 科目, 学科)

☐ **선택과목**
elective(course) [iléktiv] 일렉티브
選択科目 (せんたくかもく) 센타쿠카모쿠
选修课 [xuǎnxiūkè] 쉬엔시우커

☐ **일반교양과목**
liberal arts [líb-ərəl ɑːrts] 리버럴아츠
教養科目 (きょうようかもく) 쿄—요—카모쿠
基础课 [jīchǔkè] 지추커

☐ **필수과목**
required subject [rikwáiəːrd sábdʒikt] 리콰이어드썹직트
必須科目 (ひっすかもく) 힛스카모쿠
必修课 [bìxiūkè] 비시유커

☐ **(한)국어**
Korean language [kəríːən lǽŋgwidʒ]
커리언랭귀지
韓国語 (かんこくご) 캉코쿠고
韩国语 [hánguóyǔ] 한구오위

☐ **언어학**
linguistics [liŋgwístiks] 링귀스틱스
言語学 (げんごがく) 겡고가쿠
语言学 [yǔyánxué] 위옌슈에

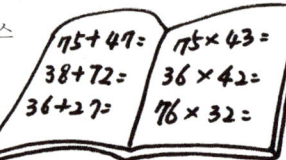

☐ **수학**
mathematics [mæθ-əmǽtiks] 매써매틱스
数学 (すうがく) 스—가쿠
数学 [shùxué] 슈슈에

☐ **대수(학)**
algebra [ǽldʒəbrə] 앨져브러
代数学 (だいすうがく) 다이스—가쿠
代数学 [dàishùxué] 따이슈슈에

☐ **역사**
history [hístəri] 히스터리
歴史 (れきし) 레키시
历史 [lìshǐ] 리스

☐ **과학**
science [sáiəns] 싸이언스
科学 (かがく) 카가쿠
科学 [kēxué] 커슈에

□ 기하(학)

geometry [dʒi:ámətri] 지아머트리
幾何学 (きかがく) 키카가쿠
几何学 [jǐhéxué] 지허슈에

□ 문학

literature [lítərətʃər] 리터러처
文学 (ぶんがく) 붕가쿠
文学 [wénxué] 원슈에

□ 체육

physical education [fízikəl èdʒukéiʃən] 피지컬에쥬케이션
体育 (たいいく) 타이이쿠
体育 [tǐyù] 티위

□ 물리학

physics [fíziks] 피직스
物理学 (ぶつりがく) 부츠리가쿠
物理学 [wùlǐxué] 우리슈에

□ 윤리학

ethics [éθiks] 에씩스
倫理学 (りんりがく) 린리가쿠
伦理学 [lúnlǐxué] 룬리슈에

□ 경제학

economics [ì:kənámiks] 이커나믹스
経済学 (けいざいがく) 케−자이가쿠
经济学 [jīngjìxué] 징지슈에

□ 교육학

education [èdʒukéiʃən] 에쥬케이션
教育学 (きょういくがく) 쿄−이쿠가쿠
教育学 [jiàoyùxué] 쟈오위슈에

□ 철학

philosophy [filásəfi] 필라서피
哲学 (てつがく) 테츠가쿠
哲学 [zhéxué] 저슈에

□ 지구과학

earth science [ə:rθ sáiəns] 어쓰사이언스
地学 (ちがく) 치가쿠
地学 [dìxué] 디슈에

☐ 화학
　chemistry [kémistri] 케미스트리
　化学 (かがく) 카가쿠
　化学 [huàxué] 화슈에

☐ 식물학
　botany [bátəni] 바터니
　植物学 (しょくぶつがく) 쇼쿠부츠가쿠
　植物学 [zhíwùxué] 즈우슈에

☐ 영문학
　English literature [íŋgliʃ] [lítərətʃər] 잉글리시리터러쳐
　英文学 (えいぶんがく) 에-붕가쿠
　英语学 [yīngyǔxué] 잉위슈에

☐ 생물학
　biology [baiálədʒi] 바이알러지
　生物学 (せいぶつがく) 세-부츠가쿠
　生物学 [shēngwùxué] 셩우슈에

☐ 생태학
　ecology [i:kálədʒi] 이칼러지
　生態学 (せいたいがく) 세-타이가쿠
　生态学 [shēngtàixué] 셩타이슈에

☐ 생리학
　physiology [fiziálədʒi] 피지알러지
　生理学 (せいりがく) 세-리가쿠
　生理学 [shēnglǐxué] 셩리슈에

☐ 사회학
　sociology [sòusiálədʒi] 쏘우시알러지
　社会学 (しゃかいがく) 샤카이가쿠
　社会学 [shèhuìxué] 셔후이슈에

☐ 신학
　theology [θi:álədʒi] 씨알러지
　神学 (しんがく) 싱가쿠
　神学 [shénxué] 션슈에

☐ 인류학
　anthropology [ænθərəpálədʒi] 앤쓰러팔러지
　人類学 (じんるいがく) 진루이가쿠
　人类学 [rénlèixué] 런레이슈에

□ 공학
engineering [èndʒəníəriŋ] 엔저니어링
工学 (こうがく) 코-가쿠
工学 [gōngxué] 꽁슈에

□ 심리학
psychology [saikálədʒi] 싸이칼러지
心理学 (しんりがく) 신리가쿠
心理学 [xīnlǐxué] 신리슈에

□ 지리
geography [dʒi:ágrəfi] 지아그러피
地理 (ちり) 치리
地理 [dìlǐ] 디리

□ 음악
music [mjú:zik] 뮤직
音楽 (おんがく) 옹가쿠
音乐 [yīnyuè] 인위에

□ 해부학
anatomy [ənǽtəmi] 어내터미
解剖学 (かいぼうがく) 카이보-가쿠
解剖学 [jiěpōuxué] 지에포슈에

□ 전자공학
electronics [ilèktrániks] 일렉트라닉스
電子工学 (でんしこうがく) 덴시코-가쿠
电子学 [diànzǐxué] 디엔즈슈에

□ 미술
fine art [fain ɑːrt] 파인아트
美術 (びじゅつ) 비쥬츠
美术 [měishù] 메이슈

□ 생명공학
biotechnology [bàiouteknálədʒi] 바이오우테크날러지
生命工学 (せいめいこうがく) 세-메-코-가쿠
生物工程 [shēngwùgōngchéng] 성우꽁청

□ 천문학
astronomy [əstránəmi] 어스트라너미
天文学 (てんもんがく) 템몽가쿠
天文学 [tiānwénxué] 티엔원슈에

관련어

- 한자 **Chinese character** [tʃainíːz kǽriktər] 챠이니즈캐릭터 / 漢字 (かんじ) 칸지 / 汉字 [hànzì] 한쯔

- 경영학 **business management** [bíznis mǽnidʒmənt] 비즈니스매니쥐먼트 / 経営学 (けいえいがく) 케-에-가쿠 / 经营学 [jīngyíngxué] 징잉슈에

- 유전학 **genetics** [ʤinétiks] 쥐네틱스 / 遺伝学 (いでんがく) 이뎅가쿠 / 遗传学 [yíchuánxué] 이촨슈에

- 주치의, 단골의사 **medical attendant** [médik-əl əténdənt] 메디컬어텐던트 / 主治医 (しゅじい) 슈지이 / 主治医 [zhǔzhìyī] 주즈이

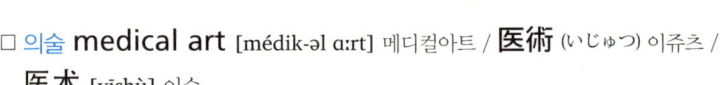

- 의술 **medical art** [médik-əl ɑːrt] 메디컬아트 / 医術 (いじゅつ) 이쥬츠 / 医术 [yīshù] 이슈

- 고고학 **arch(a)eology** [àːrkiáləʤi] 아키알러쥐 / 考古学 (こうこがく) 코-코가쿠 / 考古学 [kǎogǔxué] 카오구슈에

- 문화 **culture** [kʌ́ltʃər] 컬쳐 / 文化 (ぶんか) 붕카 / 文化 [wénhuà] 원화

- 문명 **civilization** [sìvəlizéiʃən] 씨벌리제이션 / 文明 (ぶんめい) 붐메- / 文明 [wénmíng] 원밍

- 석탄 coal [koul] 코울 / 石炭 (せきたん) 세키탕 / 煤炭 [méitàn] 메이탄
- 고체 solid [sálid] 쌀리드 / 固体 (こたい) 코타이 / 固体 [gùtǐ] 구티
- 개스, 기체 gas [gæs] 개스 / 気体 (きたい) 키타이 / 气体 [qìtǐ] 치티
- 증기 steam [sti:m] 스팀 / 蒸気 (じょうき) 죠-키 / 蒸汽 [zhēngqì] 정치
- 액체 liquid [líkwid] 리퀴드 / 液体 (えきたい) 에키타이 / 液体 [yètǐ] 예티

- 휘발유 gasoline [gǽsəlí:n] 개설린 / ガソリン 가소링 / 汽油 [qìyóu] 치요우
- 금속 metal [métl] 메틀 / 金属 (きんぞく) 킨조쿠 / 金属 [jīnshǔ] 진슈
- 납 lead [li:d] 리드 / 鉛 (なまり) 나마리 / 铅 [qiān] 치엔
- 합금 alloy [ǽlɔi] 앨로이 / 合金 (ごうきん) 고-킹 / 合金 [héjīn] 허진
- 강철 steel [sti:l] 스틸 / 鋼鉄 (こうてつ) 코-테츠 / 钢铁 [gāngtiě] 깡티에

> 관련어

- 철 iron [áiərn] 아이언 / 鉄 (てつ) 테츠 / 铁 [tiě] 티에
- 청동 bronze [brɔnz] 브론즈 / 青銅 (せいどう) 세-도- / 青铜 [qīngtóng] 칭통
- 합성 synthesis [sínθəsis] 씬써시스 / 合成 (ごうせい) 고-세- / 合成 [héchéng] 허청
- 전기 electricity [ilèktrísəti] 일렉트리서티 / 電気 (でんき) 뎅키 / 电 [diàn] 디엔

- 존재 existence [igzístəns] 익지스턴스 / 存在 (そんざい) 손자이 / 存在 [cúnzài] 춘짜이
- 원자 atom [ǽtəm] 애텀 / 原子 (げんし) 겐시 / 原子 [yuánzǐ] 위엔즈
- 분자 molecule [máləkjù:l] 말러큘 / 分子 (ぶんし) 분시 / 分子 [fēnzǐ] 펀즈
- 수소 hydrogen [háidrəʤən] 하이드러전 / 水素 (すいそ) 스이소 / 氢 [qīng] 칭

- □ 탄소 carbon [káːrbən] 카번 / 炭素 (たんそ) 탄소 / 碳 [tàn] 탄
- □ 산소 oxygen [áksidʒən] 악시젼 / 酸素 (さんそ) 산소 / 氧 [yǎng] 양
- □ 섬유 fiber [fáibər] 파이버 / 繊維 (せんい) 셍이 / 纤维 [xiānwéi] 시엔웨이
- □ 면 cotton [kátn] 카튼 / 綿 (わた) 와타 / 棉 [mián] 미엔

- □ 비단 silk [silk] 씰크 / 絹 (きぬ) 키누 / 丝绸 [sīchóu] 스초우
- □ 인조견 artificial silk [àːrtəfíʃəl silk] 아터피셜씰크 / 人絹 (じんけん) 징켕 / 人造丝 [rénzàosī] 런자오스
- □ 삼, 대마 hemp [hemp] 헴프 / 麻 (あさ) 아사 / 大麻 [dàmá] 따마

4 문구(Stationery, 文房具, 文具)

□ 연필

pencil [pénsəl] 펜설
鉛筆 (えんぴつ) 엠피츠
铅笔 [qiānbǐ] 치엔비

□ 연필통

pencil case [pénsəl keis] 펜설케이스
鉛筆立て (えんぴつだて) 엠피츠다테
铅笔盒 [qiānbǐhé] 치엔비허

□ 지우개

eraser [iréisər] 이레이서
消しゴム (けしごむ) 케시고무
橡皮擦 [xiàngpícā] 샹피차

□ 자

ruler [rú:lər] 룰러
ルーラー 루―라―
尺 [chǐ] 츠

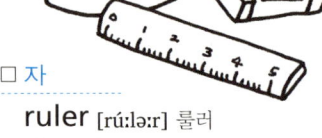

□ 게시판

bulletin board [búlətin bɔ:rd] 불러틴보드
掲示板 (けいじばん) 케―지반
布告栏 [bùgàolán] 뿌까오란

□ 지구의(본)

globe [gloub] 글로우브
地球儀 (ちきゅうぎ) 치큐―기
球 [qiú] 치우

□ 자석

magnet [mǽgnit] 매그닛
磁石 (じしゃく) 지샤쿠
磁铁 [cítiě] 츠티에

□ 풀

glue [glu:] 글루
グルー 구루―
胶 [jiāo] 쟈오

□ 지도

map [mæp] 맵
地図 (ちず) 치즈
地图 [dìtú] 디투

□ 지도책

atlas [ǽtləs] 애틀러스
地図帳 (ちずちょう) 치즈쵸―
地图集 [dìtújí] 디투지

chapter 4 학교

□ 분필
chalk [tʃɔːk] 쵸크
チョーク 쵸-쿠
粉笔 [fěnbǐ] 펀비

□ 칠판
blackboard [blǽkbɔ̀ːrd] 블랙보드
黒板 (こくばん) 코쿠방
黑板 [hēibǎn] 헤이반

□ 현미경
microscope [máikrəskòup] 마이크러스코우프
顕微鏡 (けんびきょう) 켐비쿄-
显微镜 [xiǎnwēijìng] 시엔웨이징

□ 교단
platform [plǽtfɔ̀ːrm] 플랫폼
教壇 (きょうだん) 쿄-당
讲台 [jiǎngtái] 쟝타이

□ 망원경
telescope [téləskòup] 텔러스코우프
望遠鏡 (ぼうえんきょう) 보-엥쿄-
望远镜 [wàngyuǎnjìng] 왕위엔징

□ (국)기
flag [flæg] 플래그
旗 (はた) 하타
国旗 [guóqí] 구오치

□ 크레용
crayon [kréiən] 크레이언
クレヨン 쿠레용
蜡笔 [làbǐ] 라비

□ 붓
brush [brʌʃ] 브러시
筆 (ふで) 후데
毛笔 [máobǐ] 마오비

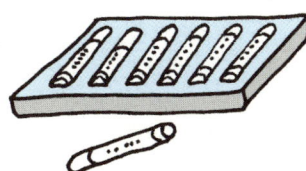

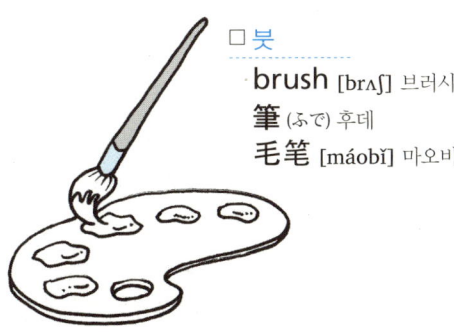

□ 그림물감
watercolor [wɔ́ːtərkÀlɚr] 워터컬러
絵の具 (えのぐ) 에노구
水彩颜料 [shuǐcǎiyánliào] 쉐이차이옌랴오

chapter 4

> 관련어

- 잉크 ink [iŋk] 잉크 / **インク** 잉쿠 / 墨水 [mòshuǐ] 모쉐이
- 가위 scissors [sízəːrz] 씨저즈 / 鋏 (はさみ) 하사미 / 剪刀 [jiǎndāo] 지엔따오

- 고무줄 rubber band [rʌ́bəːr bænd] 러버밴드 / **ゴムバンド** 고무반도 / 橡皮筋 [xiàngpíjīn] 샹피진
- 고무풀(접착제) rubber cement [rʌ́bəːr simént] 러버씨멘트 / **ゴムのり** 고무노리 / 橡胶胶水 [xiàngjiāojiāoshuǐ] 샹쟈오쟈오쉐이
- 먹 Chinese ink [tʃainíːz iŋk] 챠이니즈잉크 / 墨 (すみ) 스미 / 墨 [mò] 모
- 포스트잇 Post-it [póustít] 포우스팃 / **ポストイット** 포스토잇토 / 利贴 [lìtiē] 리티에
- (제도용)컴퍼스 compass [kʌ́mpəs] 컴퍼스 / **コンパス** 콤파스 / 圆规 [yuánguī] 위엔꾸이
- 스탬프, 고무도장 stamp [stæmp] 스탬프 / **スタンプ** 스탐푸 / 图章 [túzhāng] 투장

chapter 4 학교

☐ 주판 abacus [ǽbəkəs] 애버커스 / 算盤 (そろばん) 소로방 /
算盘 [suànpán] 수안판

☐ 서류철 file [fail] 파일 / ファイル 화이루 / 文件夹 [wénjiànjiā] 원지엔쟈

☐ 패드 pad [pæd] 패드 / パッド 팟도 / 垫 [diàn] 디엔

☐ 주사위 dice [dais] 다이스 / さいころ 사이코로 / 骰子 [tóuzi] 토우즈

☐ 학용품 school thing [sku:l θiŋ] 스쿨씽 / 学用品 (がくようひん) 가쿠요-힝 /
学习用品 [xuéxíyòngpǐn] 슈에시용핀

☐ 학생모 school cap [sku:l kæp] 스쿨캡 / 学生帽 (がくせいぼう) 가쿠세-보- /
学生帽子 [xuésheng màozi] 슈에셩마오즈

☐ 철모 steel cap [sti:l kæp] 스틸캡 / 鉄帽 (てつぼう) 테츠보- / 钢盔 [gāngkuī] 깡쿠이

chapter 4

⑤ 행사(Event, 行事, 活动)

☐ 입학식
  entrance ceremony [éntrəns sérəmòuni] 엔트런스쎄러모우니
  入学式 (にゅうがくしき) 뉴-가쿠시키
  入学典礼 [rùxuédiǎnlǐ] 루슈에디엔리

☐ 졸업식
  graduation (ceremony) [græʤuéiʃən] 그래쥬에이션
  卒業式 (そつぎょうしき) 소츠교-시키
  毕业典礼 [bìyèdiǎnlǐ] 비예디엔리

☐ 운동회
  field day [fi:ld dei] 필드데이
  運動会 (うんどうかい) 운도-카이
  运动会 [yùndònghuì] 윈동후이

☐ 동창회
  homecoming [houmkʌ̀miŋ] 호움커밍
  同窓会 (どうそうかい) 도-소-카이
  校友会 [xiàoyǒuhuì] 샤오요우후이

□ 개교기념일

anniversary of the opening of a school
[ǽnəvə́:rsəri əv ði óupəniŋ əv ə sku:l] 애너버서리어브디오우퍼닝어브어스쿨
開校記念日 (かいこうきねんび) 카이코-키넴비
校庆 [xiàoqìng] 샤오칭

□ 수학여행

school trip [sku:l trip] 스쿨트립
修学旅行 (しゅうがくりょこう) 슈-가쿠료코-
实习旅行 [shíxílǚxíng] 스시뤼싱

□ 소풍

excursion [ikskə́:rʒən] 익스커전
遠足 (えんそく) 엔소쿠
郊游 [jiāoyóu] 쟈오요우

□ 입학시험

entrance examination [éntrəns igzæ̀mənéiʃən]
엔트런스이그재머네이션
入学試験 (にゅうがくしけん) 뉴-가쿠시켕
入学考试 [rùxué kǎoshì] 루슈에카오스

□ 중간시험

midterm [mídtə̀:rm] 밋텀
中間テスト (ちゅうかんてすと) 츄-칸테스토
期中考试 [qīzhōng kǎoshì] 치종카오스

□ 기말시험

final [fáinəl] 파이널
期末テスト (きまつてすと) 키마츠테스토
期末考试 [qīmò kǎoshì] 치모카오스

□ 스승의 날

teacher's day [tí:tʃə:rz dei] 티처즈데이
先生の日 (せんせいのひ) 센세-노히
教师节 [jiàoshījié] 쟈오스지에

> 관련어

□. 봄방학 **spring vacation** [spriŋ veikéiʃən] 스프링베이케이션 /
春休み (はるやすみ) 하루야스미 / **春假** [chūnjià] 춘쟈

□ 여름방학 **summer vacation** [sʌ́mər veikéiʃən] 써머베이케이션 /
夏休み (なつやすみ) 나츠야스미 / **暑假** [shǔjià] 슈쟈

□ 겨울방학 winter vacation [wíntəːr veikéiʃən] 원터베이케이션 /
冬休み (ふゆやすみ) 후유야스미 / 寒假 [hánjià] 한쟈

□ 입학하다 enter a school [éntər ə skuːl] 엔터어스쿨 /
入学する (にゅうがくする) 뉴ー가쿠스루 / 入学 [rùxué] 루슈에

□ 경영하다(사립학교) keep a school [kiːp ə skuːl] 킵어스쿨 /
経営する (けいえいする) 케ー에ー스루 / 开办学校 [kāibànxuéxiào] 카이빤슈에샤오

6 교직원(Faculty, 教職員, 教工)

□ 교사
teacher [tíːtʃəːr] 티처
教師 (きょうし) 쿄-시
教师 [jiàoshī] 쟈오스

□ 교수
professor [prəfésər] 프러페서
教授 (きょうじゅ) 쿄-쥬
教授 [jiàoshòu] 쟈오쇼우

□ 정교수
full professor [ful prəfésər] 풀프러페서
正教授 (せいきょうじゅ) 세-쿄-쥬
正教授 [zhèngjiàoshòu] 정쟈오쇼우

□ 부교수
associate professor
[əsóuʃièit prəfésər] 어쏘우시에이트프러페서
副教授 (ふくきょうじゅ) 후쿠-쿄-쥬
副教授 [fùjiàoshòu] 푸쟈오쇼우

□ 조교수
assistant professor
[əsístənt prəfésər] 어씨스턴트프러페서
助教授 (じょきょうじゅ) 죠쿄-쥬
助理教授 [zhùlǐjiàoshòu] 주리쟈오쇼우

chapter 4 학교

□ 강연자
lecturer [léktʃ-ərəːr] 렉처러
講演者 (こうえんしゃ) 코-엔샤
讲演者 [jiǎngyǎnzhě] 쟝옌저

□ 학장
dean [diːn] 딘
学長 (がくちょう) 가쿠쵸-
院长 [yuànzhǎng] 위엔쟝

□ 총장, 교장
president [prézidənt] 프레지던트
総長 (そうちょう) 소-쵸-, **校長** (こうちょう) 코-쵸-
校长 [xiàozhǎng] 샤오쟝

> 관련어

- 학자 scholar [skálər] 스칼러 / 学者 (がくしゃ) 가쿠샤 / 学者 [xuézhě] 슈에저

- 담임선생님 class teacher [klæs tíːtʃər] 클래스티쳐 / 担任先生 (たんにんせんせい) 탄닌센세- / 班主任 [bānzhǔrèn] 빤주런

- 교수경험 teaching experience [tíːtʃiŋ ikspíəriəns] 티칭익스피어리언스 / 教授経験 (きょうじゅけいけん) 쿄-쥬케-켕 / 讲授经验 [jiǎngshòujīngyàn] 쟝쇼우징옌

- 교직 teacher ship [tíːtʃər ʃip] 티쳐쉽 / 教職 (きょうしょく) 쿄-쇼쿠 / 教育之职 [jiàoyùzhīzhí] 쟈오위즈즈

- 출석 attendance [əténdəns] 어텐던스 / 出席 (しゅっせき) 슛세키 / 出席 [chūxí] 추시

- 결석 absence [ǽbsəns] 앱선스 / 欠席 (けっせき) 켓세키 / 缺席 [quēxí] 취에시

- 예습 preview [príːvjùː] 프리뷰 / 予習 (よしゅう) 요슈- / 预习 [yùxí] 위시

- 복습 review [rivjúː] 리뷰 / 復習 (ふくしゅう) 후쿠슈- / 复习 [fùxí] 푸시

- 시험 trial [tráiəl] 트라이얼 / 試験 (しけん) 시켕 / 考试 [kǎoshì] 카오스

- 능력시험 ability test [əbíləti test] 어빌러티테스트 /
  能力試験 (のうりょくしけん) 노-료쿠시켕 / 能力測試 [nénglìcèshì] 넝리처스

- 구두시험 oral examination [ɔ́ːrəl igzæmənéiʃən] 오럴익재머네이션 /
  口頭試験 (こうとうしけん) 코-토-시켕 / 口试 [kǒushì] 코우스

- 필기시험 written examination [rítn igzæmənéiʃən] 리튼익재머네이션 /
  筆記試験 (ひっきしけん) 힉키시켕 / 笔试 [bǐshì] 비스

- 문제지 paper [péipər] 페이퍼 / 問題紙 (もんだいし) 몬다이시 / 试题 [shìtí] 스티

- 분석 analysis [ənǽləsis] 어낼러시스 / 分析 (ぶんせき) 분세키 / 分析 [fēnxī] 펀시

- 강의 lecture [léktʃəːr] 렉쳐 / 講義 (こうぎ) 코-기 / 讲义 [jiǎngyì] 쟝이

- 클럽활동 club activity [klʌb æktívəti] 클럽액티버티 /
  クラブ活動 (くらぶかつどう) 쿠라부카츠도- / 俱乐部活动 [jùlèbù huódòng] 쥐러뿌훠똥

- 교내활동 school activities [skuːl æktívətiz] 스쿨액티버티즈 /
  校内活動 (こうないかつどう) 코-나이카츠도- / 校内活动 [xiàonèihuódòng] 샤오네이훠똥

- 사회관습 social customs [sóuʃ-əl kʌ́stəmz] 쏘우셜커스텀즈 /
  社会慣習 (しゃかいかんしゅう) 샤카이칸슈- / 社会习俗 [shèhuìxísú] 셔후이시수

7 학생(Student, 学生, 学生)

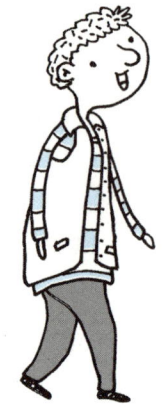

□ 학생
student [stjú:d-ənt] 스튜던트
学生 (がくせい) 가쿠세-
学生 [xuésheng] 슈에셩

□ 대학 1년생
freshman [fréʃmən] 프레시먼
大学一年生 (だいがくいちねんせい) 다이가쿠 이치넨세-
新生 [xīnshēng] 신셩

□ 대학 2년생
sophomore [sáf-əmɔ̀:r] 싸퍼모
大学二年生 (だいがくにねんせい) 다이가쿠 니넨세-
二年级学生 [èrniánjíxuésheng] 얼니엔지슈에셩

□ 대학 3년생
junior [dʒú:njər] 쥬니어
大学三年生 (だいがくさんねんせい) 다이가쿠 산넨세-
三年级学生 [sānniánjíxuéshēng] 싼니엔지슈에셩

□ 대학 4년생
senior [sí:njər] 씨니어
大学四年生 (だいがくよねんせい) 다이가쿠 요넨세-
四年级学生 [sìniánjíxuéshēng] 쓰니엔지슈에셩

□ (대학)졸업자

graduate [grǽʤuit] 그래쥬잇
卒業者 (そつぎょうしゃ) 소츠교-샤
大学毕业生 [dàxuébìyèshēng] 따슈에비예셩

□ 대학원생

graduate student [grǽʤuit stjú:d-ənt] 그래쥬잇스튜던트
大学院生 (だいがくいんせい) 다이가쿠인세-
研究生 [yánjiūshēng] 옌쥬셩

□ 학사

bachelor [bǽtʃələr] 배철러
学士 (がくし) 가쿠시
学士 [xuéshì] 슈에스

□ 석사

master [mǽstə:r] 매스터
修士 (しゅうし) 슈-시
硕士 [shuòshì] 슈오스

□ 박사

doctor [dáktər] 닥터
博士 (はくし・はかせ) 하쿠시・하카세
博士 [bóshì] 보스

□ 동급생

classmate [klǽsmèit] 클래스메이트
同級生 (どうきゅうせい) 도-큐-세-
同学 [tóngxué] 통슈에

관련어

- □ 골목대장 **bully** [búli] 불리 / **がき大将** (がきだいしょう) 가키다이쇼- / 孩子头 [háizitóu] 하이즈토우

- □ 환영 **welcome** [wélkəm] / 웰컴 **歓迎** (かんげい) 캉게- / 欢迎 [huānyíng] 환잉

- □ 친구 **close friend** [klous frend] 클로우스프렌드 / **友達** (ともだち) 토모다치 / 密友 [mìyǒu] 미요우

- □ 동료 **colleague** [káli:g] 칼리그 / **同僚** (どうりょう) 도-료- / 同事 [tóngshì] 통스

- □ 경쟁자 **competitor** [kəmpétətər] 컴페터터 / **競争者** (きょうそうしゃ) 쿄-소-샤 / 竞争者 [jìngzhēngzhě] 찡정저

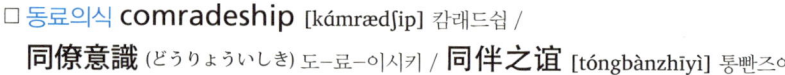

- □ 동료의식 **comradeship** [kámrædʃip] 캄래드쉽 / **同僚意識** (どうりょういしき) 도-료-이시키 / 同伴之谊 [tóngbànzhīyì] 통빤즈이

- □ 우정 **friendship** [fréndʃip] 프렌드쉽 / **友情** (ゆうじょう) 유-죠- / 友情 [yǒuqíng] 요우칭

- □ 충고 **advice** [ædváis] 애드바이스 / **忠告** (ちゅうこく) 츄-코쿠 / 忠告 [zhōnggào] 쫑까오

- □ 예절, 예의 **manners** [mǽnə:rz] 매너즈 / **礼儀** (れいぎ) 레-기 / 礼节 [lǐjié] 리지에

- 정신활동 mental activity [méntl æktívəti] 멘틀액티버티 /
精神活動 (せいしんかつどう) 세-싱카츠도- /
精神活动 [jīngshénhuódòng] 찡션훠똥

- 지능 mental faculties [méntl fækəltiz] 멘틀패컬티즈 / 知能 (ちのう) 치노- /
智力 [zhìlì] 즈리

- 추리력 reasoning power [ríːz-əniŋ páuər] 리저닝파우어 /
推理力 (すいりりょく) 스이리료쿠 / 推理的能力 [tuīlǐdenénglì] 투이리더녕리

- 암산 mental arithmatic [méntl əríθmətik] 멘틀어리쓰머틱 / 暗算 (あんざん) 안장 /
心算 [xīnsuàn] 신쑤안

- 십진법 decimals [désəməlz] 데써멀즈 / 十進法 (じっしんほう) 짓싱호- /
十进制 [shíjìnzhì] 스진즈

- 분수 fraction [frǽkʃ-ən] 프랙션 / 分数 (ぶんすう) 분스- / 分数 [fēnshù] 펀슈

관련어

□ 소문 rumor [rúːməːr] 루머 / 噂 (うわさ) 우와사 / 传闻 [chuánwén] 촨원

□ 싸움 quarrel [kwɔ́ːrəl] 쿼럴 / 喧嘩 (けんか) 켕카 / 争吵 [zhēngchǎo] 정차오

□ 화해 reconciliation [rèkənsìliéiʃ-ən] 레컨씰리에이션 / 和解 (わかい) 와카이 / 和解 [héjiě] 허지에

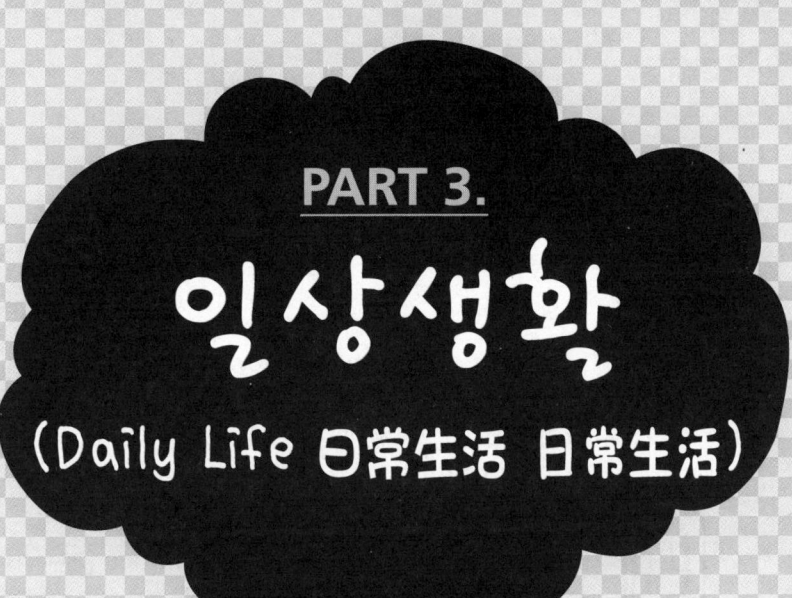

PART 3.
일상생활
(Daily Life 日常生活 日常生活)

병원(Hospital, 病院, 医院)

□ 개인(전문)병원
  clinic [klínik] 클리닉
  クリニック 쿠리닉쿠
  诊所 [zhěnsuǒ] 전수오

□ 응급실
  emergency room [imə́:rdʒənsi rum] 이머전시룸
  応急室 (おうきゅうしつ) 오-큐-시츠
  急诊室 [jízhěnshì] 지전스

□ 구급차
  ambulance [ǽmbjuləns] 앰뷸런스
  救急車 (きゅうきゅうしゃ) 큐-큐샤
  救护车 [jiùhùchē] 지우후처

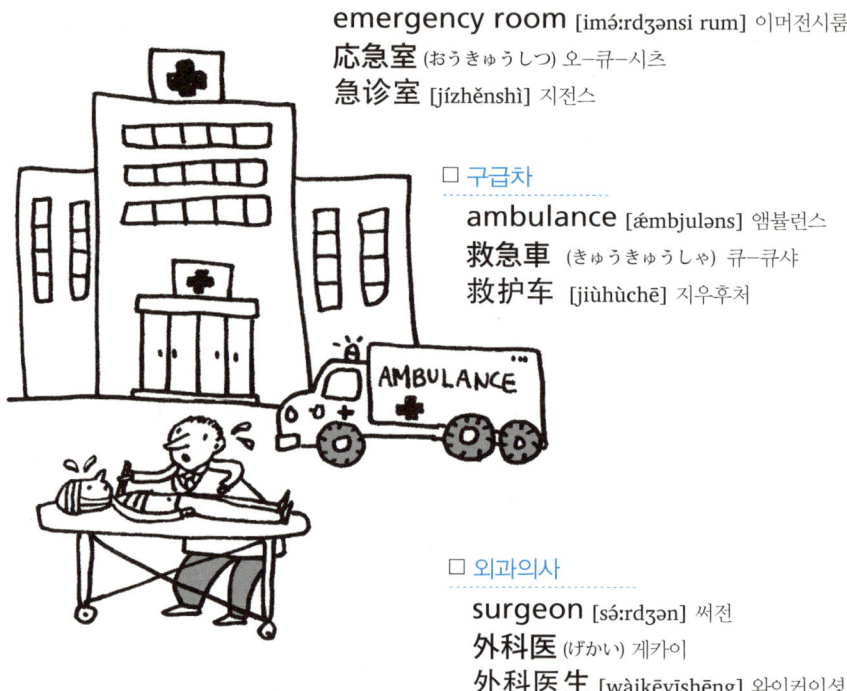

□ 외과의사
  surgeon [sə́:rdʒən] 써전
  外科医 (げかい) 게카이
  外科医生 [wàikēyīshēng] 와이커이성

□ 환자
  patient [péiʃənt] 페이선트
  患者 (かんじゃ) 캰쟈
  病人 [bìngrén] 삥런

□ 외과
  surgery [sə́:rdʒəri] 써저리
  外科 (げか) 게카
  外科 [wàikē] 와이커

□ 수술
  operation [àpəréiʃən] 아퍼레이션
  手術 (しゅじゅつ) 슈쥬츠
  手术 [shǒushù] 쇼우슈

chapter 1 병원

□ (내복)약

medicine [médəs-ən] 메더썬
薬 (くすり) 쿠스리
内服药 [nèifúyào] 네이푸야오

□ 연고

ointment [ɔ́intmənt] 오인트먼트
軟膏 (なんこう) 낭코-
软膏 [ruǎngāo] 루완까오

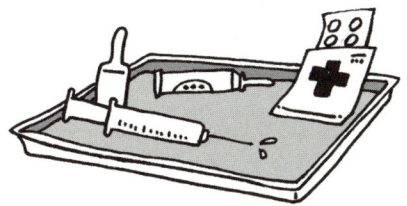

□ 주사(액)

injection [indʒékʃən] 인젝션
注射 (ちゅうしゃ) 츄-샤
注射 [zhùshè] 주서

□ 치료

treatment [trí:tmənt] 트리트먼트
治療 (ちりょう) 치료-
治疗 [zhìliáo] 즈랴오

□ 물리요법

physiotherapy [fìziouθérəpi] 피지오우쎄러피
物理療法 (ぶつりりょうほう) 부츠리료-호-
物理疗法 [wùlǐliáofǎ] 우리랴오파

□ 깁스

cast [kæst] 캐스트
ギブス 기부스
石膏绷带 [shígāobēngdài] 스까오뼁다이

□ 내과

internal department
[intə́:rnəl dipá:rtmənt] 인터널디파트먼트
内科 (ないか) 나이카
内科 [nèikē] 네이커

□ 내과의사

physician [fizíʃən] 피지션
医者 (いしゃ) 이샤
内科医生 [nèikēyīshēng]
네이커이셩

☐ 소아과
pediatrics [piːdiǽtriks] 피디애트릭스
小児科 (しょうにか) 쇼-니카
小儿科 [xiǎo'érkē] 샤오얼커

☐ 체온계
thermometer [θəːrmɑ́mitəːr] 써마미터
体温計 (たいおんけい) 타이옹케-
体温表 [tǐwēnbiǎo] 티원뱌오

☐ 소아과의사
pediatrician [piːdiətríʃən] 피디어트리션
小児科医 (しょうにかい) 쇼-니카이
小儿科医生 [xiǎoérkē yīshēng] 샤오얼커이성

☐ 피부과
dermatology [dəˋːrmətɑ́lədʒi] 더머탈러지
皮膚科 (ひふか) 히후카
皮肤科 [pífūkē] 피푸커

☐ 처방전
prescription [priskrípʃən] 프리스크립션
処方 (しょほう) 쇼호-
处方 [chǔfāng] 추팡

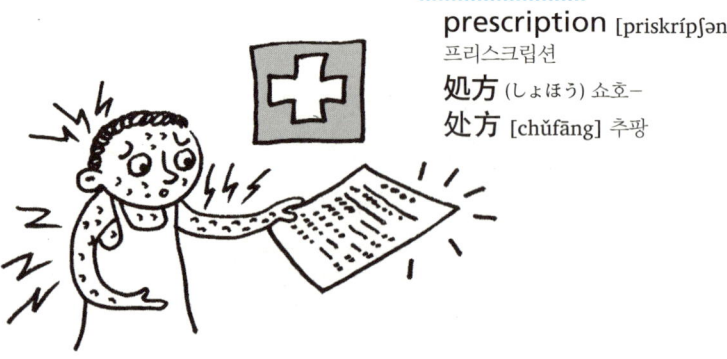

□ 성형외과

plastic surgery [plǽstik sə́:rdʒəri]
플래스틱써저리
成形外科 (せいけいげか) 세-케-게카
整形外科 [zhěngxíngwàikē] 정싱와이커

□ 안과의사

oculist [ákjəlist] 아키어리스트
眼科医 (がんかい) 강카이
眼科医生 [yǎnkēyīshēng] 옌커이셩

□ 치과의사

dentist [déntist] 덴티스트
歯医者 (はいしゃ) 하이샤
牙医 [yáyī] 야이

□ 산과(학)

obstetrics [əbstétriks] 업스테트릭스
産科 (さんか) 상카
产科学 [chǎnkēxué] 찬커슈에

□ 부인과

gynecology [gàinikálədʒi] 가이니칼러지
婦人科 (ふじんか) 후징카
妇科 [fùkē] 푸커

261

> 관련어

- 대학병원 **teaching hospital** [tíːtʃiŋ háspitl] 티칭하스피틀 / **大学病院** (だいがくびょういん) 다이가쿠뵤-잉 / **教学医院** [jiàoxuéyīyuàn] 쟈오슈에이위엔

- 격리병원 **isolation hospital** [àisəléiʃən háspitl] 아이설레이션하스피틀 / **隔離病院** (かくりびょういん) 카쿠리뵤-잉 / **隔离医院** [gélíyīyuàn] 거리이위엔

- 병동 **hospital ward** [háspitl wɔːrd] 하스피틀워드 / **病棟** (びょうとう) 뵤-토- / **病房** [bìngfáng] 삥팡

- 약 **drug** [drʌg] 드라그 / **薬** (くすり) 쿠스리 / **药** [yào] 야오

- 마취(제) **narcotic** [nɑːrkátik] 나카틱 / **麻酔薬** (ますいやく) 마스이야쿠 / **麻醉药** [mázuìyào] 마쭈이야오

- 비타민 **vitamin** [váitəmin] 바이터민 / **ビタミン** 비타밍 / **维他命** [wéitāmìng] 웨이타밍

- 건강진단 **medical checkup** [médik-əl tʃekʌp] 메디컬체컵 / **健康診断** (けんこうしんだん) 켕코-신당 / **健康检查** [jiànkāngjiǎnchá] 지엔캉지엔차

- 치료 **medical care** [médik-əl kɛər] 메디컬케어 / **治療** (ちりょう) 치료- / **治疗** [zhìliáo] 즈랴오

- 인공수정 **medical fertilization** [médik-əl fəːrtəlizéiʃən] 메디컬퍼털리제이션 / **人工授精** (じんこうじゅせい) 징코-쥬세- / **人工授精** [réngōngshòujīng] 런꽁쇼우징

- 혈액검사 **bloodtest** [blʌ́dtést] 블러테스트 / **血液検査** (けつえきけんさ) 케츠에키켄사 / **验血** [yànxiě] 옌시에

- 물리치료 physical therapy [fízikəl θérəpi] 피지컬쎄러피 / 理学療法 (りがくりょうほう) 리가쿠료-호- / 物理疗法 [wùlǐliáofǎ] 우리랴오파

- 혈액형 bloodtype [blʌ́dtaip] 블럳타입 / 血液型 (けつえきがた) 케츠에키가타 / 血型 [xuèxíng] 슈에싱

- 신경학 neurology [njuərálədʒi] 뉴어랄러쥐 / 神経学 (しんけいがく) 싱케-가쿠 / 神经学 [shénjīngxué] 선징슈에

- 분만실 delivery room [dilívəri rum] 딜리버리룸 / 分娩室 (ぶんべんしつ) 붐벤시츠 / 分娩室 [fēnmiǎnshì] 펀미엔스

- 정형외과 orthopedics [ɔ̀:rθoupí:diks] 오쏘우피딕스 / 整形外科 (せいけいげか) 세-케-게카 / 骨科 [gǔkē] 구커

- 진찰하다 examine [igzǽmin] 익재민 / 診察する (しんさつする) 신사츠스루 / 诊察 [zhěnchá] 전차

- 팔걸이 붕대 sling [sliŋ] 슬링 / スリング 스링구 / 悬带 [xuándài] 쉬엔따이

- 붕대 bandage [bǽndidʒ] 밴디쥐 / 包帯 (ほうたい) 호-타이 / 绷带 [bēngdài] 뼁따이

- 붕대를 감다 apply a bandage [əplái ə bǽndidʒ] 어플라이어밴디쥐 / 包帯を巻く (ほうたいをまく) 호-타이오 마쿠 / 缠绷带 [chánbēngdài] 찬뼁따이

- 삼각건 triangular bandage [traiǽŋgjələr bǽndidʒ] 트라이앵걸러밴디쥐 / 三角巾 (さんかくきん) 상카쿠킹 / 三角绷带 [sānjiǎobēngdài] 싼쟈오뼁따이

1 질병(Disease, 病気, 疾病)

□ 알레르기
allergy [ǽlərdʒi] 앨러지
アレルギー 아레루기-
过敏 [guòmǐn] 꾸오민

□ 위염
gastritis [gæstráitis] 개스트라이티스
胃炎 (いえん) 이엥
胃炎 [wèiyán] 웨이옌

□ 암
cancer [kǽnsər] 캔써
癌 (がん) 강
癌 [ái] 아이

□ 폐암
lung cancer [lʌŋ kǽnsər] 렁캔써
肺がん (はいがん) 하이강
肺癌 [fèi'ái] 페이아이

□ 독감
influenza [ìnfluénzə] 인플루엔저 (= flu)
インフルエンザ 인후루엔자
流行性感冒 [liúxíngxìnggǎnmào] 류싱싱간마오

□ 감기
cold [kould] 코울드
風邪 (かぜ) 카제
感冒 [gǎnmào] 간마오

chapter 1 병원

□ 고혈압
hypertension [háipərtènʃən] 하이퍼텐션
高血圧 (こうけつあつ) 코-케츠아츠
高血压 [gāoxuèyā] 까오슈에야

□ 뇌졸중
stroke [strouk] 스트로우크
脳卒中 (のうそっちゅう) 노-솟츄-
脑中风 [nǎozhòngfēng] 나오종펑

□ 심장병
heart disease
[hɑːrt dizíːz] 하트디지즈
心臓病 (しんぞうびょう) 신조-뵤-
心脏病 [xīnzàngbìng] 신장삥

□ 유행병
epidemic [èpədémik] 에퍼데믹
流行病 (りゅうこうびょう) 류-코-뵤-
流行病 [liúxíngbìng] 류싱삥

□ 천식
asthma [ǽzmə] 애즈머
喘息 (ぜんそく) 젠소쿠
气喘病 [qìchuǎnbìng] 치촨삥

□ 당뇨병
diabetes [dàiəbíːtis] 다이어비티스
糖尿病 (とうにょうびょう) 토-뇨-뵤-
糖尿病 [tángniàobìng] 탕냐오삥

265

□ 비만

obesity [oubíːsəti] 오우비서티
肥満 (ひまん) 히망
肥胖 [féipàng] 페이팡

□ 수두

chicken pox [tʃíkin pɑks] 치킨팍스
水痘 (すいとう) 스이토-
水痘 [shuǐdòu] 쉐이또우

□ 폐렴

pneumonia [njumóunjə] 뉴모우니어
肺炎 (はいえん) 하이엥
肺炎 [fèiyán] 페이옌

□ 스트레스

stress [stres] 스트레스
ストレス 스토레스
压力 [yālì] 야리

□ 홍역

measles [míːz-əlz] 미절즈
麻疹 (はしか) 하시카
麻疹 [mázhěn] 마전

□ 충치

cavity [kǽvəti] 캐버티
虫歯 (むしば) 무시바
龋齿 [qǔchǐ] 취츠

266

□ 장염
enteritis [èntəráitis] 엔터라이티스
腸炎 (ちょうえん) 쵸-엥
肠炎 [chángyán] 창옌

□ 간염
hepatitis [hèpətáitis] 헤퍼타이티스
肝炎 (かんえん) 캉엥
肝炎 [gānyán] 깐옌

□ 관절염
arthritis [ɑːrəráitis] 아쓰라이티스
関節炎 (かんせつえん) 칸세츠엥
关节炎 [guānjiéyán] 꽌지에옌

□ 건망증
amnesia [æmníːʒə] 앰니저
健忘症 (けんぼうしょう) 켐보-쇼-
健忘症 [jiànwàngzhēng] 지엔왕정

□ 치매
dementia [diménʃiə] 디멘시어
痴呆症 (ちほうしょう) 치호-쇼-
痴呆症 [chīdāizhèng] 츠따이정

관련어

- 무좀 **athletes foot** [ǽθli:ts fut] 애쓰리츠풋 / 水虫 (みずむし) 미즈무시 / 脚气 [jiǎoqì] 쟈오치

- 대장염 **colitis** [kəláitəs] 컬라이터스 / 大腸炎 (だいちょうえん) 다이쵸–엥 / 大肠炎 [dàchángyán] 따창옌

- 보균자 **germ carrier** [ʤə:rm kǽriər] 졈캐리어 / 保菌者 (ほきんしゃ) 호킨샤 / 带菌者 [dàijūnzhě] 따이쥔저

- 유전병 **family disease** [fǽməli dizí:z] 패멀리디지즈 / 遺伝病 (いでんびょう) 이뎀뵤– / 遗传病 [yíchuánbìng] 이촨삥

- 난치병, 고질병 **inveterate disease** [invétərit dizí:z] 인베터릿디지즈 / 難病 (なんびょう) 남뵤– / 顽症 [wánzhèng] 완정

- 상습음주자 **inveterate drinker** [invétərit dríŋkər] 인베터릿드링커 / 酒飲み (さけのみ) 사케노미 / 酒鬼 [jiǔguǐ] 지우꾸이

- 염증 **inflammation** [ìnfləméiʃən] 인플러메이션 / 炎症 (えんしょう) 엔쇼– / 发炎 [fāyán] 파옌

- 결핵 **tuberculosis** [tjubə̀:rkjəlóusis] 튜버큘로우시스 / 結核 (けっかく) 켁카쿠 / 结核 [jiéhé] 지에허

- 폐병 lung attack [lʌŋ ətǽk] 렁어택 / 肺病 (はいびょう) 하이뵤- / 肺病 [fèibìng] 페이삥

- 입덧 morning sickness [mɔ́ːrniŋ síknis] 모닝씨크니스 / 悪阻 (つわり) 츠와리 / 孕吐 [yùntù] 윈투

- 과로 overwork [óuvərwə̀ːrk] 오우버웍 / 過勞 (かろう) 카로- / 过劳 [guōláo] 꾸오라오

- 궤양 ulcer [ʌ́lsər] 얼서 / 潰瘍 (かいよう) 카이요- / 溃疡 [kuìyáng] 쿠이양

- 갑상선기능 항진증 hyperthyroidism [hàipərθáirɔidizəm] 하이퍼싸이로이디점 / 甲狀腺機能亢進 (こうじょうせんきのうこうしん) 코-죠-셍키노-코-싱 / 甲状腺机能亢进 [jiǎzhuàngxiànjīnéngkàngjìn] 쟈쫭시엔지넝캉진

- 갑상선염 thyroiditis [θàirɔidáitis] 싸이로이다이티스 / 甲狀腺炎 (こうじょうせんえん) 코-죠-셍엥 / 甲状腺炎 [jiǎzhuàngxiànyán] 쟈쫭시엔옌

2 증상(Symptom, 症状, 症状)

□ 설사
diarrhea [dàiərí:ə] 다이어리어
下痢 (げり) 게리
拉肚子 [lādǔzi] 라두즈

□ 두통
headache [hédèik] 헤드에이크
頭痛 (ずつう) 즈츠−
头痛 [tóutòng] 토우통

□ 아픔, 고통
pain [pein] 페인
痛み (いたみ) 이타미
痛 [tòng] 통

□ 화상
burn [bə:rn] 번
火傷 (やけど) 야케도
烧伤 [shāoshāng] 샤오샹

□ 치통
toothache [tú:θèik] 투쎄이크
歯痛 (しつう) 시츠−
牙痛 [yátòng] 야통

□ 구토
vomiting [vámitiŋ] 바미팅
嘔吐 (おうと) 오−토
吐 [tǔ] 투

□ 골절
　fracture [fræktʃəːr] 프랙쳐
　骨折 (こっせつ) 콧세츠
　骨折 [gǔzhé] 구저

□ 딸꾹질
　hiccup [híkʌp] 히컵
　しゃっくり 샤쿠리
　打嗝儿 [dǎgér] 다거얼

□ 열, 발열
　fever [fíːvər] 피버
　発熱 (はつねつ) 하츠네츠
　烧 [shāo] 샤오

□ 소화불량
　indigestion [ìndidʒéstʃən] 인디제스쳔
　消化不良 (しょうかふりょう) 쇼-카후료-
　消化不良 [xiāohuàbùliáng] 샤오화부량

□ 기침
　cough [kɔ(ː)f] 코프
　咳 (せき) 세키
　咳嗽 [késou] 커소우

□ 재채기
　sneeze [sniːz] 스니즈
　くしゃみ 쿠샤미
　打喷嚏 [dǎpēntì] 다펀티

□ 타박상
bruise [bruːz] 브루즈
あざ 아자
伤痕 [shānghén] 샹헌

□ 변비
constipation [kùnstəpéiʃən] 칸스터페이션
便秘 (べんぴ) 벰피
便秘 [biànmì] 비엔미

□ 영양실조
unbalanced nutrition [ʌnbǽlənst njuːtríʃ-ən] 언밸런스트뉴트리션
栄養失調 (えいようしっちょう) 에-요-싯쵸-
营养不良 [yíngyǎngbùliáng] 잉양부량

□ 호흡
breath [breθ] 브레쓰
息 (いき) 이키
呼吸 [hūxī] 후시

□ 현기증
dizziness [dízinis] 디지니스
目眩 (めまい) 메마이
头晕 [tóuyūn] 토우윈

□ 땀
sweat [swet] 스웻
汗 (あせ) 아세
汗 [hán] 한

chapter 1 병원

□ 소변
urine [júərin] 유어린
小便 (しょうべん) 쇼—벤
尿 [niào] 냐오

□ 배설물
feces [fí:si:z] 피시즈
大便 (だいべん) 다이벤
排泄物 [páixièwù] 파이시에우

□ 메스꺼움
nausea [nɔ́:ziə] 노지어
吐き気 (はきけ) 하키케
恶心 [ěxīn] 어신

□ 한기, 오한
chill [tʃil] 칠
寒気 (さむけ) 사무케
寒气 [hánqì] 한치

□ 출혈
bleeding [blí:diŋ] 블리딩
出血 (しゅっけつ) 슉케츠
出血 [chūxiě] 추시에

□ 물집
blister [blístər] 블리스터
ブリスター 부리스타—
水泡 [shuǐpào] 쉐이파오

□ 편두통
migraine [máigrein] 마이그레인
片頭痛 (へんずつう) 헨즈츠—
偏头痛 [piāntóutòng] 피엔토우통

□ 콧물
snivel [snív-əl] 스니벌
鼻水 (はなみず) 하나미즈
鼻涕 [bítì] 비티

관련어

- 심장발작 **heart attack** [hɑːrt ətǽk] 하트어택 / **心臓発作** (しんぞうほっさ) 신조−홋사 / **心脏病发作** [xīnzàngbìngfāzuò] 신장삥파쭈오

- 발진 **rash** [ræʃ] 래쉬 / **発疹** (はっしん) 핫신 / **斑疹** [bānzhěn] 반전

- 후유증 **sequela** [sikwíːlə] 씨퀼러 / **後遺症** (こういしょう) 코−이쇼− / **后遗症** [hòuyízhèng] 호우이정

- 신체장애자 **the handicapped** [ðə hǽndikæpt] 더핸디캡트 / **障害者** (しょうがいしゃ) 쇼−가이샤 / **伤残人** [shāngcánrén] 샹찬런

- 맹인 **the blind** [ðə blaind] 더블라인드 / **盲** (めしい) 메쿠라 / **盲人** [mángrén] 망런

- 청각장애인 **the deaf** [ðə def] 더데프 / **聾者** (ろうしゃ) 로−샤 / **聋子** [lóngzi] 롱즈

- 벙어리 **the dumb** [ðə dʌm] 더덤 / **おし** 오시 / **哑巴** [yǎba] 야바

- 농아 **deaf and dumb** [def ænd dʌm] 데프앤드덤 / **聾唖** (ろうあ) 로−아 / **聋哑** [lóngyǎ] 롱야

- 곪음, 화농 **suppuration** [sʌpjureiʃən] 써퓨레이션 / **化膿** (かのう) 카노− / **化脓** [huànóng] 화농

- 볕에 탐 **sunburn** [sʌ́nbəːrn] 썬번 / **日焼け** (ひやけ) 히야케 / **晒伤** [shàishāng] 샤이샹

- 결핍, 영양부족 **deficiency** [difíʃənsi] 디피션시 / **欠乏** 케츠보− / **缺乏** [quēfá] 취에파

□ 대수술 major operatiion [méidʒə:r àpəréiʃən] 메이져아퍼레이션 /
大手術 (だいしゅじゅつ) 다이슈쥬츠 / 大手术 [dàshǒushù] 따쇼우슈

□ 보청기 hearing aid [híəriŋ eid] 히어링에이드 / 補聴器 (ほちょうき) 호쵸-키 /
助听器 [zhùtīngqì] 주팅치

□ 맹장염 appendicitis [əpèndəsáitis] 어펜더싸이티스 /
盲腸炎 (もうちょうえん) 모-쵸-엥 / 阑尾炎 [lánwěiyán] 란웨이옌

□ 흡입기 inspirator [ínspərèitər] 인스퍼레이터 /
吸入器 (きゅうにゅうき) 큐-뉴-키 / 吸入器 [xīrùqì] 시루치

□ 산소흡입기 oxygen inhaler [άksidʒəninhá:lər] 악시저닌할러 /
酸素吸入器 (さんそきゅうにゅうき) 산소큐-뉴-키 / 吸氧器 [xīyǎngqì] 시양치

□ 체력 physical strength [fízikəl streŋkθ] 피지컬스트렝쓰 /
体力 (たいりょく) 타이료쿠 / 体力 [tǐlì] 티리

□ 체격 physical constitution [fízikəl kὰnstətjú:ʃən] 피지컬칸스터튜션 /
体格 (たいかく) 타이카쿠 / 体格 [tǐgé] 티거

□ 호흡기관 respiratory organs [résp-ərətɔ̀:ri ɔ́:rgənz] 레스퍼러토리오건즈 /
呼吸器 (こきゅうき) 코큐-키 / 呼吸道 [hūxīdào] 후시다오

□ 정신병 환자 mental case [méntl keis] 멘틀케이스 /
精神障害者 (せいしんしょうがいしゃ) 세-신쇼-가이샤 / 精神病人 [jīngshénbìngrén] 징션삥런

□ 정신병 전문의 mental specialist [méntl spéʃəlist] 멘틀스페셜리스트 /
精神科専門医 (せいしんかせんもんい) 세-싱카 셈몽이 /
精神病医生 [jīngshénbìngyīshēng] 징션삥이성

□ 위생상태 hygiene [háidʒi:n] 하이쥔 / 衛生 (えいせい) 에-세- /
卫生情况 [wèishēngqíngkuàng] 웨이성칭쾅

우체국(Post office, 郵便局, 邮局)

□ 우체국 직원

postal employee
[póustəl implɔ́ii:] 포우스털임플로이이
郵便局員 (ゆうびんきょくいん) 유-빈쿄쿠잉
邮局职工 [yóujúzhígōng] 요우쥐즈꽁

□ 우편요금

postage [póustidʒ] 포우스티지
送料 (そうりょう) 소-료-
邮费 [yóufèi] 요우페이

□ 우편물

postal matter [póustəl mǽtə:r] 포우스털매터
郵便物 (ゆうびんぶつ) 유-빈부츠
邮件 [yóujiàn] 요우지엔

□ 우편배달

postal delivery [póustəl dilívəri] 포우스털딜리버리
郵便配達 (ゆうびんはいたつ) 유-빈하이타츠
投递信件 [tóudìxìnjiàn] 토우띠신지엔

276

□ 편지

letter [létər] 레터
手紙 (てがみ) 테가미
信 [xìn] 신

□ 우표

stamp [stæmp] 스탬프
切符 (きっぷ) 킵푸
邮票 [yóupiào] 요우퍄오

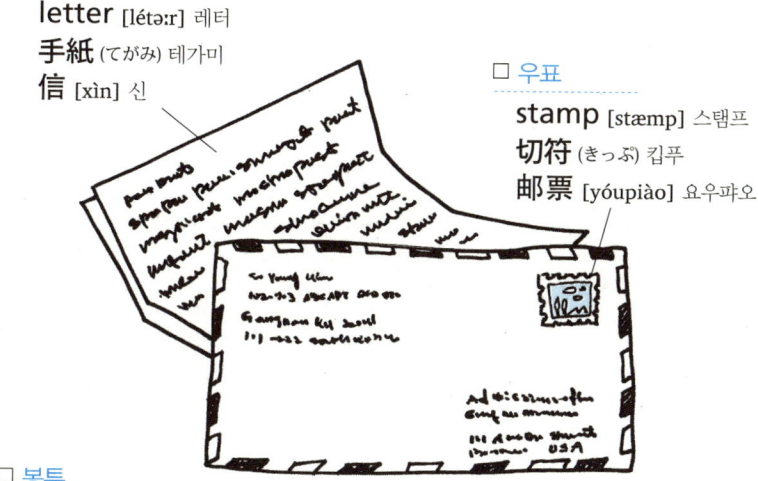

□ 봉투

envelope [énvəlòup] 엔벌로웁
封筒 (ふうとう) 후-토-
信封 [xìnfēng] 신펑

□ 항공우편

airmail [ɛ́ərmèil] 에어메일
航空便 (こうくうびん) 코-쿠-빙
航空邮件 [hángkōngyóujiàn] 항콩요우지엔

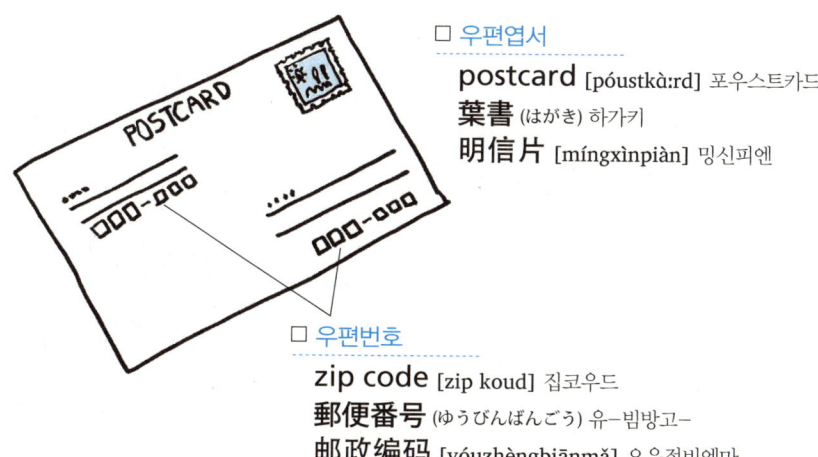

□ 우편엽서

postcard [póustkà:rd] 포우스트카드
葉書 (はがき) 하가키
明信片 [míngxìnpiàn] 밍신피엔

□ 우편번호

zip code [zip koud] 집코우드
郵便番号 (ゆうびんばんごう) 유-빔방고-
邮政编码 [yóuzhèngbiānmǎ] 요우정비엔마

□ 우체통
mailbox [méilbàks] 메일박스
郵便ポスト (ゆうびんポスト) 유-빈포스토
信箱 [xìnxiāng] 신샹

□ 속달
express mail [iksprés mèil] 익스프레스메일
速達郵便 (そくたつゆうびん) 소쿠타츠유-빙
快信 [kuàixìn] 콰이신

□ 전보
telegram [téləgræm] 텔러그램
電報 (でんぽう) 뎀포-
电报 [diànbào] 디엔바오

□ 발신인의 주소
return address [ritə́ːrn ədrés]
리턴어드레스
差出人住所 (さしだしにんじゅうしょ) 사시다시닌쥬-쇼
返回地址 [fǎnhuídìzhǐ] 판후이디즈

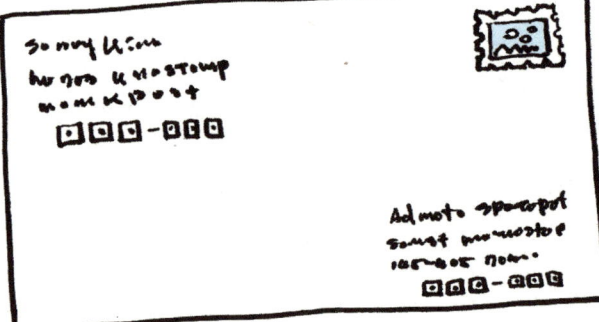

□ 소포
parcel [páːrsəl] 파썰
小包 (こづつみ) 코즈쯔미
包裹 [bāoguǒ] 바오구오

□ 택배
home delivery [houm dilívəri] 호움딜리버리
宅急便 (たっきゅうびん) 탁큐―빙
送货上门 [sònghuòshàngmén] 송후오샹먼

□ 우편물 운반인
mail carrier [meil kǽriər] 메일캐리어
郵便配達員 (ゆうびんはいたついん) 유―빈하이타쯔잉
邮递员 [yóudìyuán] 요우디위엔

□ 창구
window [wíndou] 윈도우
窓口 (まどぐち) 마도구치
窗口 [chuāngkǒu] 촹코우

□ 저울
scale [skeil] 스케일
秤 (はかり) 하카리
秤 [chèng] 청

□ 소인
postmark [póustmàːrk] 포우스트마크
消印 (けしいん) 케시잉
邮戳 [yóuchuō] 요우추오

chapter 2

> 관련어

☐ 우편비행기 **mailplane** [méilplèin] 메일플레인 / **郵便飛行機** (ゆうびんひこうき) 유-빙히코-키 / **邮机** [yóujī] 요우지

☐ 우편 열차 **mail train** [méil trein] 메일트레인 / **郵便列車** (ゆうびんれっしゃ) 유-빙렛샤 / **邮车** [yóuchē] 요우처

☐ 배달일 **mail day** [méil dei] 메일데이 / **配送日** (はいそうひ) 하이소-히 / **邮件截止日** [yóujiànjiézhǐrì] 요우지엔지에즈르

☐ 우편함 **mail drop** [méil drɔp] 메일드롭 / **郵便**(ゆうびん)**ポスト** 유-빙포스토 / **邮箱** [yóuxiāng] 요우샹

□ 군사우체국 **army post office** [ɑ́ːrmi póust ɔ́(ː)fis] 아미포우스트오피스 /
軍事郵便局 (ぐんじゆうびんきょく) 군지유-빙쿄쿠 / **军队邮局** [jūnrényóujú] 쥔런요우쥐

□ 부서지기 쉬움 **fragility** [frədʒíləti] 프러쥘러티 /
壊れ易い (こわれやすい) 코와레야스이 / **脆弱** [cuìruò] 추이루오

□ 스팸메일(광고성 우편물) **junk mail** [dʒʌŋk méil] 정크메일 /
迷惑メール (めいわくめーる) 메-와쿠메-루 / **垃圾邮件** [lājīyóujiàn] 라지요우지엔

chapter 3 은행(Bank, 銀行, 银行)

□ 은행통장
bankbook [bǽŋkbùk] 뱅크북
通帳 (つうちょう) 츠-쵸-
存折 [cúnzhé] 춘저

□ 신용카드
credit card [krédit kɑːrd] 크레딧카드
クレジットカード 쿠레짓토카-도
信用卡 [xìnyòngkǎ] 신용카

□ 은행 출납담당원
bank clerk [bæŋk kləːrk] 뱅크클럭
銀行員 (ぎんこういん) 깅코-잉
銀行出納員 [Yínhángchūnàyuán] 인항추나위엔

□ 경호원, 경비
security guard [sikjú-əriti gɑːrd]
씨큐어리티가드
警備員 (けいびいん) 케-비잉
警卫 [jǐngwèi] 징웨이

□ 예금계좌
account [əkáunt] 어카운트
口座 (こうざ) 코-자
存款账户 [cúnkuǎnzhànghù] 춘콴장후

• chapter 3 은행

□ 돈
money [mʌ́ni] 머니
お金 (おかね) 오카네
钱 [qián] 치엔

□ 현금
cash [kæʃ] 캐시
現金 (げんきん) 겡킹
现金 [xiànjīn] 시엔진

□ 동전
coin [kɔin] 코인
コイン 코잉
硬币 [yìngbì] 잉삐

□ 지폐
bill [bil] 빌
札 (さつ) 사츠
纸币 [zhǐbì] 즈삐

□ 수표
check [tʃek] 첵
小切手 (こぎって) 코깃테
支票 [zhīpiào] 즈퍄오

□ 어음
draft [drɑːft] 드라프트
手形 (てがた) 테가타
银票 [yínpiào] 인퍄오

□ 자동현금인출기
ATM [eitiem] 에이티엠
ATM (エーティーエム) 에-티에무
自动存提款机 [zìdòngcúntíkuǎnjī]
즈똥춘티콴지

□ 송금
remittance [rimít-əns] 리미턴스
送金 (そうきん) 소-킹
汇款 [huìkuǎn] 후이콴

283

chapter 3

□ 금고
safe [seif] 쎄이프
金庫 (きんこ) 킹코
保险柜 [bǎoxiǎnguì] 바오시엔꾸이

□ 자동납부
direct debit [dirékt débit] 디렉트데빗
口座引き落とし (こうざひきおとし) 코-자히키오토시
自动转账 [zìdòngzhuǎnzhàng] 즈똥좐장

□ 예금용지
deposit slip [dipázit slip] 디파짓슬립
預け入れ用紙 (あずけいれようし) 아즈케이레요-시
存款单 [cúnkuǎndān] 춘콴딴

□ 출금용지
withdrawal slip
[wiðdrɔ́:-əl slip] 위드드로얼슬립
払い戻し用紙 (はらいもどしようし) 하라이모도시요-시
提款单 [tíkuǎndān] 티콴딴

□ 은행수수료
bank charge [bæŋk tʃɑːrdʒ] 뱅크챠지
银行手数料 (ぎんこうてすうりょう) 깅코-테스-료-
银行手续费 [Yínhángshǒuxùfèi] 인항쇼우쉬페이

□ 고객
customer [kÁstəmər] 커스터머
お客様 (おきゃくさま) 오캬쿠사마
顾客 [gùkè] 구커

284

□ 저축
savings [séiviŋs] 쎄이빙스
貯蓄 (ちょちく) 쵸치쿠
存款 [cúnkuǎn] 춘콴

□ 환율
exchange rate [ikstʃéindʒ reit] 익스체인지레이트
為替レート (かわせれーと) 카와세레-토
外汇率 [wàihuìlǜ] 와이후이뤼

□ 융자
loan [loun] 로운
ローン 로응
貸款 [dàikuǎn] 따이콴

□ 적금
installment savings
[instɔ́:lmənt séiviŋs] 인스톨먼트쎄이빙스
積立金 (つみたてきん) 츠미타테킹
攒钱 [cuánqián] 촨치엔

□ 원금
principal [prínsəpəl] 프린서펄
元金 (がんきん) 강킹
本金 [běnjīn] 번진

□ 이자
interest [íntərist] 인터리스트
利子 (りし) 리시
利息 [lìxī] 리시

관련어

- 위조지폐 **flash notes** [flæʃ nouts] 플래쉬노우츠 / **偽札** (にせさつ) 니세사츠 / **伪钞** [wěichāo] 웨이챠오

- 출납원 **cashier** [kæʃíər] 캐쉬어 / **キャッシャー** (きゃっしゃー) 꺗샤- / **出纳员** [chūnàyuán] 추나위엔

- 자판 **keypad** [kíːpæd] 키패드 / **キーパッド** 키-팟도 / **键盘** [jiànpán] 지엔판

- 지불, 납입 **payment** [péimənt] 페이먼트 / **納入** (のうにゅう) 노-뉴- / **付款** [fùkuǎn] 푸콴

- 월부 **monthly payment** [mʌ́nθli péimənt] 먼쓸리페이먼트 / **毎月支払** (まいげつしはらい) 마이게츠시하라이 / **按月付费** [ànyuèfùfèi] 안위에푸페이

- 매월납부명세서 **monthly statement** [mʌ́nθli stéitmənt] 먼쓸리스테이트먼트 / **月次報告書** (げつじほうこくしょ) 게츠지호-코쿠쇼 / **月结单** [yuèjiédān] 위에지에딴

- 서명(하기) **signature** [sígnətʃəːr] 씨그너처 / **署名** (しょめい) 쇼메- / **签名** [qiānmíng] 치엔밍

- 비밀번호 **pin number** [pin námbəːr] 핀넘버 (=personal code number) / **パスワード** 파스와-도 / **密码** [mìmǎ] 미마

- 저축하다 **save money** [seiv máni] 쎄이브머니 / **貯蓄する** (ちょちくする) 쵸치쿠스루 / **储蓄** [chǔxù] 추쉬

- 환전하다 **change money** [tʃeindʒ máni] 췌인쥐머니 / **両替する** (りょうがえする) 료-가에스루 / **换钱** [huànqián] 환치엔

- 송금하다 **send money** [send máni] 쎈드머니 / **送金する** (そうきんする) 소-킨스루 / **汇款** [huìkuǎn] 후이콴

- 예금하다 **deposit money** [dipázit máni] 디파짓머니 / **預け入れる** (あずけいれる) 아즈케이레루 / **存款** [cúnkuǎn] 춘콴

- 출금하다 **withdraw money** [wiðdrɔ́ːmáni] 위드로머니 / **(お金を)引き出す** ((おかねを)ひきだす) (오카네오)히키다스 / **付款** [fùkuǎn] 푸콴

- 현금카드 **cash card** [kæʃ kɑːrd] 캐쉬카드 / **キャッシュカード** 캿슈카-도 / **现金卡** [xiànjīnkǎ] 시엔진카

- 여행자수표 **traveler's check** [trǽvləːrz tʃek] 트래블러즈체크 / **トラベラーズチェック** 토라베라-즈첵쿠 / **旅行支票** [lǚxíngzhīpiào] 뤼싱즈퍄오

- 보증수표 **certified check** [sə́ːrtəfàid tʃek] 써터파이드체크 / **保証小切手** (ほしょうこぎって) 호쇼-코깃테 / **本票** [běnpiào] 번퍄오

- 금리 **money rates** [máni reits] 머니레이츠 / **金利** (きんり) 킨리 / **金利** [jīnlì] 진리

chapter 4 공항(Airport, 空港, 机场)

□ 관제탑
control tower [kəntróul táuə:r]
컨트로울타워
管制塔 (かんせいとう) 칸세-토-
塔台 [tǎtái] 타타이

□ 여객기
airliner [ɛərlàinər]
에어라이너
旅客機 (りょかくき) 료카쿠키
客机 [kèjī] 커지

□ 활주로
runway [ránwèi] 런웨이
滑走路 (かっそうろ) 캇소-로
跑道 [pǎodào] 파오다오

□ 면세점
duty free shop [djú:ti fri:ʃɑp] 듀티프리샵
免税店 (めんぜいてん) 멘제-텐
免税店 [miǎnshuìdiàn] 미엔쉐이디엔

□ 수화물 찾는 곳
baggage claim [bǽgidʒ kleim] 배기지클레임
手荷物受取所 (てにもつうけとりしょ) 테니모츠 우케토리쇼
行李提领处 [xínglitílǐngchù] 싱리티링추

□ 관세
customs [kʌ́stəmz] 커스텀즈
関税 (かんぜい) 칸제-
关税 [guānshuì] 꽌쉐이

288

□ 국내선
domestic flight [douméstik flait] 도우메스틱플라이트
国内線 (こくないせん) 코쿠나이셍
国内线 [guónèixiàn] 구오네이시엔

□ 국제선
international flight [ìntərnǽʃənəl flait] 인터내셔널플라이트
国際線 (こくさいせん) 콕사이셍
国际线 [guójìxiàn] 구오지시엔

□ 금속 탐지기
metal detector [métl ditéktər] 메틀디텍터
金属探知機 (きんぞくたんちき) 킨조쿠탄치키
金属探测器 [jīnshǔtàncèqì] 진슈탄처치

□ 예약
reservation [rèzə:rvéiʃ-ən] 레저베이션
予約 (よやく) 요야쿠
预订 [yùdìng] 위띵

□ 목적지
destination [dèstənéiʃən] 데스테네이션
到着地 (とうちゃくち) 토-챠쿠치
目的地 [mùdìdì] 무디디

□ 도착
arrival [əráivəl] 어라이벌
到着 (とうちゃく) 토-챠쿠
到 [dào] 다오

□ 착륙
landing [lǽndiŋ] 랜딩
着陸 (ちゃくりく) 챠쿠리쿠
着陆 [zhuólù] 주오루

□ 고도비행
altitude flight [ǽltətjùːd flait] 앨터튜드플라이트
高度飛行 (こうどひこう) 코-도히코-
高空飞行 [gāokōngfēixíng] 까오콩페이싱

□ 시차피로
jetlag [dʒetlæg] 제트래그
時差ぼけ (じさぼけ) 지사보케
飞机时差 [fēijīshíchā] 페이지스차

□ 출발
departure [dipáːrtʃər] 디파쳐
出発 (しゅっぱつ) 슙파츠
出发 [chūfā] 추파

□ 이륙
takeoff [téikɔ̀(ː)f] 테이코프
離陸 (りりく) 리리쿠
起飞 [qǐfēi] 치페이

□ 여권
　passport [pǽspɔ̀:rt] 패스포트
　パスポート 파스포-토
　护照 [hùzhào] 후쟈오

□ 탑승권
　boarding pass [bɔ́:rdiŋ pæs] 보딩패스
　搭乗券 (とうじょうけん) 토-죠-켕
　登机卡 [dēngjīkǎ] 떵지카

□ (여권)사증, 비자
　visa [ví:zə] 비저
　ビザ 비자
　签证 [qiānzhèng] 치엔정

□ 검사
　　inspection [inspékʃən] 인스펙션
　　検査 (けんさ) 켄사
　　检查 [jiǎnchá] 지엔차

□ 입국심사
　　immigration [ìməgréiʃən] 이머그레이션
　　入国審査 (にゅうこくしんさ) 뉴-코쿠신사
　　入境检查 [rùjìngjiǎnchá] 루징지엔차

　　　　□ 검역소
　　　　　quarantine [kwɔ́:rəntì:n] 쿼런틴
　　　　　検疫所 (けんえきしょ) 켕에키쇼
　　　　　检疫站 [jiǎnyìzhàn] 지엔이잔

　　　　□ 대기
　　　　　standby [stǽndbài] 스탠드바이
　　　　　待機 (たいき) 타이키
　　　　　等候 [děnghòu] 덩호우

관련어

- 보안검색 **security check** [sikjú-əriti tʃek] 씨큐어리티체크 /
  セキュリティチェック 세큐리티첵쿠 /
  安全检查 [ānquánjiǎnchá] 안췐지엔차

- 공항버스 **limousine** [líməzì:ń] 리머진 / リムジンバス 리무짐바스 /
  机场大巴 [jīchǎngdàbā] 지창다빠

- 탑승수속창구 **checkin counter** [tʃekin káuntər] 체킨카운터 /
  搭乗手続きカウンター (とうじょうてつづきかうんたー) 토-죠-테츠즈키카운타- /
  乘机登记处 [chéngjīdēngjìchǔ] 청지떵지추

- 수화물 물표 **baggage check** [bǽgidʒ tʃek] 배기쥐체크 /
  手荷物預かり証 (てにもつあずかりしょう) 테니모츠아즈카리쇼- /
  行李托管证 [xínglituōguǎnzhèng] 싱리투어꽌정

- 탁송화물수속 **checkin baggage** [tʃekin bǽgidʒ] 체킨배기쥐 /
  チェックイン荷物 (ちぇっくいんにもつ) 체쿠인니모츠 /
  托运行李手续 [tuōyùnxínglǐshǒuxù] 투어윈싱리쇼우쉬

- 후보자(대기자)명단 **waiting list** [wéitiŋ list] 웨이팅리스트 /
  待機者リスト (たいきしゃりすと) 타이키샤리스토 / 候补名单 [hòubǔmíngdān] 호우뿌밍딴

- 직항편 **nonstop flight** [nɑnstɑp flait] 난스탑플라이트 /
  直行便 (ちょっこうびん) 쵹코-빙 / 直飞 [zhífēi] 즈페이

- 야간비행 **night flight** [nait flait] 나이트플라이트 / 夜間飛行 (やかんひこう) 야칸히코- /
  夜间飞行 [yèjiānfēixíng] 예지엔페이싱

- 항공권 **flight ticket** [flait tíkit] 플라이트티킷 / 航空券 (こうくうけん) 코-쿠-켕 /
  机票 [jīpiào] 지퍄오

- 승무원 **flight attendant** [fleit əténdənt] 플라이트어텐던트 /
  客室乗務員 (きゃくしつじょうむいん) 캬쿠시츠죠─무잉 /
  乘务员 [chéngwùyuán] 청우위엔

- 조종사 **pilot** [páilət] 파일럿 / **パイロット** 빠이롯토 /
  领航员 [lǐnghángyuán] 링항위엔

- 비상구 **emergency exit** [imə́:rdʒənsi éksit] 이머젼시엑싯 /
  非常口 (ひじょうぐち) 히죠─구치 / **安全门** [ānquánmén] 안췐먼

- 연착 **delay** [diléi] 딜레이 / **ディレー** 디레─ / **延迟** [yánchí] 옌츠

- 도중하차(지) **stopover** [stɑpòuvəːr] 스탑오우버 /
  ストップオーバー 스톱푸오─바─ / **中途停留** [zhōngtútíngliú] 종투팅리유

- 탑승구번호 **gate number** [geit nʌ́mbəːr] 게이트넘버 /
  搭乗口番号 (とうじょうぐちばんごう) 토─죠─구치방고─ /
  登机口号码 [dēngjīkǒuhàomǎ] 떵지코우하오마

- 탑승대기실 **departure lounge** [dipɑ́:rtʃər laundʒ] 디파처라운쥐 /
  出発ロビー (しゅっぱつろびー) 슙파츠로비─ / **候机室** [hòujīshì] 호우지스

- 창가측 좌석 **window seat** [wíndou siːt] 윈도우씨트 /
  窓側席 (まどがわせき) 마도가와세키 / **靠窗座位** [kàochuāngzuòwèi] 카오촹 쭈오웨이

- 통로측 좌석 **aisle seat** [ail siːt] 아일씨트 /
  通路側席 (つうろがわせき) 츠─로가와세키 /
  靠走道的座位 [kàozǒudàodezuòwèi] 카오조우따오더 쭈오웨이

- 화장실 **lavatory** [lǽvətɔ̀:ri] 래버토리 / **トイレ** 토이레 /
  洗手间 [xǐshǒujiān] 시쇼지엔

- 조종실 **cockpit** [kákpìt] 칵피트 / **コクピット** 코쿠핏토 /
  座舱 [zuòcāng] 쭈오창

chapter 5 쇼핑과 취미(Shopping&Hobby, ショッピングと趣味, 购物和爱好)

1 쇼핑(Shopping, ショッピング, 购物)

☐ 쇼핑센터
mall [mɔːl] 몰
ショッピングモール 숍핑구모-루
商场 [shāngchǎng] 샹창

☐ 백화점
department store [dipáːrtmənt stɔːr] 디파트먼트스토어
デパート 데파-토
百货公司 [bǎihuògōngsī] 바이후오꽁쓰

☐ 기념품점
souvenir shop [sùːvəníəːr ʃɑp] 수버니어샵
お土産屋 (おみやげや) 오미야게야
纪念品商店 [jìniànpǐnshāngdiàn] 지니엔핀샹디엔

☐ 주차장
parking lot [páːrkiŋ lɑt] 파킹랏
駐車場 (ちゅうしゃじょう) 츄-샤죠
停车场 [tíngchēchǎng] 팅처창

□ 남성복
  menswear [ménzwèər] 멘즈웨어
  紳士服 (しんしふく) 신시후쿠
  男装 [nánzhuāng] 난쫭

□ 여성복
  womens wear [wíminz wèər] 위민즈웨어
  婦人服 (ふじんふく) 후징후쿠
  女装 [nǔzhuāng] 뉘쫭

□ 영수증
  receipt [risí:t] 리싯
  レシート 레시—토
  收据 [shōujù] 쇼우쥐

□ 환불
  refund [rí:fʌnd] 리펀드
  払い戻し (はらいもどし)
  하라이모도시
  退还 [tuìhuán] 투이환

□ 보증서
  guarantee [gæ̀rəntí:] 개런티
  保証書 (ほしょうしょ) 호쇼—쇼
  保证函 [bǎozhènghán] 바오정한

□ 스포츠 용품
  sports goods [spɔ́:rts gudz] 스포츠굳즈
  スポーツ用品 (すぽーつようひん) 스포—츠요—힝
  体育用品 [tǐyùyòngpǐn] 티위용핀

□ 부엌용품
  kitchenware [kítʃinwèər] 키친웨어
  台所用品 (だいどころようひん) 다이도코로요—힝
  厨房用具 [chúfángyòngjù] 추팡용쥐

295

□ 판매
- sale [seil] 쎄일
- 販売 (はんばい) 함바이
- 卖 [mài] 마이

□ 교환
- exchange [ikstʃéindʒ] 익스체인지
- 交換 (こうかん) 코-캉
- 交换 [jiāohuàn] 쟈오환

□ 정가표
- price tag [prais tæg] 프라이스태그
- 値札 (ねふだ) 네후다
- 定价表 [dìngjiàbiǎo] 딩쟈뱌오

□ 할인
- discount [dískaunt] 디스카운트
- 割引 (わりびき) 와리비키
- 打折 [dǎzhé] 다저

□ 영업시간
- business hours [bíznis áuərz] 비즈니스아우어즈
- 営業時間 (えいぎょうじかん) 에-교-지캉
- 营业时间 [yíngyèshíjiān] 잉예스지엔

□ 가봉실, 옷입어보는 곳
- fitting room [fítiŋ rum] 피팅룸
- 試着室 (しちゃくしつ) 시챠쿠시츠
- 试衣间 [shìyījiàn] 스이지엔

□ 편의점
convenience store [kənvíːnjəns stɔːrz] 컨비니언스스토어
コンビニ 콤비니
便利店 [biànlìdiàn] 비엔리디엔

□ 금전등록기
cash register [kæʃ rédʒəstəːr] 캐시레저스터
レジ 레지
收银机 [shōuyínjī] 쇼우인지

□ 점원
salesclerk [séilzklə̀ːrk] 쎄일즈클럭
店員 (てんいん) 텡잉
店员 [diànyuán] 디엔위엔

□ 손님
customer [kʌ́stəmər] 커스터머
お客様 (おきゃくさま) 오캬쿠사마
客人 [kèrén] 커런

□ 손수레
shopping cart [ʃápiŋ kɑːrt] 샤핑카트
ショッピングカート 숍핑구카ー토
手推车 [shǒutuīchē] 쇼우투이처

□ 상표
brand [brænd] 브랜드
ブランド 부란도
商标 [shāngbiāo] 샹뱌오

□ 여점원
shopgirl [ʃápgəːrl] 샵걸
(=salesgirl)
女店員 (じょてんいん) 죠텡잉
女店员 [nǚdiànyuán] 뉘디엔위엔

297

관련어

- □ 계산대, 판매대 **counter** [káuntər] 카운터 / **カウンター** 카운타- / 柜台 [guìtái] 꾸이타이

- □ 바코드, 막대부호 **bar-code** [bá:rkòud] 바코우드 / **バーコード** 바-코-도 / 条形码 [tiáoxíngmǎ] 탸오싱마

- □ 카탈로그, 목록 **catalog** [kǽtəlɔ̀:g] 캐털로그 / **カタログ** 카타로구 / 目录册 [mùlùcè] 무루처

- □ (제품) 보증(서) **warranty** [wɔ́(:)rənti] 워런티 / 保証(書) (ほしょう(しょ)) 호쇼-(쇼) / 保证书 [bǎozhèngshū] 바오정수

- □ 선물가게 **gift shop** [gift ʃɑp] 기프트샵 / **ギフトショップ** 기후토숍푸 / 礼品店 [lǐpǐndiàn] 리핀디엔

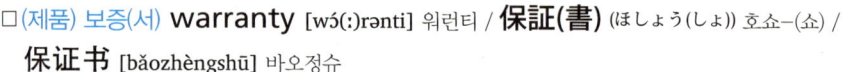

- □ 포장코너 **wrapping counter** [rǽpiŋ káuntər] 래핑카운터 / 包装台 (ほうそうだい) 호-소-다이 / 包装台 [bāozhuāngtái] 바오좡타이

- □ 식당가 **food court** [fu:d kɔ:rt] 푸드코트 / **フードコート** 후-도코-토 / 美食街 [měishíjiē] 메이스지에

- □ 분실물 (센터) **lost and found (center)** [lɔ(:)st ænd faund] 로스트앤드파운드 / 遺失物 (いしつぶつセンター) 이시츠브츠센타- / 失物招领处 [shīwùzhāolǐngchù] 스우쟈오링추

□ 재고정리 세일 **clearance sale** [klíərəns seil] 클리어런스세일 /
在庫一掃セール (ざいこいっそうせーる) 자이코잇소–세–루 /
清倉大処理 [qīngcāngdàchǔlǐ] 칭창따추리

□ 배상, 변상 **compensation** [kàmpənséiʃən] 캄펀쎄이션 / **補償** (ほしょう) 호쇼– /
賠償 [péicháng] 페이창

② 취미(Hobby, 趣味, 兴趣)

□ 여행
travel [trǽv-əl] 트래벌
旅行 (りょこう) 료코-
旅行 [lǚxíng] 뤼싱

□ 음악회
concert [kánsə(:)rt] 칸서트
コンサート 콘사-토
演唱会 [yǎnchànghuì] 옌창후이

□ 춤, 댄스
dance [dæns] 댄스
ダンス 단스
舞 [wǔ] 우

□ 영화
movie [múːvi] 무비
映画 (えいが) 에-가
电影 [diànyǐng] 디엔잉

□ 음악
music [mjúːzik] 뮤직
音楽 (おんがく) 옹가쿠
音乐 [yīnyuè] 인위에

□ 수집
collection [kəlékʃən] 컬렉션
収集 (しゅうしゅう) 슈-슈-
收集 [shōují] 쇼우지

□ 공예
craft [kræft] 크래프트
クラフト 쿠라후토
工艺 [gōngyì] 꽁이

□ 독서
reading [ríːdiŋ] 리딩
読書 (どくしょ) 도쿠쇼
看书 [kànshū] 칸슈

□ 요리
cooking [kúkiŋ] 쿠킹
料理 (りょうり) 료-리
料理 [liàolǐ] 랴오리

□ 연극
play [plei] 플레이
芝居 (しばい) 시바이
表演 [biǎoyǎn] 뱌오옌

□ 그림
painting [péintiŋ] 페인팅
絵画 (かいが) 카이가
绘画 [huìhuà] 후이화

□ 풍자화, 만화
cartoon [kɑːrtúːn] 카툰
漫画 (まんが) 망가
漫画 [mànhuà] 만화

□ 뜨개질
knitting [nítiŋ] 니팅
編み物 (あみもの) 아미모노
织 [zhī] 즈

□ 자수
embroidery [embrɔ́idəri] 엠브로이더리
刺繡 (ししゅう) 시슈-
刺绣 [cìxiù] 츠시유

□ 재봉, 바느질
sewing [sóuiŋ] 쏘우잉
縫い物 (ぬいもの) 누이모노
缝纫 [féngrèn] 펑런

□ 만화영화
animation [ænəméiʃən] 애너메이션
アニメーション 아니메-숑
动画片 [dònghuàpiàn] 동화피엔

□ 사진촬영
photography [fətágrəfi] 퍼타그러피
写真撮影 (しゃしんさつえい) 샤신사츠에-
照相 [zhàoxiàng] 자오샹

□ 등산
mountain climbing [máunt-ən kláimiŋ] 마운턴클라이밍
山登り (やまのぼり) 야마노보리
登山 [dēngshān] 떵샨

□ 서예
calligraphy [kəlígrəfi] 컬리크러피
書道 (しょどう) 쇼도-
书法 [shūfǎ] 슈파

□ 하이킹, 도보여행
hiking [háikiŋ] 하이킹
ハイキング 하이킹구
徒步旅行 [túbùlǚxíng] 투뿌뤼싱

□ 낚시
fishing [fíʃiŋ] 피싱
釣り (つり) 츠리
鱼钩 [yúdiào] 위댜오

관련어

- 모형제작 **model making** [mádl méikiŋ] 마들메이킹 /
  模型製作 (もけいせいさく) 모케-세-사쿠 / 模型制作 [móxíngzhìzuò] 모싱즈쭈오

- 모형조립 **model building** [mádl bíldiŋ] 마들빌딩 /
  模型組み立て (もけいくみたて) 모케-쿠미타테 / 模型建筑 [móxíngjiànzhù] 모싱지엔주

- 종이접기 **origami** [origami] 오리가미 / 折り紙 (おりがみ) 오리가미 /
  折纸术 [zhézhǐshù] 저즈슈

- 천체관측
  astronomy (observation) [əstránəmi(àbzərvéiʃən)] 어스트라너미(압저베이션) /
  天体観測 (てんたいかんそく) 텐타이칸소쿠 / 天体观测 [tiāntǐguāncè] 티엔티꽌처

- 우표수집 **stamp collecting** [stæmp kəléktiŋ] 스탬프컬렉팅 /
  切手収集 (きってしゅうしゅう) 킷테슈-슈- / 集邮 [jíyóu] 지요우

- 동전수집 **coin collecting** [kɔin kəléktiŋ] 코인컬렉팅 /
  コイン収集 (こいんしゅうしゅう) 코인슈-슈- / 硬币收集 [yìngbìshōují] 잉삐쇼우지

- 수집 **collection** [kəlékʃən] 컬렉션 / コレクション 코레쿠숑 /
  收集 [shōují] 쇼우지

- 조각퍼즐 **jigsaw puzzl** [dʒígsɔ̀:pʌ́zl] 직쏘퍼즐 /
  ジグソーパズル 지구소-파즈루 / 拼图游戏 [pīntúyóuxì] 핀투요우시

- 십자말풀이(퍼즐) **crossword (puzzle)** [krɔ́swə̀:rd] 크로스워드 /
  クロスワード 쿠로스와-도 /
  纵横字谜游戏 [zònghéngzìmíyóuxì] 쫑헝쯔미요우시

- 체스, 서양 장기 **chess** [tʃes] 체스 / **チェス** 체스 /
  国际象棋 [guójìxiàngqí] 구어지샹치

- 카드놀이 **cards** [kɑːrdz] 카(드)즈 / **カードゲーム** 카-도게-무 /
  纸牌游戏 [zhǐpáiyóuxì] 즈파이요우시

- 내기 **bet** [bet] 베트 / **賭け** (かけ) 카케 / **打赌** [dǎdǔ] 다두

- 음악(희)극 **musical** [mjúːzik-əl] 뮤지컬 /
  ミュージカル 뮤-지카루 / **歌舞剧** [gēwǔjù] 거우쥐

- 오페라, 가극. **opera** [ápərə] 아퍼러 / **オペラ** 오페라 / **歌剧** [gējù] 거쥐

- 연재만화 **comic strip** [kámik strip] 카믹스트립 /
  連載漫画 (れんさいまんが) 렌사이망가 / **连载漫画** [liánzǎimànhuà] 리엔짜이만화

- 드라이브 **drive** [draiv] 드라이브 / **ドライブ** 도라이부 /
  驾车出游 [jiàchēchūyóu] 쟈처추요우

- 도자기 (공예) **pottery** [pátəri] 파터리 / **陶芸** (とうげい) 토-게- / **陶瓷** [táocí] 타오츠

- 조각 **sculpture** [skʌ́lptʃəːr] 스칼프처 / **彫刻** (ちょうこく) 쵸-코쿠 /
  雕刻 [diāokè] 댜오커

- 마작 **mah-jong(g)** [máːdʒɔ́ːŋ] 마쫑 / **マージャン** 마-쟝 /
  麻将 [májiàng] 마쟝

- 인형극 **puppet show** [pápit ʃou] 퍼핏쇼우 / **人形劇** (にんぎょうげき) 닌교-게키 /
  木偶剧 [mùǒujù] 무오우쥐

- 꼭두각시(인형) **marionette** [mæriənét] 매리어넷 /
  操り人形 (あやつりにんぎょう) 아야츠리닝교- / **木偶** [mùǒu] 무오우

- 들새 관찰, 탐조(探鳥) **bird watching** [bəːrd wɑtʃiŋ] 버드와칭 /
  バードウォッチング 바-도웟칭구 /
  观察研究野鸟 [guāncháyánjiūyěniǎo] 꽌차옌지우예냐오

chapter 6 여행, 종교, 스포츠

1 여행(Travel, 旅行, 旅行)

□ 관광
sightseeing [sáitsì:iŋ] 싸이트씨잉
観光 (かんこう) 캉-코-
观光 [guānguāng] 꽌꽝

□ 거리의 야경
night town [náit tàun] 나이트타운
夜景 (やけい) 야케-
夜景 [yèjǐng] 예징

□ 당일치기 여행
day trip [dei trip] 데이트립
日帰り旅行 (ひがえりりょこう) 히가에리료코-
当天来回的旅行
[dāngtiānláihuídelǚxíng] 땅티엔라이후이더뤼싱

□ 해외여행
foreign travel [fɔ́(:)rin trǽv-əl] 포린트래블
海外旅行 (かいがいりょこう) 카이가이료코-
海外旅行 [hǎiwàilǚxíng] 하이와이뤼싱

□ 국내여행
domestic travel [douméstik trǽv-əl] 도우메스틱트래블
国内旅行 (こくないりょこう) 코쿠나이료코-
国内旅行 [guónèilǚxíng] 구오네이뤼싱

□ 패키지 여행(단체여행)

package tour [pǽkidʒ tuər] 패키지투어
団体旅行 (だんたいりょこう) 단타이료코-
跟团旅游 [gēntuánlǚyóu] 껀투안뤼요우

□ 신혼여행

honeymoon [hʌ́nimùːn] 허니문
新婚旅行 (しんこんりょこう) 싱콘료코-
蜜月旅行 [mìyuèlǚxíng] 미위에뤼싱

□ 여행사

travel agency [trǽv-əl éidʒənsi]
트래벌에이젼시
旅行社 (りょこうしゃ) 료코-샤
旅行社 [lǚxíngshè] 뤼싱셔

□ 관광객

tourist [túərist] 투어리스트
観光客 (かんこうきゃく) 캉코-캬쿠
观光客 [guānguāngkè] 꽌꽝커

□ 여정, 여행일정계획

itinerary [aitínərəri] 아이티너러리
旅行日程 (りょこうにってい) 료코-닛테-
旅程 [lǚchéng] 뤼청

□ 선박여행

cruise [kruːz] 크루즈
クルーズ旅行 (くるーずりょこう) 쿠루-즈료코-
乘船航游 [chéngchuánhángyóu] 청촨항요우

□ 차멀미
  carsickness [káːrsìknis] 카씨크니스
  車酔い (くるまよい) 쿠루마요이
  晕车 [yùnchē] 윈처

□ 뱃멀미
  seasickness [síːsìknis] 씨씨크니스
  船酔い (ふなよい) 후나요이
  晕船 [yùnchuán] 윈촨

□ 기념비
  memorial [mimɔ́ːriəl] 미모리얼
  記念碑 (きねんひ) 키넹히
  纪念碑 [jìniànbēi] 지니엔뻬이

□ 민속촌
  folk village [fouk vílidʒ] 포우크빌리지
  民俗村 (みんぞくむら) 민조쿠무라
  民俗村 [mínsúcūn] 민수춘

□ 전망, 경치
  outlook [áutlùk] 아우트룩
  眺め (ながめ) 나가메
  展望 [zhǎnwàng] 잔왕

□ 온천
  hot spring [hɑt spriŋ] 핫스프링
  温泉 (おんせん) 온셍
  温泉 [wēnquán] 원취엔

□ 풍경
　scenery [síːnəri] 씨너리
　景色 (けしき) 케시키
　风景 [fēngjǐng] 펑징

□ 옛터, 유적
　ruins [rúːinz] 루인즈
　遺跡 (いせき) 이세키
　遗址 [yízhǐ] 이즈

□ 기념품
　souvenir [sùːvəníəːr] 쑤버니어
　お土産 (おみやげ) 오미야게
　纪念品 [jìniànpǐn] 지니엔핀

관련어

□ 야간여행 **night tour** [nait tuə:r] 나이트투어 / **夜景ツアー** (やけいつあー) 야케-츠아- / **夜晚旅行** [yèwǎnlǚxíng] 예완뤼싱

□ 야간열차 **night train** [nait trein] 나이트트레인 / **夜行列車** (やこうれっしゃ) 야코-렛샤 / **夜车** [yèchē] 예처

□ 자동차여행 **motor trip** [móutər trip] 모우터트립 / **自動車旅行** (じどうしゃりょこう) 지도-샤료코- / **汽车旅行** [qìchēlǚxíng] 치처뤼싱

□ 주말여행 **weekend trip** [wí:kènd trip] 위켄드트립 / **週末旅行** (しゅうまつりょこう) 슈-마츠료코- / **周末旅行** [zhōumòlǚxíng] 조우모뤼싱

□ 왕복(일주)여행 **round trip** [raund trip] 라운드트립 / **往復(一周)旅行** (おうふく(いっしゅう)りょこう) 오-후쿠(잇슈-)료코- / **环程旅行** [huánchénglǚxíng] 환청뤼싱

□ 전망대 **observatory** [əbzə́:rvətɔ̀:ri] 업저버토리 / **展望台** (てんぼうだい) 템보-다이 / **瞭望台** [liàowàngtái] 랴오왕타이

□ 관비여행 **junket** [dʒʌ́ŋkit] 정키트 / **官費旅行** (かんぴりょこう) 캄피료코- / **公费旅游** [gōngfèilǚyóu] 꽁페이뤼요우

□ 예술작품 **work of art** [wə:rk əv ɑ:rt] 워크업아트 /
芸術作品 (げいじゅつさくひん) 게-쥬츠사쿠힝 / 艺术作品 [yìshùzuòpǐn] 이슈쭈오핀

□ 사적, 유적(지) **historic site** [histɔ́(:)rik sait] 히스토릭싸이트 / 史跡 (しせき) 시세키 /
古迹 [gǔjì] 구지

□ 지도 **map** [mæp] 맵 / 地図 (ちず) 치즈 / 地图 [dìtú] 디투

□ 여행자 **traveler** [trǽvlə:r] 트래블러 / 旅行者 (りょこうしゃ) 료코-샤 /
游客 [yóukè] 요우커

□ 관광단 **tourist party** [tú-ərist pá:rti] 투어리스트파티 / 観光団 (かんこうだん) 캉코-당 /
旅游团 [lǚyóutuán] 뤼요우투안

□ 관광도시 **tourist city** [tú-ərist síti] 투어리스트씨티 /
観光都市 (かんこうとし) 캉코-토시 / 观光域市 [guānguāngyùshì] 꽌꽝위스

□ 관광산업 **tourist industry** [tú-ərist índəstri] 투어리스트인더스트리 /
観光産業 (かんこうさんぎょう) 캉코-상교- / 旅游产业 [lǚyóuchǎnyè] 뤼요우찬예

□ 관광지 **tourist attractions** [tú-ərist ətrǽkʃənz] 투어리스트어트랙션즈 /
観光地 (かんこうち) 캉코-치 / 旅游胜地 [lǚyóushèngdì] 뤼요우셩디

□ 항해 **voyage** [vɔ́idʒ] 보이쥐 / 航海 (こうかい) 코-카이 / 航海 [hánghǎi] 항하이

□ (육상)여행 **journey** [dʒə́:rni] 져니 / 旅 (たび) 타비 /
陆上旅行 [lùshànglǔxíng] 루샹뤼싱

❷ 종교(Religion, 宗教, 宗教)

□ (종교적)의식
  ritual [rítʃu-əl] 리츄얼
  儀式 (ぎしき) 기시키
  仪式 [yíshì] 이스

□ 신앙
  belief [bilí:f] 빌리프
  信仰 (しんこう) 싱코-
  信仰 [xìnyǎng] 신양

□ 기독교
  Christianity [krìstʃiǽnəti] 크리스챼너티
  キリスト教 (きりすときょう) 키리스토쿄-
  基督教 [jīdūjiào] 지두쟈오

□ 가톨릭교
  Catholicism [kəθáləsìzəm] 커쌀러시점
  カトリック教 (かとりっくきょう) 카토릭쿠쿄-
  天主教 [tiānzhǔjiào] 티엔주쟈오

□ 기독교도
  Christian [krístʃən] 크리스쳔
  キリスト教信者 (きりすときょうしんじゃ) 키리스토쿄-신쟈
  基督徒 [jīdūtú] 지두투

□ 설교
  preach [pri:tʃ] 프리치
  説教 (せっきょう) 섹쿄-
  讲道 [jiǎngdào] 쟝다오

□ 예배
  worship [wə́:rʃip] 워십
  礼拝 (れいはい) 레-하이
  礼拜 [lǐbài] 리바이

chapter 6 여행, 종교, 스포츠

□ 가톨릭교도
Catholic [kǽθəlik] 캐쎌릭
カトリック教信者 (かとりっくきょうしんじゃ)
카토릭쿠쿄-신쟈
天主教徒 [tiānzhǔjiàotú] 티엔주쟈오투

□ 힌두교도
Hindu [híndu:] 힌두
ヒンドゥー教徒 (ひんどぅーきょうと) 힌두-쿄-토
印度教徒 [yìndùjiàotú] 인두쟈오투

□ 힌두교
Hinduism [híndu:ìzəm] 힌두이점
ヒンドゥー教 (ひんどぅーきょう) 힌두-쿄-
印度教 [yìndùjiào] 인두쟈오

□ 이슬람교도
Muslim [mázləm] 머즐럼
イスラム教 (いすらむきょう) 이스라무쿄-
回教徒 [huíjiàotú] 후이쟈오투

□ 이슬람교, 회교
Islam [íslɑ:m] 이슬람
イスラム教徒 (いすらむきょうと) 이스라무쿄-토
伊斯兰教 [yīsīlánjiào] 이스란쟈오

□ 유교
Confucianism [kənfjú:ʃənizm] 컨퓨셔니즘
儒教 (じゅきょう) 쥬쿄-
儒教 [rújiào] 루쟈오

□ 유생
Confucian [kənfjú:ʃən] 컨퓨션
儒者 (じゅしゃ) 쥬샤
儒生 [rúshēng] 루성

□ 신전, 절

temple [témp-əl] 템펄
お寺 (おてら) 오테라
寺庙 [sìmiào] 쓰먀오

□ 불교

Buddhism [búːdizəm] 부디점
仏教 (ぶっきょう) 북쿄-
佛教 [fójiào] 포쟈오

□ 불교도

Buddhist [búːdist] 부디스트
仏教徒 (ぶっきょうと) 북쿄-토
佛教徒 [fójiàotú] 포쟈오투

□ 샤머니즘(원시종교)

shamanism [ʃáːmənìz-əm] 샤머니점
シャーマニズム 샤-마니즈무
萨满教 [sàmǎnjiào] 사만쟈오

□ 무당

shaman [ʃáːmən] 샤면
シャーマン 샤-망
巫婆 [wūpó] 우포

□ 악마
devil [dévl] 데블
悪魔 (あくま) 아쿠마
恶魔 [èmó] 어모

□ 하느님
God [gɑd] 가드
神様 (かみさま) 카미사마
上帝 [shàngdì] 샹디

□ 신교도
Protestant [prátəstənt] 프라터스턴트
プロテスタント 푸로테스탄토
新教徒 [xīnjiàotú] 신쟈오투

□ 세례
baptism [bǽptizəm] 뱁티점
洗礼 (せんれい) 센레
洗礼 [xǐlǐ] 시리

□ 성경
Bible [báibəl] 바이벌
聖書 (せいしょ) 세-쇼
圣经 [shèngjīng] 셩징

□ 예배
service [sə́:rvis] 써비스
礼拝 (れいはい) 레-하이
礼拜 [lǐbài] 리바이

□ 교회
church [tʃə:rtʃ] 쳐치
教会 (きょうかい) 쿄-카이
教堂 [jiàotáng] 쟈오탕

□ (가톨릭) 미사
Mass [mæs] 매스
ミサ 미사
弥撒 [mísā] 미사

- □ (로마)교황
    - **pope** [poup] 포우프
    - ローマ教皇 (ろーまきょうこう) 로-마쿄-코-
    - 教皇 [jiàohuáng] 쟈오황

- □ 대성당(주교좌 성당)
    - **cathedral** [kəθí:drəl] 커씨드럴
    - 大聖堂 (だいせいどう) 다이세-도-
    - 大教堂 [dàjiàotáng] 따쟈오탕

- □ 십자가
    - **cross** [krɔ:s] 크로스
    - 十字架 (じゅうじか) 쥬-지카
    - 十字架 [shízìjià] 스즈쟈

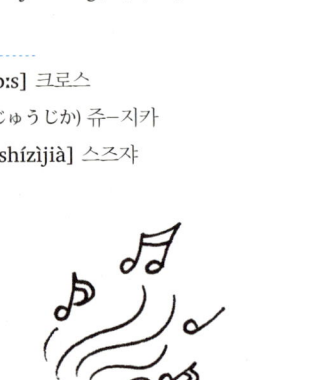

- □ 주교
    - **bishop** [bíʃəp] 비셥
    - 司教 (しきょう) 시쿄-
    - 主教 [zhǔjiào] 쥬쟈오

- □ 추기경
    - **cardinal** [ká:rdənl] 카더늘
    - 枢機卿 (すうききょう) 스-키쿄-
    - 枢机主教 [shūjīzhǔjiào] 슈지쥬쟈오

- □ 찬송가
    - **hymn** [him] 힘
    - 賛美歌 (さんびか) 삼비카
    - 圣歌 [shèngē] 성거

- □ 천국
    - **heaven** [hévən] 헤번
    - 天国 (てんごく) 텡고쿠
    - 天堂 [tiāntáng] 티엔탕

- □ 지옥
    - **hell** [hel] 헬
    - 地獄 (じごく) 지고쿠
    - 地狱 [dìyù] 디위

- □ 장례식
    - **funeral** [fjú:n-ərəl] 퓨너럴
    - 葬式 (そうしき) 소-시키
    - 葬礼 [zànglǐ] 장리

- □ 성직자
    - **priest** [pri:st] 프리스트
    - 聖職者 (せいしょくしゃ) 세-쇼쿠샤
    - 神职人员 [shénzhírényuán] 션즈런위엔

□ 선교사
missionary [míʃ-ənəri] 미셔너리
宣教師 (せんきょうし) 셍쿄—시
传教士 [chuánjiàoshì] 촨쟈오스

□ 성가대
choir [kwaiər] 콰이어
聖歌隊 (せいかたい) 세—카타이
唱诗班 [chàngshībān] 창스빤

□ 화장
cremation [kriméiʃən] 크리메이션
火葬 (かそう) 카소—
火葬 [huǒzàng] 후오장

□ 무덤
tomb [tu:m] 툼
墓 (はか) 하카
墓 [mù] 무

□ 매장
burial [bériəl] 베리얼
埋蔵 (まいぞう) 마이조—
埋葬 [máizàng] 마이장

□ 광신자
fanatic [fənǽtik] 퍼내틱
狂信者 (きょうしんしゃ) 쿄—신샤
狂热信奉者 [kuángrèxìnfèngzhě] 쾅러신펑저

□ 부활절
Easter [í:stər] 이스터
復活節 (ふっかつせつ) 훅카츠세츠
复活节 [fùhuójié] 푸후오지에

□ 복음, 복음서
gospel [gáspəl] 가스펄
福音 (ふくいん) 후쿠잉
福音 [fúyīn] 푸인

□ 예언자
prophet [práfit] 프라핏
預言者 (よげんしゃ) 요겐샤
先知 [xiānzhī] 시엔즈

관련어

- 석가, 부처 Buddha [búːdə] 부더 / 仏 (ほとけ) 호토케 / 佛 [fú] 푸
- 그리스도 Christ [kraist] 크라이스트 / キリスト 키리스토 / 基督 [jīdū] 지두
- 모하메드 Mohammed [mouhǽmed] 모우해메드 / モハメッド 모하멧도 / 穆罕默德 [mùhǎnmòdé] 무한모더

- 업보, 인과응보 karma [káːrmə] 카머 / カルマ 카루마 / 因果報応 [yīnguǒbàoyìng] 인구오바오잉
- 악 evil [íːvəl] 이벌 / 悪 (あく) 아쿠 / 恶魔 [èmó] 어모

- 유령 ghost [goust] 고우스트 / 幽霊 (ゆうれい) 유—레— / 鬼 [guǐ] 꾸이
- (종교, 도덕상의)죄 sin [sin] 씬 / 罪 (つみ) 츠미 / 罪 [zuì] 쭈이
- (종교)원죄 oríginal sin [ərídʒənəl sin] 어리져널씬 / 原罪 (げんざい) 겐자이 / 原罪 [yuánzuì] 위엔쭈이
- 믿다 believe [bilíːv] 빌리브 / 信じる (しんじる) 신지루 / 相信 [xiāngxìn] 샹신

- 신자 believer [bilíːvər] 빌리버 / 信者 (しんじゃ) 신쟈 / 信徒 [xìntú] 신투
- 성직자, 목사 minister [mínistər] 미니스터 / 牧師 (ぼくし) 보쿠시 / 牧师 [mùshī] 무스
- 사당 shrine [ʃrain] 쉬라인 / 神社 (じんじゃ) 진쟈 / 陵墓 [língmù] 링무
- 스님 monk [mʌŋk] 멍크 / 僧 (そう) 소- / 僧侶 [sēnglǚ] 성뤼

- 부활 resurrection [rèzərékʃ-ən] 레저렉션 / 復活 (ふっかつ) 훅카츠 / 复活节 [fùhuójié] 푸후오지에
- 천사 angel [éindʒəl] 에인절 / 天使 (てんし) 텐시 / 天使 [tiānshǐ] 티엔스
- 천국, 낙원 paradise [pǽrədàis] 패러다이스 / 楽園 (らくえん) 라쿠엥 / 天堂 [tiāntáng] 티엔탕
- 지상낙원 earthly paradise [ə́ːrθli pǽrədàis] 어쓸리패러다이스 / 地上楽園 (ちじょうらくえん) 치죠-라쿠엥 / 人间乐园 [rénjiānlèyuán] 런지엔러위엔

관련어

- 세속적인 쾌락 **worldly pleasures** [wə́:rldli pléʒərz] 월들리플레저즈 /
  快楽 (かいらく) 카이라쿠 / 世俗的快乐 [shìsúdekuàilè] 스수더콰이러

- 중생, 미개한 존재 **unenlightened beings** [ʌ̀ninláitnd bí:iŋs] 언인라이튼드비잉스 /
  衆生 (しゅじょう) 슈죠- / 众生 [zhòngshēng] 종성

- 절대존재 **absolute being** [ǽbsəlù:t bí:iŋ] 앱설루트비잉 /
  絶対的な存在 (ぜったいてきなそんざい) 젯타이테키나 손자이 /
  绝对存在 [juéduìcúnzài] 주에두이춘짜이

- 인간 **human beings** [hjú:mən bí:iŋs] 휴먼비잉스 / 人間 (にんげん) 닝겐 /
  人类 [rénlèi] 런레이

- 인신공양 **human sacrifice** [hjú:mən sǽkrəfàis] 휴먼쌔크러파이스 /
  人身御供 (ひとみごくう) 히토미고쿠- / 人类牺牲 [rénlèixīshēng] 런레이시셩

□ 맹세 oath [ouθ] 오우쓰 / 誓いを立てる (ちかいをたてる) 치카이오타테루 / 誓言 [shìyán] 스옌

□ 기도하다 pray [prei] 프레이 / 祈る (いのる) 이노루 / 祈祷 [qídǎo] 치다오

□ 예언하다 predict [pridíkt] 프리딕트 / 予言する (よげんする) 요겐스루 / 预言 [yùyán] 위옌

□ 수녀 nun [nʌn] 넌 / 修道女 (しゅうどうじょ) 슈―도―죠 / 修女 [xiūnǚ] 슈뉘

□ 축복 bless [bles] 블레스 / 祝福 (しゅくふく) 슈쿠후쿠 / 祝福 [zhùfú] 주푸

③ 스포츠(Sports, スポーツ, 体育)

□ 축구
soccer [sákəːr] 싸커
サッカー 삭카-
足球 [zúqiú] 주츄

□ 야구
baseball [béisbɔ̀ːl] 베이스볼
野球 (やきゅう) 야큐-
棒球 [bàngqiú] 빵츄

□ 미식축구
football [fútbɔ̀ːl] 풋볼
アメリカンフットボール
아메리칸훗토보-루
美式足球 [měishìzúqiú] 메이스주츄

□ 테니스
tennis [ténis] 테니스
テニス 테니스
网球 [wǎngqiú] 왕츄

□ 배드민턴
badminton [bǽdmintən] 배드민턴
バドミントン 바도민통
羽毛球 [yǔmáoqiú] 위마오츄

□ 골프
golf [gɔ(ː)lf] 골프
ゴルフ 고루후
高尔夫 [gāoěrfū] 까오얼푸

□ 하키
hockey [háki] 하키
ホッケー 혹케-
曲棍球 [qūgùnqiú] 취꾼츄

□ 탁구
ping-pong [píŋpàŋ] 핑팡
卓球 (たっきゅう) 탁큐-
乒乓球 [pīngpāngqiú] 핑팡츄

chapter 6 여행, 종교, 스포츠

□ 농구
basketball [bǽskitbɔ̀:l] 배스킷볼
バスケットボール 바스켓토보-루
篮球 [lánqiú] 란츄

□ 배구
volleyball [válibɔ̀:l] 발리볼
バレーボール 바레-보-루
排球 [páiqiú] 파이츄

□ 볼링
bowling [bóuliŋ] 보울링
ボーリング 보-링구
保龄球 [bǎolíngqiú] 바오링츄

□ 수영
swimming [swímiŋ] 스위밍
水泳 (すいえい) 스이에-
游泳 [yóuyǒng] 요우용

□ 자전거 타기
cycling [sáikliŋ] 싸이클링
サイクリング 사이쿠링구
骑自行车 [qízìxíngchē] 치즈싱처

□ 스카이 다이빙
skydiving [skaídàiviŋ] 스카이다이빙
スカイダイビング 스카이다이빙구
跳伞 [tiàosǎn] 탸오산

□ 당구
billiard [bíljərd] 빌리어드
ビリヤード 비리야-도
台球 [táiqiú] 타이츄

□ 마라톤 경주
marathon [mǽrəθàn] 매러싼
マラソン 마라송
马拉松 [mǎlāsōng] 마라쏭

321

□ 유도
judo [dʒúːdou] 쥬도우
柔道 (じゅうどう) 쥬-도-
柔道 [róudào] 로우다오

□ 럭비
Rugby [rʌ́gbi] 럭비
ラグビー 라구비-
橄榄球 [gǎnlǎnqiú] 간란츄

□ 스케이트
skating [skéitiŋ] 스케이팅
スケーティング 스케-팅구
滑冰 [huábīng] 화빙

□ 권투
boxing [báksiŋ] 박싱
ボクシング 보쿠싱구-
拳击 [quánjí] 취엔지

□ 역도
weight lifting [weit líftiŋ] 웨이트리프팅
ウエイトリフティング 웨이-토리후팅구
举重 [jǔzhòng] 쥐종

□ 조깅
jogging [dʒágiŋ] 쟈깅
ジョギング 죠깅구
慢跑 [mànpǎo] 만파오

□ 펜싱, 검술
fencing [fénsiŋ] 펜싱
フェンシング 휀싱구
击剑 [jíjiàn] 지지엔

□ 체조
gymnastics [ʤimnǽstiks] 짐내스틱스
体操 (たいそう) 타이소-
体操 [tǐcāo] 티차오

□ 사격
shooting [ʃúːtiŋ] 슈팅
射撃 (しゃげき) 샤게키
射击 [shèjí] 셔지

□ 반칙
foul [faul] 파울
反則 (はんそく) 한소쿠
犯规 [fànguī] 판꾸이

□ 반칙의 벌
penalty [pénəlti] 페널티
ペナルティー 페나루티-
犯规的处罚 [fànguīdechǔfá] 판꾸이더추파

□ 규칙
rule [ruːl] 룰
ルール 루-루
规则 [guīzé] 꾸이저

> 관련어

□ 스키(타기) **skiing** [skíːiŋ] 스키잉 / **スキー** 스키- / **滑雪** [huáxuě] 화슈에

□ 윈드서핑 **windsurfing** [wíndsə̀ːrfiŋ] 윈드써핑 /
ウインドサーフィン 우인도사-휭 / **帆板** [fānbǎn] 판반

□ 승마 **riding** [ráidiŋ] 라이딩 / **乗馬** (じょうば) 죠-바 / **骑术** [qíshù] 치슈

□ 스쿠버 다이빙 **scuba diving** [skjúːbə dáiviŋ] 수큐버다이빙 /
スキューバダイビング 스큐-바다이빙구 /
水肺潜水 [shuǐfèiqiánshuǐ] 쉐이페이치엔쉐이

□ 핸드볼 **handball** [hǽndbɔ̀ːl] 핸드볼 / **ハンドボール** 한도보-루 /
手球 [shǒuqiú] 쇼우츄

□ 소프트볼 **softball** [sɔ́ːftbɔ̀ːl] 쏘프트볼 / **ソフトボール** 소후토보-루 /
垒球 [lěiqiú] 레이츄

□ 야구 배트 bat [bæt] 배트 / バット 밧토- / 球棒 [qiúbàng] 츄빵

□ (야구)글러브 glove [glʌv] 글러브 / グラブ 구라부 /
棒球手套 [bàngqiúshǒutào] 빵츄쇼우타오

□ 라켓 racket [rǽkit] 래킷 / ラケット 라켓토 / 球拍 [qiúpāi] 츄파이

□ 아령 dumbbell [dámbèl] 덤벨 / ダンベル 담베루 /
哑铃 [yǎlíng] 야링

□ 물갈퀴, 오리발 flipper [flípər] 플립퍼 / フリッパー (ふりっぱー) 후립파- /
脚蹼 [jiǎopǔ] 쟈오푸

□ 잠수복 wet suit [wet[su:t] 웬수트 /
ウエットスーツ 우엣토스-츠 / 潜水衣 [qiánshuǐyī] 치엔쉐이이

□ 산미끼 live bait [laiv beit] 라이브베이트 / 生餌 (いきえ) 이키에 /
活的钓饵 [huódediào'ěr] 후오더댜오얼

□ 스트레칭 stretch [stretʃ] 스트레취 / ストレッチング 스토렛칭구 /
拉伸 [lāshēn] 라션

□ 잠수 dive [daiv] 다이브 / 潜水 (せんすい) 센스이 / 潜水 [qiánshuǐ] 치엔쉐이

관련어

- (타이어)튜브 **tube** [tju:b] 튜브 / **チューブ** 츄-부 /
  橡皮圈 [xiàngpíquān] 샹피취엔

- 줄넘기 **rope skipping** [roup skipiŋ] 로우프스키핑 / **縄跳び** (なわとび) 나와토비 /
  跳绳 [tiàoshéng] 탸오성

- 턱걸이 **chin-up** [tʃínʌp] 췬업 / **懸垂** (けんすい) 켄스이 /
  引体向上 [yǐntǐxiàngshàng] 인티샹샹

- 윗몸 일으키기 운동 **sit-up** [sítʌp] 씰업 / **シットアップ** 싯토압푸 /
  仰卧起坐 [yǎngwòqǐzuò] 양워치쭈오

- 엎드려 팔굽혀펴기 **push-up** [púʃʌp] 푸쉬업 /
  プッシュアップ 풋슈압푸 / **俯卧撑** [fǔwòchēng] 푸워청

- 에어로빅 **aerobics** [ɛəróubiks] 에어로우빅스 /
エアロビック 에아로빅쿠 /
健美操 [jiànměicāo] 지엔메이차오

- 선수 **player** [pléiər] 플레이어 / 選手 (せんしゅ) 센슈 / 运动员 [yùndòngyuán] 윈똥위엔

- 심판 **referee** [rèfərí:] 레퍼리 / 審判 (しんぱん) 심팡 / 判决 [pànjué] 판주에

- 코치 **coach** [koutʃ] 코우취 / コーチ 코-치 /
教练 [jiàoliàn] 쟈오리엔

- 감독 **director** [diréktər] 디렉터 / 監督 (かんとく) 칸토쿠 / 监督 [jiāndū] 지엔두

- 응원 **cheering** [tʃíəriŋ] 취어링 / 応援 (おうえん) 오-엥 / 欢呼 [huānhū] 환후

- 운동 **exercise** [éksərsàiz] 엑서사이즈 / 運動 (うんどう) 운도- / 运动 [yùndòng] 윈똥

- 탁구 **table tennis** [téib-əl ténis] 테이블테니스 / ピンポン 핑퐁 /
乒乓球 [pīngpāngqiú] 핑팡츄

- 스포츠맨 정신 **sportsmanship** [spɔ́:rtsmənʃíp] 스포츠먼쉽 /
スポーツマンシップ 스포-츠만십푸 /
运动员精神 [yùndòngyuánjīngshén] 윈똥위엔징션

- 스포츠용어 **sporting terms** [spɔ́:rtiŋ tə:rmz] 스포팅 텀즈 /
スポーツ用語 (すぽーつようご) 스포-츠요-고 / 体育词汇 [tǐyùcíhuì] 티위츠후이

- 연장전 **extended game** [iksténdid geim] 익스텐디드게임 /
延長戰 (えんちょうせん) 엔쵸-셍 / 加时赛 [jiāshísài] 쟈스싸이

극장과 공원 (Theater&Park, 劇場と公園, 剧院和公园)

1 극장 (Theater, 劇場, 剧院)

□ 공연
performance [pərfɔ́:rməns] 퍼포먼스
公演 (こうえん) 코-엔
演出 [yǎnchū] 옌추

□ 구경꾼, 보는 사람
viewer [vjú:ər] 뷰어
見物人 (けんぶつにん) 켄부츠닝
观众 [guānzhòng] 꽌종

□ 청중, 관객
audience [ɔ́:diəns] 오디언스
観客 (かんきゃく) 캉캬쿠
听众 [tīngzhòng] 팅종

□ 영화
movie [mú:vi] 무비
映画 (えいが) 에-가
电影 [diànyǐng] 디엔잉

□ 시사(회)
preview [prí:vju:] 프리뷰
試写会 (ししゃかい) 시샤카이
首映 [shǒuyìng] 쇼우잉

□ 무료입장
admission free [ædmíʃən fri:] 애드미션프리
無料入場 (むりょうにゅうじょう) 무료-뉴-죠-
免费入场 [miǎnfèirùchǎng] 미엔페이루창

□ 표, 입장권
ticket [tíkit] 티킷
チケット 치켓토
门票 [ménpiào] 먼퍄오

□ 입장료
admission fee [ædmíʃən fi:] 애드미션피
入場料 (にゅうじょうりょう) 뉴-죠-료-
票价 [piàojià] 퍄오쟈

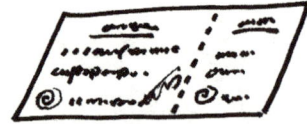

chapter 7 극장과 공원(

□ 출구
exit [éksit] 엑싯
出口 (でぐち) 데구치
出口 [chūkǒu] 추코우

□ 영화팬
movie fan [múːvi fǽn] 무비팬
映画のファン (えいがのファン) 에-가노황
影迷 [yǐngmí] 잉미

□ 박수갈채
applause [əplɔ́ːz] 어플로즈
拍手喝采 (はくしゅかっさい) 하쿠슈캇사이
鼓掌欢迎 [gǔzhǎnghuānyíng] 구장환잉

□ 극장
movie theater [múːvi θí(ː)ətəːr] 무비씨어터
映画館 (えいがかん) 에-가캉
剧院 [jùyuàn] 쥐위엔

□ 광고(게시)판
billboard [bílbɔ̀ːrd] 빌보드
広告板 (こうこくばん) 코-코쿠방
广告牌 [guǎnggàopái] 광까오파이

□ 비상계단
emergency stair [imə́ːrdʒənsi stɛəːr] 이머젼시스테어
非常階段 (ひじょうかいだん) 히죠-카이당
紧急楼梯 [jǐnjílóutī] 진지로우티

□ (극장 출입구의)차양
marquee [mɑːrkíː] 마키
庇 (ひさし) 히사시
华盖 [huágài] 화까이

□ 입장
admittance [ædmítəns] 애드미턴스
入場 (にゅうじょう) 뉴-죠-
入场 [rùchǎng] 루창

□ 입구
entrance [éntrəns] 엔트런스
入り口 (いりぐち) 이리구치
入口 [rùkǒu] 루코우

329

chapter 7

□ 상영, 상연
showing [ʃóuiŋ] 쇼우잉
上映 (じょうえい) 죠-에-
放映 [fàngyìng] 팡잉

□ 여(배)우
actress [ǽktris] 액트리스
女優 (じょゆう) 죠유-
女演员 [nǚyǎnyuán] 뉘옌위엔

□ 남(배)우
actor [ǽktər] 액터
俳優 (はいゆう) 하이유-
男演员 [nányǎnyuán] 난옌위엔

□ 좌석
seat [si:t] 씨트
座席 (ざせき) 자세키
座位 [zuòwèi] 쭈오웨이

□ 초대작, 대성공
blockbuster [blákbʌ̀stər] 블락버스터
ブロックバスター 부록쿠바스타-
电影大片 [diànyǐngdàpiàn] 디엔잉따피엔

□ 매표소
box office [baks ɔ́(:)fis] 박스오피스
チケット売り場 (ちけっとうりば) 치켓토우리바
售票处 [shòupiàochù] 쇼우퍄오추

□ 재청, 앙코르
encore [áŋkɔːr] 앙코
アンコール 앙코-루
加演 [jiāyǎn] 쟈옌

□ 예고편
trailer [tréilər] 트레일러
予告編 (よこくへん) 요코쿠헹
电影预告片 [diànyǐngyùgàopiàn] 디엔잉위까오피엔

330

□ 후편, 속편
sequel [síːkwəl] 씨퀄
続編 (ぞくへん) 조쿠헹
续编 [xùbiān] 쉬비엔

□ 단편영화
short subject [ʃɔːrt sʌ́bdʒikt] 쇼트써브직트
短編映画 (たんぺんえいが) 탐펜에-가
短片 [duǎnpiàn] 두안피엔

□ 공포영화
horror film [hɔ́ːrər film] 호러필름
ホラー映画 (ホラーえいが) 호라-에-가
恐怖电影 [kǒngbùdiànyǐng] 콩뿌디엔잉

□ 스크린, 화면
screen [skriːn] 스크린
スクリーン 스쿠리-잉
屏幕 [píngmù] 핑무

□ 자막
subtitle [sʌ́btàitl] 써브타이틀
字幕 (じまく) 지마쿠
字幕 [zìmù] 쯔무

□ 공상과학물
SF(science fiction) [sáiəns fíkʃən] 싸이언스픽션
SF映画 (エスエフえいが) 에스에후에-가
科幻 [kēhuàn] 커환

□ 필름
film [film] 필름
フィルム 휘루무
胶片 [jiāopiàn] 쟈오피엔

□ 활극
action film [ǽkʃən film] 액션필름
アクション映画 (あくしょんえいが) 아쿠숀에-가
动作片 [dòngzuòpiàn] 똥쭈오피엔

331

□ 무성영화
silent film [sáilənt film] 싸일런트필름
無声映画 (むせいえいが) 무세-에-가
默片 [mòpiàn] 모피엔

□ 예약석
reserved seat [rizə́:rvd si:t] 리저브드씨트
予約席 (よやくせき) 요야쿠세키
预订座 [yùdìngzuò] 위딩쭈오

□ 제작자
producer [prədjú:sər] 프러듀서
製作者 (せいさくしゃ) 세-사쿠샤
制片人 [zhìpiànrén] 즈피엔런

□ 영화배급
film distribution [film dìstrəbjú:ʃən] 필름디스트러뷰션
映画配給 (えいがはいきゅう) 에-가하이큐-
电影发行 [diànyǐngfāxíng] 디엔잉파싱

□ 제작
production [prədʌ́kʃən] 프러덕션
製作 (せいさく) 세-사쿠
摂制 [shèzhì] 셔즈

□ 비극
tragedy [trǽdʒədi] 트래져디
悲劇 (ひげき) 히게키
悲剧 [bēijù] 뻬이쥐

□ 희극
comedy [kámədi] 카머디
喜劇 (きげき) 키게키
喜剧 [xǐjù] 시쥐

□ 상
award [əwɔ́:rd] 어워드
賞 (しょう) 쇼-
奖 [jiǎng] 쟝

□ 야외촬영(지)
location [loukéiʃən] 로우케이션
ロケーション 로케-숑
户外摄影 [hùwàishèyǐng] 후와이셔잉

□ 영사기
projector [prədʒéktər] 프러젝터
プロジェクター 푸로제쿠타-
投影机 [tóuyǐngjī] 투오잉지

□ 감독
director [diréktər] 디렉터
監督 (かんとく) 칸토쿠
导演 [dǎoyǎn] 다오옌

□ (배우의)대역
stand-in [stǽndìn] 스탠딘
代役 (だいやく) 다이야쿠
替身 [tìshēn] 티션

관련어

- 연기 **acting** [æktiŋ] 액팅 / **演技** (えんぎ) 엥기 / **表演** [biǎoyǎn] 뱌오옌

- 훌륭한 연기 **good acting** [gud ǽktiŋ] 굳액팅 / **名演技** (めいえんぎ) 메-엥기 /
  出色表演 [chūsèbiǎoyǎn] 추써뱌오옌

- 대사 **lines** [lainz] 라인즈 / **セリフ** 세리후 / **台词** [táicí] 타이츠

- 영화각본 **scenario** [siná:riou] 시나리오우 / **脚本** (きゃくほん) 캬쿠홍 /
  电影剧本 [diànyǐngjùběn] 디엔잉쥐번

- 관람석 **stand** [stænd] 스탠드 / **観覧席** (かんらんせき) 칸란세키 / **看台** [kàntái] 칸타이

- 배역 **role** [roul] 로울 / **配役** (はいやく) 하이야쿠 / **角色** [juésè] 쥐에써

- 주역 **leading role** [lí:diŋ roul] 리딩로울 / **主役** (しゅやく) 슈야쿠 /
  主角 [zhǔjiǎo] 주쟈오

- 스릴러물 **thriller** [θrilər] 쓰릴러 / **スリラー** 스리라- /
  惊险片 [jīngxiǎnpiàn] 징시엔피엔

- 재난영화 **disaster movie** [dizǽstər mú:vi] 디재스터무비 /
  災難映画 (さいなんえいが) 사이난에-가 / **灾难片** [zāinànpiàn] 짜이난피엔

- 영화카메라 **movie camera** [mú:vi kǽmərə] 무비캐머러 /
  映画カメラ (えいがかめら) 에-가카메라 / **胶片相机** [jiāopiànxiàngjī] 쟈오피엔샹지

- 영화계 **moviedom** [mú:vidəm] 무비덤(=filmdom) /
  映画界 (えいがかい) 에-가카이 / **影界** [yǐngjiè] 잉지에

○ 영화팬 **moviegoer** [múːvigòuəːr] 무비고우어 /
映画ファン (えいがふぁん) 에-가황 / 影迷 [yǐngmí] 잉미

○ (영화의) 촬영 **filming** [fílmiŋ] 필르밍 / 撮影 (さつえい) 사츠에- /
摄影 [shèyǐng] 셔잉

○ 단편영화 **filmlet** [fílmlit] 필름릿 /
短編映画 (たんぺんえいが) 탐펜에-가 / 短片 [duǎnpiàn] 두안피엔

○ 영화 관계 문헌 **filmography** [filmágrəfi] 필르마그러피 /
映画関係文献 (えいがかんけいぶんけん) 에-가캉케-붕켕 /
电影作品年表 [diànyǐngzuòpǐn niánbiǎo] 디엔잉쭈오핀니엔뱌오

○ (신작 영화의) 특별 개봉 **film premiere** [film primíər] 필름프리미어 /
フィルムプレミア 휘루무푸레미아 / 首映 [shǒuyìng] 쇼우잉

○ 영화 각본, 시나리오 **filmscript** [fílmskrìpt] 필름스크립트(=screenplay) /
シナリオ 시나리오 / 电影剧本 [diànyǐngjùběn] 디엔잉쥐번

○ 영화촬영소 **film studio** [fílm stjúːdiòu] 필름스튜디오우 /
映画撮影所 (えいがさつえいじょ) 에-가사츠에-죠 /
电影制片厂 [diànyǐngzhìpiànchǎng] 디엔잉즈피엔창

❷ 공원(Park, 公園, 公园)

□ 국립공원

national park [nǽʃənəl pɑːrk] 내셔널파크
国立公園 (こくりつこうえん) 코쿠리츠코-엥
国家公园 [guójiāgōngyuán] 구오쟈꽁위엔

□ 유원지, 놀이공원

amusement park [əmjúːzmənt pɑːrk] 어뮤즈먼트파크
遊園地 (ゆうえんち) 유-엔치
游乐园 [yóulèyuán] 요우러위엔

□ 오락용 활주차

roller coaster [róulər kóustər] 로울러코우스터
ローラーコースター 로-라-코-스타-
过山车 [guòshānchē] 구오샨쳐

□ 어릿광대

clown [klaun] 클라운
ピエロ 피에로
小丑 [xiǎochǒu] 샤오쵸우

□ (사람의 눈을 끌기 위한)행렬
  parade [pəréid] 퍼레이드
  パレード 파레-도
  游街 [yóujiē] 요우지에

□ (유원지의)대회전식 관람차
  Ferris wheel [féris hwi:l] 페리스휠
  観覧車 (かんらんしゃ) 칸란샤
  摩天轮 [mótiānlún] 모티엔룬

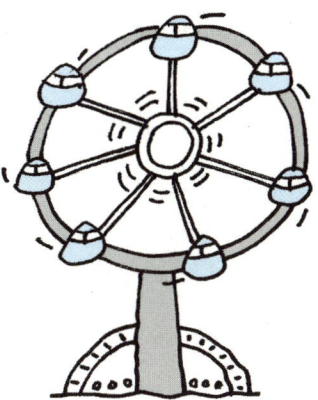

□ 솜사탕
  cotton candy [kátn kǽndi] 카튼캔디
  綿飴 (わたあめ) 와타아메
  棉花糖 [miánhuātáng] 미엔화탕

□ 꽃놀이
  flower viewing [fláuər vjú:iŋ] 플라워 뷰잉
  花見 (はなみ) 하나미
  赏花 [shǎnghuā] 샹화

□ 입장권
  admission ticket [ædmíʃən tíkit] 애드미션티킷
  入場券 (にゅうじょうけん) 뉴-죠-켕
  门票 [ménpiào] 먼퍄오

☐ 연못
pond [pand] 판드
池 (いけ) 이케
池 [chí] 츠

☐ 동물원
zoo [zu:] 주
動物園 (どうぶつえん) 도-부츠엥
动物园 [dòngwùyuán] 동우위엔

☐ 놀이기구
ride [raid] 라이드
乗り物 (のりもの) 노리모노
游戏机 [yóuxìjī] 요우시지

☐ 골프연습장
driving range [dráiviŋ reindʒ] 드라이빙레인지
ゴルフ練習場 (ごるふれんしゅうじょう) 고루후렌슈-죠-
高尔夫练习场 [gāoěrfūliànxíchǎng] 까오얼푸리엔시창

☐ 소총사격장
rifle range [ráif-əl reindʒ] 라이펄레인지
射撃場 (しゃげきじょう) 샤게키죠-
靶场 [bǎchǎng] 바창

☐ 식물원
botanical garden
[bətǽnikəl gá:rdn] 버태니컬가든
植物園 (しょくぶつえん) 쇼쿠부츠엥
植物园 [zhíwùyuán] 즈우위엔

chapter 7 극장과 공원(

□ 놀이터
playground [pleígràund] 플레이그라운드
遊び場 (あそびば) 아소비바
游乐场 [yóulèchǎng] 요우러창

□ 미그럼틀
slide [slaid] 슬라이드
滑り台 (すべりだい) 스베리다이
滑梯 [huátī] 화티

□ 술래잡기
hide and seek [háidəndsíːk] 하이던드씨크
隠れん坊 (かくれんぼう) 카쿠렘보-
捉迷藏 [zhuōmícáng] 주오미창

□ 시소(놀이)
seesaw [síːsɔ̀ː] 씨소
シーソー 시-소-
跷跷板 [qiāoqiāobǎn] 챠오챠오반

□ 그네(타기)
swing [swiŋ] 스윙
ブランコ 부랑코
秋千 [qiūqiān] 치우치엔

□ 긴의자, 벤치
bench [bentʃ] 벤치
ベンチ 벤치
长凳 [chángdèng] 창덩

□ 세발자전거
tricycle [tráisik-əl] 트라이시컬
三輪車 (さんりんしゃ) 산린샤
三轮自行车 [sānlúnzìxíngchē-] 싼룬즈싱처

□ 분수
fountain [fáuntin] 파운틴
噴水 (ふんすい) 훈스이
喷水 [pēnshuǐ] 펀쉐이

339

> 관련어

- 인기거리, 볼거리 **attraction** [ətrǽkʃən] 어트랙션 / **見せ場** (みせば) 미세바 /
  景点 [jǐngdiǎn] 징디엔

- 접수계, 안내소 **information desk** [ìnfərméiʃən desk] 인포메이션데스크 /
  案内所 (あんないじょ) 안나이죠 / **服务台** [fúwùtái] 푸우타이

- 유흥세 **amusement tax** [əmjúːzmənt tæks] 어뮤즈먼트택스 /
  遊興税 (ゆうきょうぜい) 유―쿄―제― / **娱乐税** [yúlèshuì] 위러쉐이

- 소풍객, 행락객 **picnicker** [píknikər] 피크니커 / **行楽客** (こうらくきゃく) 코―라쿠캬쿠 /
  行乐的客人 [xínglèdekèrén] 싱러더커런

- 국립묘지 **national cemetery** [nǽʃənəl sémətèri] 내셔널쎄머테리 /
  国立墓地 (こくりつぼち) 코쿠리츠보치 / **国家公墓** [guójiāgōngmù] 구오쟈꽁무

- 국유림 **national forest** [nǽʃənnəl fɔ́(ː)rist] 내셔널포리스트 /
  国有林 (こくゆうりん) 코쿠유―링 / **国家森林公园** [guójiāsēnlínggōngyuán] 구오쟈썬린꽁위엔

- 공원구역 **park district** [pɑːrk dístrikt] 파크디스트릭트 /
  公園地区 (こうえんちく) 코―엔치쿠 / **公园一带** [gōngyuányīdài] 꽁위엔이따이

- 야구장 **baseball park** [béisbɔ̀ːl pɑːrk] 베이스볼파크 /
  野球場 (やきゅうじょう) 야큐―죠― / **棒球场** [bàngqiúchǎng] 빵츄창

- 공원묘지 **park cemetery** [pɑːrk sémətèri] 파크쎄머테리 /
  公園墓地 (こうえんぼち) 코―엠보치 / **公墓** [gōngmù] 꽁무

- □ 물가의 풍경 **waterscape** [wɔ́:tərskèip] 워터스케이프 / 水辺風景 (みずべふうけい) 미즈베후-케- / 水景 [shuǐjǐng] 쉐이징

- □ 미술관, 화랑 **art gallery** [ɑːrt gǽləri] 아트갤러리 / 美術館 (びじゅつかん) 비쥬츠캉 / 美术馆 [měishùguǎn] 메이슈관

- □ 상, 조(각)상 **statue** [stǽtʃuː] 스태츄 / 彫刻像 (ちょうこくぞう) 쵸-코쿠조- / 雕像 [diāoxiàng] 댜오샹

- □ 박물관 **museum** [mjuːzíːəm] 뮤지엄 / 博物館 (はくぶつかん) 하쿠부츠캉 / 博物馆 [bówùguǎn] 보우관

- □ 고궁 **historic palace** [hɪstɔ́ːrɪk pǽləs] 히스토릭 팰리스 / 故宮 (こきゅう) 코-쿄 / 故宫 [gùgōng] 꾸공

- □ 수족관 **aquarium** [əkwéəriəm] 어퀘어리엄 / 水族館 (すいぞくかん) 스이조쿠캉 / 水族馆 [shuǐzúguǎn] 쉐이주관

- □ 전람회, 전시회 **exhibition** [èksəbíʃən] 엑서비션 / 展覧会 (てんらんかい) 텐랑카이 / 展览会 [zhǎnlǎnhuì] 잔란후이

- □ 전통찻집 **traditional tea shop** [trədíʃən-əl tiːʃɑp] 트러디셔널티샵 / 伝統茶屋 (でんとうちゃや) 덴토-챠야 / 传统茶屋 [chuántǒngcháwū] 촨통차우

- □ 잔치, 축제 **festival** [féstəvəl] 페스터벌 / 祭り (まつり) 마츠리 / 节日 [jiérì] 지에르

- □ 케이블카 **cable car** [kéibəl kɑːr] 케이벌카 / ケーブルカー 케-부르카- / 吊车 [diàochē] 댜오처

- □ 소풍 **picnic** [píknik] 피크닉 / 遠足 (えんそく) 엔소쿠 / 野游 [yěyóu] 예요우

- □ 경마 **horse racing** [hɔːrs réisiŋ] 호스레이싱 / 競馬 (けいば) 케-바 / 赛马 [sàimǎ] 싸이마

자연(Nature, 自然, 自然)

1 동물(Animal, 動物, 动物)

□ 돼지
pig [pig] 피그
豚 (ぶた) 부타
猪 [zhū] 주

□ 멧돼지
wild boar [waild bɔːr] 와일드보
いのしし 이노시시
野猪 [yězhū] 예주

□ 황소
bull [bul] 불
雄牛 (おうし) 오우시
公牛 [gōngniú] 꽁니우

□ 암소
cow [kau] 카우
牝牛 (めうし) 메우시
母牛 [mǔniú] 무니우

□ 말
horse [hɔːrs] 호스
馬 (うま) 우마
马 [mǎ] 마

□ 당나귀
donkey [dáŋki] 당키
ロバ 로바
驴 [lú] 뤼

□ 얼룩말
zebra [zíːbrə] 지브러
ゼブラ 제부라
斑马 [bānmǎ] 반마

□ 개
dog [dɔ(ː)g] 도그
犬 (いぬ) 이누
狗 [gǒu] 고우

342

chapter 8 자연

□ 고양이
cat [kæt] 캣
猫 (ねこ) 네코
猫 [māo] 마오

□ 생쥐
mouse [maus] 마우스
鼠 (ねずみ) 네즈미
鼠标 [shǔbiāo] 슈뱌오

□ 캥거루
kangaroo [kæ̀ŋgərú:] 캥거루
カンガルー 캉가루-
袋鼠 [dàishǔ] 따이슈

□ 토끼
rabbit [rǽbit] 래빗
兎 (うさぎ) 우사기
兔子 [tùzi] 투즈

□ 다람쥐
squirrel [skwə́:r-əl] 스쿼럴
栗鼠 (りす) 리스
松鼠 [sōngshǔ] 송슈

□ 염소
goat [gout] 고우트
山羊 (やぎ) 야기
山羊 [shānyáng] 샨양

□ 양
sheep [ʃi:p] 십
羊 (ひつじ) 히츠지
羊 [yáng] 양

□ 사자
lion [láiən] 라이언
ライオン 라이옹
獅子 [shīzi] 스즈

□ 호랑이
tiger [táigə:r] 타이거
虎 (とら) 토라
老虎 [lǎohǔ] 라오후

343

□ 늑대, 이리
wolf [wulf] 울프
狼 (おおかみ) 오-카미
狼 [láng] 랑

□ 하이에나
hyena [haií:nə] 하이이너
ハイエナ 하이에나
鬣狗 [lièyǒu] 리에고우

□ 여우
fox [fɑks] 팍스
狐 (きつね) 키츠네
狐狸 [húli] 후리

□ 너구리
raccoon [rækú:n] 래쿤
狸 (たぬき) 타누키
浣熊 [huànxióng] 환숑

□ 사슴
deer [diər] 디어
鹿 (しか) 시카
鹿 [lù] 루

□ 곰
bear [bɛər] 베어
熊 (くま) 쿠마
熊 [xióng] 숑

□ 코끼리
elephant [éləfənt] 엘러펀트
象 (ぞう) 조-
大象 [dàxiàng] 따샹

□ 표범
leopard [lépə:rd] 레퍼드
豹 (ひょう) 효-
豹子 [bàozi] 바오즈

chapter 8 자연

☐ 판다
panda [pǽndə] 팬더
パンダ 판다
熊猫 [xióngmāo] 숑마오

☐ 침팬지
chimpanzee [tʃìmpænzíː] 침팬지
チンバンジー 침판지-
黑猩猩 [hēixīngxīng] 헤이싱싱

☐ 원숭이
monkey [mʌ́ŋki] 멍키
猿 (さる) 사루
猴子 [hóuzi] 호우즈

☐ 고릴라
gorilla [gərílə] 거릴러
ゴリラ 고리라
大猩猩 [dàxīngxīng] 따싱싱

☐ 낙타
camel [kǽməl] 캐멀
駱駝 (らくだ) 라쿠다
骆驼 [luòtuo] 루오투오

☐ 코알라
koala [kouáːlə] 코우알러
コアラ 코아라
考拉 [kǎolā] 카오라

☐ 스컹크
skunk [skʌŋk] 스컹크
スカンク 스캉쿠
臭鼬 [chòuyòu] 초우요우

☐ 기린
giraffe [ʤəræf] 져래프
麒麟 (きりん) 키링
长颈鹿 [chángjǐnglù] 창징루

345

□ (미국산)악어
  alligator [ǽligèitər] 앨리게이터
  ワニ 와니
  美洲短吻鳄 [měizhōuduǎnwěnè] 메이조우두안원어

□ (아시아,아프리카산)악어
  crocodile [krákədàil] 크라커다일
  クロコダイル 쿠로코다이루
  非洲鳄鱼 [fēizhōuèyú] 페이조우어위

□ 개구리
  frog [frɔːg] 프로그
  蛙 (かえる) 카에루
  青蛙 [qīngwā] 칭와

□ 공룡
  dinosaur [dáinəsɔ̀ːr] 다이너소
  恐竜 (きょうりゅう) 쿄-류-
  恐龙 [kǒnglóng] 콩롱

□ 하마
  hippo [hípou] 히포우
  河馬 (かば) 카바
  河马 [hémǎ] 허마

□ 코뿔소, 무소
  rhinoceros [rainás-ərəs] 라이나서러스
  犀 (さい) 사이
  犀牛 [xīniú] 시니우

□ 도마뱀
  lizard [lízərd] 리저드
  蜥蜴 (とかげ) 토카게
  蜥蜴 [xīyì] 시이

□ 코브라
  cobra [kóubrə] 코우브러
  コブラ 코부라
  眼镜蛇 [yǎnjìngshé] 옌징셔

□ 뱀
  snake [sneik] 스네이크
  蛇 (へび) 헤비
  蛇 [shé] 셔

chapter 8 자연

□ 올챙이
　tadpole [tǽdpòul] 태드포울
　御玉杓子 (おたまじゃくし) 오타마쟈쿠시
　蝌蚪 [kēdǒu] 커도우

□ 거북
　tortoise [tɔ́:rtəs] 토터스
　亀 (かめ) 카메
　乌龟 [wūguī] 우구이

□ 고래
　whale [hweil] 훼일
　鯨 (くじら) 쿠지라
　鲸鱼 [jīngyú] 징위

□ 돌고래
　dolphin [dálfin] 달핀
　イルカ 이루카
　海豚 [hǎitún] 하이툰

□ 바다표범
　seal [si:l] 씰
　海豹 (あざらし) 아자라시
　海豹 [hǎibào] 하이바오

□ 물개
　fur seal [fə:r si:l] 퍼실
　オットセイ 옷토세-
　海狗 [hǎigǒu] 하이고우

□ 살쾡이
　tiger cat [táigə:r kæt] 타이거캣
　山猫 (やまねこ) 야마네코
　豹猫 [bàomāo] 바오마오

□ 수달
　otter [átər] 아터
　川獺 (かわうそ) 카와우소
　水獺 [shuǐtǎ] 쉐이타

□ 박쥐
　bat [bæt] 뱃
　こうもり 코-모리
　蝙蝠 [biānfú] 비엔푸

chapter 8

관련어

- 애완동물 **pet** [pet] 펫 / **ペット** 펫토 / **宠物** [chǒngwù] 총우
- 수사슴 **stag** [stæg] 스태그 / **牡鹿** (おじか) 오지카 / **雄鹿** [xiónglù] 숑루
- 암사슴 **hind** [haind] 하인드 / **牝鹿** (めじか) 메지카 / **母鹿** [mǔlù] 무루

- 개미핥기 **anteater** [ǽntìːtər] 앤티터 / **蟻食** (ありくい) 아리쿠이 / **食蚁兽** [shíyǐshòu] 스이쇼우
- 흑곰 **black bear** [blæk bɛər] 블랙베어 / **黒熊** (くろぐま) 쿠로구마 / **黑熊** [hēixióng] 헤이숑
- 북극곰 **polar bear** [póulər bɛər] 포울러베어 / **北極熊** (ほっきょくぐま) 혹쿄쿠구마 / **白熊** [báixióng] 바이숑
- 암캐 **bitch** [bitʃ] 비취 / **雌犬** (めすいぬ) 메스이누 / **母狗** [mǔgǒu] 무고우
- 사냥개 **hound** [haund] 하운드 / **猟犬** (りょうけん) 료-켕 / **猎犬** [lièquǎn] 리에취엔
- 들개 **cur** [kəːr] 커 / **野良犬** (のらいぬ) 노라이누 / **野狗** [yěgǒu] 예고우
- 강아지 **puppy** [pʌ́pi] 퍼피 / **子犬** (こいぬ) 코이누 / **小狗** [xiǎogǒu] 샤오고우
- 햄스터 **hamster** [hǽmstər] 햄스터 / **ハムスター** 하무스타- / **仓鼠** [cāngshǔ] 창슈

● chapter 8 자연

□ 낙타의 혹 **hump** [hʌmp] 험프 / **ラクダのこぶ** 라쿠다노코부 /
　駝峰 [tuófēng] 투오펑

□ (사자등의)갈기 **mane** [mein] 메인 / **鬣** (たてがみ) 타테가미 /
　鬃毛 [zōngmáo] 쫑마오

□ (코끼리)엄니 **tusk** [tʌsk] 터스크 / **象牙** (ぞうげ) 조-게 / **象牙** [xiàngyá] 샹야

□ 뿔 **horn** [hɔ:rn] 혼 / **角** (つの) 츠노 / **角** [jiǎo] 쟈오

□ (동물의)꼬리 **tail** [teil] 테일 / **尻尾** (しっぽ) 십포 / **尾巴** [wěiba] 웨이바

□ 발굽 **hoof** [hu:f] 후프 / **蹄** (ひづめ) 히즈메 / **蹄** [tí] 티

Chapter 8

2 식물(Plant, 植物, 植物)

□ 가지
branch [bræntʃ] 브랜치
枝 (えだ) 에다
树枝 [shùzhī] 슈즈

□ 잎
leaf [li:f] 리프
葉っぱ (はっぱ) 핫파
叶子 [yèzi] 예즈

□ 나무몸통
trunk [trʌŋk] 트렁크
樹幹 (じゅかん) 쥬캉
树干 [shùgàn] 슈간

□ 씨(앗)
seed [si:d] 씨드
種 (たね) 타네
种子 [zhǒngzǐ] 종즈

□ 뿌리
root [ru:t] 루트
根 (ね) 네
根 [gēn] 껀

□ 싹
bud [bʌd] 버드
芽 (め) 메
芽 [yá] 야

□ (나무의)나이테
annual ring [ǽnjuəl riŋ] 애뉴얼링
年輪 (ねんりん) 넨링
年轮 [niánlún] 니엔룬

□ 나무껍질
bark [bɑ:rk] 바크
樹皮 (じゅひ) 쥬히
树皮 [shùpí] 슈피

□ 과일, 열매
fruit [fru:t] 프루트
実 (み) 미
果实 [guǒshí] 구오스

□ 소나무
　pine [pain] 파인
　松 (まつ) 마츠
　松树 [sōngshù] 송슈

□ 단풍나무
　maple [méip-əl] 메이펄
　楓 (かえで) 카에데
　枫树 [fēngshù] 펑슈

□ 떡갈나무
　oak [ouk] 오우크
　柏 (かしわ) 카시와
　青冈 [qīnggāng] 칭강

□ 은행나무
　ginkgo [ʤíŋkou] 징코우
　銀杏 (いちょう) 이쵸-
　银杏 [yínxìng] 인싱

□ 밤나무
　chestnut [tʃésnʌt] 체스넛
　栗の木 (くりのき) 쿠리노키
　栗子树 [lìzishù] 리즈슈

□ 느릅나무
　elm [elm] 엘름
　楡 (にれ) 니레
　榆树 [yúshù] 위슈

□ 버드나무
　willow [wílou] 윌로우
　柳 (やなぎ) 야나기
　柳树 [liǔshù] 리우슈

□ 벚나무
　cherry tree [tʃéri tri:] 체리트리
　桜 (さくら) 사쿠라
　樱花 [yīnghuā] 잉화

351

□ 플라타너스
platanus [plǽtənəs] 플래터너스
プラタナス 푸라타나스
悬铃木 [xuánlíngmù] 쉬엔링무

□ 대(나무)
bamboo [bæmbúː] 뱀부
竹 (たけ) 타케
竹 [zhú] 주

□ 뽕나무
mulberry [mʌ́lbèri] 멀베리
桑 (くわ) 쿠와
桑树 [sāngshù] 상슈

□ 목련
magnolia [mæɡnóuliə] 매그노울리어
木蓮 (もくれん) 모쿠렌
玉兰 [yùlán] 위란

□ 삼나무
cedar [síːdər] 씨더
杉 (すぎ) 스기
柳杉 [liǔshān] 리우샨

□ 야자
palm [pɑːm] 팜
椰子の木 (やしのき) 야시노키
椰子 [yēzi] 예즈

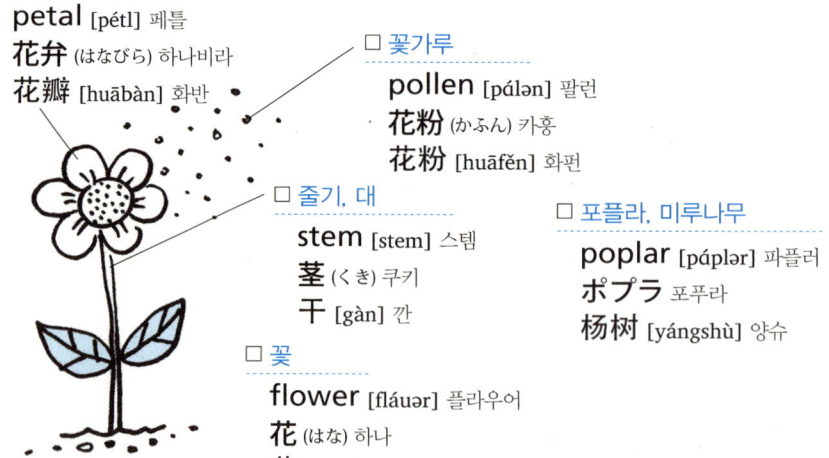

□ 꽃잎
petal [pétl] 페틀
花弁 (はなびら) 하나비라
花瓣 [huābàn] 화반

□ 꽃가루
pollen [pálən] 팔런
花粉 (かふん) 카훙
花粉 [huāfěn] 화편

□ 줄기, 대
stem [stem] 스템
茎 (くき) 쿠키
干 [gàn] 깐

□ 꽃
flower [fláuər] 플라우어
花 (はな) 하나
花 [huā] 화

□ 포플라, 미루나무
poplar [páplər] 파플러
ポプラ 포푸라
杨树 [yángshù] 양슈

□ 해바라기
sunflower [sʌ́nflàuər] 썬플라우어
向日葵 (ひまわり) 히마와리
向日葵 [xiàngrìkuí] 샹르쿠이

□ 붓꽃
iris [áiris] 아이리스
アイリス 아이리스
蝴蝶花 [húdiéhuā] 후디에화

□ 장미
rose [rouz] 로우즈
バラ 바라
玫瑰 [méiguī] 메이꾸이

□ 난초
orchid [ɔ́:rkid] 오키드
蘭 (らん) 랑
兰花 [lánhuā] 란화

□ 백합
lily [líli] 릴리
百合 (ゆり) 유리
百合 [bǎihé] 바이허

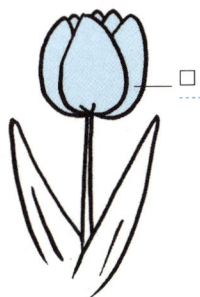

□ 튤립
tulip [tjú:lip] 튤립
チューリップ 츄-립푸
郁金香 [yùjīnxiāng] 위진샹

□ 바이올렛, 제비꽃
violet [váiəlit] 바이얼릿
菫 (すみれ) 스미레
菫菜 [jǐncài] 진차이

□ 담쟁이덩굴
ivy [áivi] 아이비
アイビー 아이비-
常春藤 [chángchūnténg] 창춘텅

□ 민들레
dandelion [dǽndəlàiən] 댄덜라이언
蒲公英 (たんぽぽ) 탐포포
蒲公英 [púgōngyīng] 푸공잉

□ 안개꽃
gypsophila [ʤipsáfilə] 집싸필러
霞草 (かすみそう) 카스미소-
满天星 [mǎntiānxīng] 만티엔싱

□ 진달래
azalea [əzéiljə] 어제일리어
躑躅 (つつじ) 츠츠지
映山红 [yìngshānhóng] 잉샨홍

□ 나팔꽃
morning-glory
[mɔ́:rniŋglɔ̀:ri] 모닝글로리
朝顔 (あさがお) 아사가오
喇叭花 [lǎbāhuā] 라빠화

□ 연꽃
lotus [lóutəs] 로우터스
蓮の花 (はすのはな) 하스노하나
莲花 [liánhuā] 리엔화

□ 국화
chrysanthemum [krisǽnθəməm]
크리쌘써멈
菊 (きく) 키쿠
菊花 [júhuā] 쥐화

□ 재스민
jasmin(e) [ʤǽzmin] 재즈민
ジャスミン 쟈스민
茉莉花 [mòlìhuā] 모리화

□ 개나리
forsythia [fə:rsíθiə] 퍼씨씨어
連翹 (れんぎょう) 렝교-
迎春花 [yíngchūnhuā] 잉춘화

□ 카네이션
carnation [kɑ:rnéiʃən] 카네이션
カーネーション 카-네-송
康乃馨 [kāngnǎixīn] 캉나이신

□ 코스모스
cosmos [kázməs] 카즈머스
コスモス 코스모스
波斯菊 [bōsījú] 보스쥐

□ 선인장
cactus [kǽktəs] 캑터스
サボテン 사보텡
仙人掌 [xiānrénzhǎng]
시엔런쟝

chapter 8 자연

□ 쌀, 벼
rice [rais] 라이스
米 (こめ) 코메
水稻 [shuǐdào] 쉐이다오

□ 보리
barley [báːrli] 바리
麦 (むぎ) 무기
大麦 [dàmài] 따마이

□ 밀
wheat [hwiːt] 휘트
小麦 (こむぎ) 코무기
小麦 [xiǎomài] 샤오마이

□ 수수
kaoliang [kàːouliǽŋ] 카오울리앵
モロコシ 모로코시
高粱 [gāoliang] 까오량

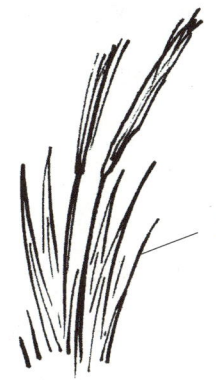

□ 갈대
reed [riːd] 리드
葦 (あし) 아시
芦苇 [lúwěi] 루웨이

□ 옥수수
corn [kɔːrn] 콘
玉蜀黍 (とうもろこし) 토-모로코시
玉米 [yùmǐ] 위미

□ 팥
red bean [red biːn] 레드빈
小豆 (あずき) 아즈키
红豆 [hóngdòu] 홍또우

□ 기장
millet [mílit] 밀릿
黍 (きび) 키비
黍 [shǔ] 슈

□ 콩
bean [biːn] 빈
豆 (まめ) 마메
豆 [dòu] 또우

□ 완두(콩)
pea [piː] 피
豌豆 (えんどう) 엔도-
豌豆 [wāndòu] 완또우

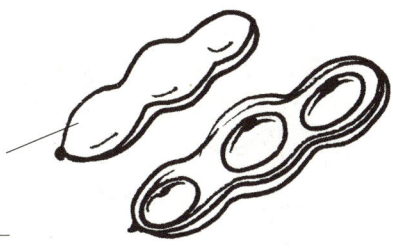

관련어

- 모란 **peony** [píːəni] 피어니 / **牡丹** (ぼたん) 보탕 / **牡丹** [mǔdān] 무단
- 살구(나무) **apricot** [éiprəkàt] 에이프러캇 / **杏** (あんず) 안즈 / **杏** [xìng] 싱
- 고무나무 **rubber plant** [rʌ́bəːr plænt] 러버플랜트 / **ゴムの木** (ごむのき) 고무노키 / **橡胶树** [xiàngjiāoshù] 샹쟈오슈

- 목화나무 **cotton plant** [kátn plænt] 카튼플랜트 / **綿** (わた) 와타 / **棉花** [miánhua] 미엔화

- 파종 **seeding** [síːdiŋ] 씨딩 / **種蒔き** (たねまき) 타네마키 / **播种** [bōzhòng] 보종
- 낙엽 **fallen leaves** [fɔ́ːlən liːvz] 폴런리브즈 / **落ち葉** (おちば) 오치바 / **落叶** [luòyè] 루오예
- 잡초 **weed** [wiːd] 위드 / **雑草** (ざっそう) 잣소- / **杂草** [zácǎo] 자차오
- 담배 **soothing weed** [súːðiŋ wiːd] 수딩위드 / **タバコ** (たばこ) 타바코 / **烟草** [yāncǎo] 옌차오

- 꽃꽂이 **flower arrangement** [fláuər əréindʒmənt] 플라우어어레인쥐먼트 / **生け花** (いけばな) 이케바나 / **插花** [chāhuā] 차화
- 화초 품평회 **flower show** [fláuər ʃou] 플라우어쇼우 / **フラワーショー** 후라와—쇼— / **花展** [huāzhǎn] 화잔
- 고사리 **bracken** [brǽk-ən] 브래컨 / **蕨** (わらび) 와라비 / **蕨菜** [juécài] 쥐에차이
- 고비 **osmund** [ázmənd] 아즈먼드 / **ゼンマイ** 젬마이 / **薇** [wēi] 웨이

- 이끼 **moss** [mɔ(:)s] 모스 / **苔** (こけ) 코케 / **苔蘚** [táixiǎn] 타이시엔
- 화분 **flowerpot** [fláuərpɑ̀t] 플라우어팟 / **植木鉢** (うえきばち) 우에키바치 / **花盆** [huāpén] 화펀
- 꽃밭, 화단 **flower bed** [fláuər bed] 플라우어벳 / **花壇** (かだん) 카당 / **花圃** [huāpǔ] 화푸

③ 새(Bird, 鳥, 鸟)

□ 올빼미
owl [aul] 아울
梟 (ふくろう) 후쿠로-
鸱鸮 [chīxiāo] 츠샤오

□ 부엉이
horned owl [hɔːrnd aul] 혼드아울
ミミズク 미미즈쿠
猫头鹰 [māotóuyīng] 마오토우잉

□ 공작
peacock [píːkàk] 피칵
孔雀 (くじゃく) 쿠쟈쿠
孔雀 [kǒngquè] 콩취에

□ 펭귄
penguin [péŋgwin] 펭귄
ペンギン 펭깅
企鹅 [qǐé] 치어

□ 앵무새
parrot [pǽrət] 패럿
鸚鵡 (おうむ) 오-무
鹦鹉 [yīngwǔ] 잉우

□ 독수리
eagle [íːgəl] 이걸
鷲 (わし) 와시
老雕 [lǎodiāo] 라오댜오

□ 매
hawk [hɔːk] 호크
鷹 (たか) 타카
鹰 [yīng] 잉

□ 펠리컨
pelican [pélikən] 펠리컨
ペリカン 페리캉
鹈鹕 [títú] 티투

□ 백조
swan [swɑn] 스완
白鳥 (はくちょう) 하쿠쵸-
天鹅 [tiāné] 티엔어

□ (작은)잉꼬
parakeet [pǽrəkìːt] 패러키트
インコ 잉코
鹦哥 [yīnggē] 잉거

□ 비둘기
pigeon [pídʒən] 피젼
鳩 (はと) 하토
鸽子 [gēzi] 거즈

□ 까마귀
crow [krou] 크로우
カラス 카라스
乌鸦 [wūyā] 우야

□ 까치
magpie [mǽgpài] 매그파이
カササギ 카사사기
喜鹊 [xǐque] 시취에

□ 암탉
hen [hen] 헨
雌鳥 (めんどり) 멘도리
母鸡 [mǔjī] 무지

□ 수탉
cock [kɑk] 칵
雄鶏 (おんどり) 온도리
公鸡 [gōngjī] 공지

□ 오리
duck [dʌk] 덕
アヒル 아히루
鸭子 [yāzi] 야즈

□ 거위
goose [gu:s] 구스
ガチョウ 가쵸-
鹅 [é] 어

□ 기러기
wild goose [waild guːs] 와일드구스
雁 (がん) 강
雁 [yàn] 옌

□ 메추라기
quail [kweil] 퀘일
鶉 (うずら) 우즈라
鹌鹑 [ānchún] 안춘

□ 딱따구리
woodpecker [wúdpèkəːr] 우드페커
啄木鳥 (きつつき) 키츠츠키
啄木鸟 [zhuómùniǎo] 주오무냐오

□ 제비
swallow [swálou] 스왈로우
燕 (つばめ) 츠바메
燕子 [yànzi] 옌즈

□ 참새
sparrow [spǽrou] 스패로우
雀 (すずめ) 스즈메
麻雀 [máquè] 마취에

□ 꿩
pheasant [fézənt] 페전트
雉 (きじ) 키지
野鸡 [yějī] 예지

□ 종달새
skylark [skáilɑːrk] 스카이라크
雲雀 (ひばり) 히바리
云雀 [yúnquè] 윈취에

□ 갈매기
gull [gʌl] 걸
鴎 (かもめ) 카모메
海鸥 [hǎi'ōu] 하이오우

□ 두루미, 학
crane [krein] 크레인
鶴 (つる) 츠루
仙鹤 [xiānhè] 시엔허

360

□ 철새
migratory bird [máigrətɔ̀:ri bə:rd]
마이그러토리버드
渡り鳥 (わたりどり) 와타리도리
候鸟 [hòuniǎo] 호우냐오

□ 타조
ostrich [ástritʃ] 아스트리치
駝鳥 (だちょう) 다쵸-
鸵鸟 [tuóniǎo] 투오냐오

□ 텃새
resident bird
[rézid-ənt bə:rd] 레지던트버드
留鳥 (りゅうちょう) 류-쵸-
留鸟 [liúniǎo] 리우냐오

□ 꾀꼬리
oriole [ɔ́:riòul] 오리오울
鶯 (うぐいす) 우구이스
黄鹂 [huánglí] 황리

□ 굴뚝새
wren [ren] 렌
ミソサザイ 미소사자이
鷦鷯 [jiāoliáo] 쟈오랴오

관련어

- 깃털 **feather** [féðər] 페더 / 羽 (はね) 하네 / 羽毛 [yǔmáo] 위마오

- 깃털목도리 **feather boa** [féðərbóuə] 페더보우어 / 羽毛ボア (うもうぼあ) 우모-보아 / 羽毛围巾 [yǔmáowéijīn] 위마오웨이진

- 부리 **bill** [bil] 빌 / 嘴 (くちばし) 쿠치바시 / 鸟嘴 [niǎozuǐ] 냐오주이

- 나이팅게일(유럽산 지빠귓과의 작은 새) **nightingale** [náitiŋgèil] 나이팅게일 / ナイチンゲール 나이칭게-루 / 夜莺 [yèyīng] 예잉

- 닭, 가금 **fowl** [faul] 파울 / 家禽 (かきん) 카킹 / 家禽 [jiāqín] 쟈친

- 새장 **cage** [keidʒ] 케이쥐(=birdcage) / 鳥籠 (とりかご) 토리카고 / 鸟笼 [niǎolóng] 냐오롱

- 보금자리, 둥우리 **nest** [nest] 네스트 / 巣 (す) 스 / 鸟巢 [niǎocháo] 냐오차오

- (알·병아리를) 까다, 부화하다 **hatch** [hætʃ] 해취 / 孵る (かえる) 카에루 / 孵化 [fūhuà] 푸화

□ 불사조 phoenix [fí:niks] 피닉스 / 不死鳥 (ふしちょう) 후시쵸- /
凤凰 [fènghuáng] 펑황

□ 새 울음소리 bird call [bə́:rd kɔ:l] 버드콜 / 鳴き声 (なきごえ) 나키고에 /
鸟的鸣叫 [niǎodemíngjiào] 냐오더밍쟈오

□ 작은 새(애칭) birdie [bə́:rdi] 버디 / 子鳥 (こどり) 코도리 /
小鸟 [xiǎoniǎo] 샤오냐오

□ 조류 보호구(保護區) bird sanctuary [bə́:rd sǽŋktʃuəri] 버드쌩크춰리 /
バードサンクチュアリー 바-도상쿠츄아리- /
鸟类保护区 [niǎolèibǎohùqū] 냐오레이바오후취

□ 새 모이 birdseed [bə́:rdsì:d] 버드씨드 / 餌 (えさ) 에사 / 鸟食 [niǎoshí] 냐오스

□ 들새 관찰, 탐조(探鳥) bird watching [bə́:rd watʃiŋ] 버드와칭 /
野鳥観察 (やちょうかんさつ) 야쵸-칸사츠 / 观鸟 [guānniǎo] 꽌냐오

4 곤충(Insect, 昆虫, 昆虫)

□ 나비
butterfly [bʌ́tərflài] 버터플라이
蝶 (ちょう) 쵸-
蝴蝶 [húdié] 후디에

□ 나방
moth [mɔ(:)θ] 모쓰
蛾 (が) 가
蛾 [é] 어

□ 개똥벌레
firefly [fáiərflài] 파이어플라이
蛍 (ほたる) 호타루
萤火虫 [yínghuǒchóng] 잉후오총

□ 파리
fly [flai] 플라이
蠅 (はえ) 하에
苍蝇 [cāngying] 창잉

□ 잠자리
dragonfly [drǽgənflài] 드래건플라이
トンボ 톰보
蜻蜓 [qīngtíng] 칭팅

□ 무당벌레
ladybug [léidibʌ̀g] 레이디버그
天道虫 (てんとうむし) 텐토-무시
瓢虫 [piáochóng] 퍄오총

□ 귀뚜라미
cricket [kríkit] 크리킷
コオロギ 코-로기
蟋蟀 [xīshuài] 시슈아이

□ 벌
bee [bi:] 비
蜂 (はち) 하치
蜜蜂 [mìfēng] 미펑

chapter 8 자연

□ 거미
spider [spáidər] 스파이더
蜘蛛 (くも) 쿠모
蜘蛛 [zhīzhū] 즈주

□ 모기
mosquito [məskí:tou] 머스키토우
蚊 (か) 카
蚊子 [wénzi] 원즈

□ 구더기
maggot [mǽgət] 매것
蛆虫 (うじむし) 우지무시
蛆虫 [qūchóng] 취충

□ 흰개미
termite [tə́:rmait] 터마이트
白蟻 (しろあり) 시로아리
白蚁 [báiyǐ] 바이이

□ 메뚜기
grasshopper
[grǽshɑ̀pər] 그래스하퍼
飛蝗 (ばった) 밧타
蚱蜢 [zhàměng] 자멍

□ 바퀴벌레
cockroach [kákròutʃ] 카크로우치
ゴキブリ 고키부리
蟑螂 [zhānglán

g] 장랑

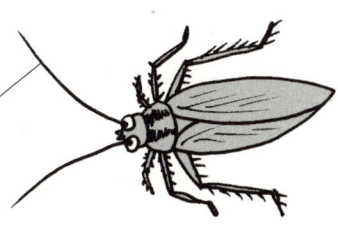

365

chapter 8

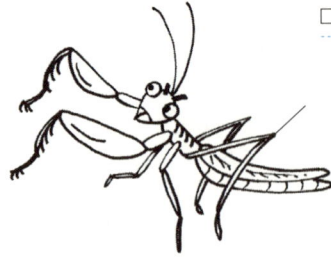

□ 사마귀
mantis [mǽntis] 맨티스
カマキリ 카마키리
螳螂 [tángláng] 탕랑

□ 지렁이
earthworm [ə́ːrwə̀ːrm] 어쓰웜
ミミズ 미미즈
蚯蚓 [qiūyǐn] 치우인

□ 번데기
pupa [pjúːpə] 퓨퍼
蛹 (さなぎ) 사나기
蛹 [yǒng] 용

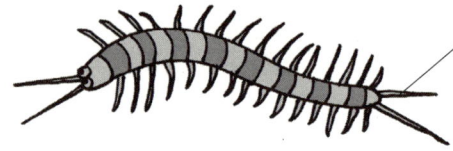

□ 지네
centipede [séntəpìːd] 쎈터피드
ムカデ 무카데
蜈 [wú] 우

□ 고치
cocoon [kəkúːn] 커쿤
繭 (まゆ) 마유
茧 [jiǎn] 지엔

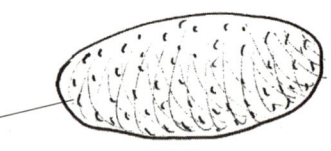

□ 누에
silkworm [sílkwə̀ːrm] 씰크웜
蚕 (かいこ) 카이코
蚕 [cán] 찬

chapter 8 자연

□ 달팽이
　snail [sneil] 스네일
　蝸牛 (かたつむり) 카타츠무리
　蝸牛 [wōniú] 워니우

□ 유충, 모충
　caterpillar [kǽtərpìlər] 캐터필러
　毛虫 (けむし) 케무시
　幼虫 [yòuchóng] 요우총

□ 빈대
　bedbug [bédbʌ̀g] 베드버그
　ナンキン虫 (なんきんむし) 낭킴무시
　臭虫 [chòuchóng] 초우총

□ 전갈
　scorpion [skɔ́:rpiən] 스코피언
　蠍 (さそり) 사소리
　蝎子 [xiēzi] 시에즈

□ 벼룩
　flea [fli:] 플리
　蚤 (のみ) 노미
　跳蚤 [tiàozǎo] 탸오자오

□ 개미
　ant [ænt] 앤트
　蟻 (あり) 아리
　蚂蚁 [mǎyǐ] 마이

chapter 8

관련어

- 거미집(줄) **cobweb** [kábwèb] 캅웨브 (=web) / **クモの巣** (くものす) 쿠모노스 / **蜘蛛网** [zhīzhūwǎng] 즈주왕

- 곤충 번식장, 곤충관(昆蟲館) **insectarium** [ìnsektéəriəm] 인섹테어리엄 / **昆虫館** (こんちゅうかん) 콘츄−캉 / **昆虫饲养所** [kūnchóngsìyǎngsuǒ] 쿤총스양수오

- 살충(제) **insecticide** [inséktəsàid] 인쎅터사이드 / **殺虫剤** (さっちゅうざい) 삿츄−자이 / **杀虫剂** [shāchóngjì] 샤총지

- 해충 **pest** [pest] 페스트 / **害虫** (がいちゅう) 가이츄− / **害虫** [hàichóng] 하이총

- 구충제 **insectifuge** [inséktəfjù:dʒ] 인쎅터퓨쥐 / **駆虫剤** (くちゅうざい) 쿠츄−자이 / **驱虫剂** [qūchóngjì] 취총지

- 식충(食蟲) 동물 **insectivore** [inséktəvɔ̀:r] 인쎅터보 / **食虫植物** (しょくちゅうしょくぶつ) 쇼쿠츄−쇼쿠부츠 / **食虫动物** [shíchóngdòngwù] 스총동우

- 곤충학 **insectology** [ìnsektálədʒi] 인쎅탈러쥐 **(entomology)** / **昆虫学** (こんちゅうがく) 콘츄−가쿠 / **昆虫学** [kūnchóngxué] 쿤총슈에

- 곤충학자 **entomologist** [èntəmálədʒist] 엔터말러쥐스트 / **昆虫学者** (こんちゅうがくしゃ) 콘츄−가쿠샤 / **昆虫学者** [kūnchóngxuézhě] 쿤총쉬에저

- 곤충채집 insect collecting [ínsekt kəléktiŋ] 인쎄트컬렉팅 /
  昆虫採集 (こんちゅうさいしゅう) 콘츄-사이슈- /
  采集昆虫 [cǎijíkūnchóng] 차이지쿤총

- 곤충류 insect species [ínsekt spíːʃiz] 인쎄트스피쉬즈 /
  昆虫類 (こんちゅうるい) 콘츄-루이 / 昆虫类 [kūnchónglèi] 쿤총레이

- 쉬파리 meat fly [miːt flai] 미트플라이 (=flesh fly) / 青蠅 (あおばえ) 아오바에 /
  绿豆蝇 [lǜdòuyíng] 뤼또우잉

- 애벌레, 유충 larva [láːrvə] 라버 / 幼虫 (ようちゅう) 요-츄- / 幼虫 [yòuchóng] 요우총

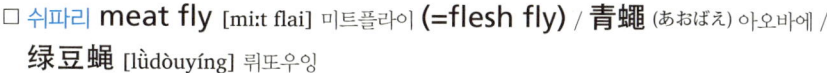

- 촉각, 더듬이 antenna [ænténə] 앤테너 / 触角 (しょっかく) 쇽카쿠 /
  触角 [chùjiǎo] 추쟈오

- 머리 head [hed] 헤드 / 頭 (あたま) 아타마 / 头部 [tóubù] 토우뿌

- 가슴, 흉부 thorax [θɔ́ːræks] 쏘랙스 / 胸部 (きょうぶ) 쿄-부 / 胸部 [xiōngbù] 숑뿌

- 배, 복부 abdomen [ǽbdəmən] 앱더먼 / 腹部 (ふくぶ) 후쿠부 / 腹部 [fùbù] 푸뿌

- 침(독침) sting [stiŋ] 스팅 / 鍼 (はり) 하리 / 刺 [cì] 츠

❺ 계절(Season, 季節, 季节)과 날씨(Weather, 天気, 天气)

□ 봄
spring [spriŋ] 스프링
春 (はる) 하루
春天 [chūntiān] 춘티엔

□ 여름
summer [sʌ́mər] 써머
夏 (なつ) 나츠
夏天 [xiàtiān] 샤티엔

□ 가을(미국 ; fall)
autumn [ɔ́:təm] 오텀
秋 (あき) 아키
秋天 [qiūtiān] 치우티엔

□ 계절풍
monsoon [mɔnsú:n] 몬순
季節風 (きせつふう) 키세츠후ー
季风 [jìfēng] 지펑

□ 겨울
winter [wíntə:r] 윈터
冬 (ふゆ) 후유
冬天 [dōngtiān] 똥티엔

chapter 8 자연

□ 기후
climate [kláimit] 클라이밋
気候 (きこう) 키코-
气候 [qìhòu] 치호우

□ 온도, 기온
temperature [témp-ərətʃuər] 템퍼러춰
温度 (おんど) 온도
温度 [wēndù] 원두

□ 온도계
thermometer [θəːrmámitəːr] 써마미터
温度計 (おんどけい) 온도케-
温度计 [wēndùjì] 원두지

□ (온도)도
degree [digríː] 디그리
度 (ど) 도
度 [dù] 두

□ 화씨
Fahrenheit [fǽrənhàit] 패런하이트
華氏 (かし) 카시
华氏 [huáshì] 화스

□ 섭씨
centigrade [séntəgrèid] 쎈터그레이드
摂氏 (せっし) 셋시
摄氏 [shèshì] 셔스

□ 일기예보
weather forecast [wéðəːr fɔ́ːrkæ̀st] 웨더포캐스트
天気予報 (てんきよほう) 텡키요호-
天气预报 [tiānqìyùbào] 티엔치위빠오

□ 경고
warning [wɔ́ːrniŋ] 워닝
警告 (けいこく) 케-코쿠
警告 [jǐnggào] 징까오

371

chapter 8

□ 풍속
wind speed [wind spi:d] 윈드스피드
風速 (ふうそく) 후-소쿠
风速 [fēngsù] 펑수

□ 한랭전선
cold front [kould frʌnt] 코울드프런트
寒冷前線 (かんれいぜんせん) 칸레-젠셍
冷锋 [lěngfēng] 렁펑

□ 온난전선
warm front [wɔ:rm frʌnt] 웜프런트
温暖前線 (おんだんぜんせん) 온단젠셍
暖锋 [nuǎnfēng] 누안펑

□ 구름
cloud [klaud] 클라우드
雲 (くも) 쿠모
云 [yún] 윈

□ 고기압
high-pressure [haipréʃər] 하이프레셔
高気圧 (こうきあつ) 코-키아츠
高气压 [gāoqìyā] 까오치야

□ 저기압
low-pressure [lóupréʃər] 로우프레셔
低気圧 (ていきあつ) 테-키아츠
低气压 [dīqìyā] 디치야

□ 재해
disaster [dizǽstər] 디재스터
災害 (さいがい) 사이가이
灾害 [zāihài] 짜이하이

□ 안개
fog [fɔ(:)g] 포그
霧 (きり) 키리
雾 [wù] 우

□ 돌풍
gust [gʌst] 거스트
突風 (とっぷう) 톱푸—
飚 [biāo] 뱌오

□ 강풍
gale [geil] 게일
強風 (きょうふう) 쿄—후—
大风 [dàfēng] 따펑

□ 변덕스럽다
fickle [fíkəl] 피컬
気紛れだ (きまぐれだ) 키마구레다
变化无常 [biànhuàwúcháng]
비엔화우창

□ 비
rain [rein] 레인
雨 (あめ) 아메
雨 [yǔ] 위

□ 눈
snow [snou] 스노우
雪 (ゆき) 유키
雪 [xuě] 쉬에

chapter 8

□ 폭풍(우)
storm [stɔːrm] 스톰
嵐 (あらし) 아라시
暴风 [bàofēng] 바오펑

□ 소나기
shower [ʃáuəːr] 샤워
夕立 (ゆうだち) 유-다치
阵雨 [zhènyǔ] 전위

□ 진눈깨비
sleet [sliːt] 슬리트
霙 (みぞれ) 미조레
雨雪 [yǔxuě] 위쉬에

□ 홍수
flood [flʌd] 플러드
洪水 (こうずい) 코-즈이
洪水 [hóngshuǐ] 홍쉐이

□ 천둥
thunder [θʌ́ndəːr] 썬더
雷 (かみなり) 카미나리
雷 [léi] 레이

□ 맑음
clearness [klíərnis] 클리어니스
晴れ (はれ) 하레
晴 [qíng] 칭

□ 번개
lightning [láitniŋ] 라이트닝
稲妻 (いなずま) 이나즈마
闪电 [shǎndiàn] 샨디엔

□ 우박
hail [heil] 헤일
雹 (ひょう) 효-
冰雹 [bīngbáo] 빙바오

□ 가뭄
drought [draut] 드라우트
日照り (ひでり) 히데리
干旱 [gānhàn] 깐한

chapter 8 자연

□ 온화한
balmy [báːmi] 바미
和やかな (なごやかな) 나고야카나
温和 [wēnhé] 원허

□ 무더운, 후텁지근한
muggy [mʌ́gi] 머기
蒸し暑い (むしあつい) 무시아츠이
闷热 [mēnrè] 먼러

□ 차가운, 쌀쌀한
chilly [tʃíli] 칠리
寒い (さむい) 사무이
冷 [lěng] 렁

□ 습기있는, 눅눅한
humid [hjúːmid] 휴미드
潤う (うるおう) 우루오우
湿润 [shīrùn] 스룬

□ 지진
earthquake [ə́ːrəkwèik] 어쓰퀘이크
地震 (じしん) 지싱
地震 [dìzhèn] 디전

chapter 8

□ 태풍
　typhoon [taifúːn] 타이푼
　台風 (たいふう) 타이후-
　台风 [táifēng] 타이펑

□ 폭풍, 허리케인
　hurricane [háːrəkèin] 허러케인
　ハリケーン 하리케-응
　飓风 [jùfēng] 쥐펑

□ 토네이도, 회오리폭풍
　tornado [tɔːrnéidou] 토네이도우
　トルネード 토루네-도
　龙卷风 [lóngjuǎnfēng] 롱쥐엔펑

□ 더위
　heat [hiːt] 히트
　暑さ (あつさ) 아츠사
　热 [rè] 러

□ 서리
　frost [frɔːst] 프로스트
　霜 (しも) 시모
　霜 [shuāng] 슈앙

□ 호우, 폭우
　downpour [daunpɔ̀ːr] 다운포
　土砂降り (どしゃぶり) 도샤부리
　大雨 [dàyǔ] 따위

□ 결빙(기)
　freeze [fri:z] 프리즈
　凍結 (とうけつ) 토-케츠
　结冰 [jiébīng] 지에빙

□ 눈보라
　snowstorm [snoústɔ̀:rm] 스노우스톰
　吹雪 (ふぶき) 후부키
　风雪 [fēngxuě] 펑쉬에

□ 강한 눈보라
　blizzard [blízərd] 블리저드
　猛吹雪 (もうふぶき) 모-후부키
　暴风雪 [bàofēngxuě] 바오펑쉬에

□ 이슬비, 안개비
　drizzle [drízl] 드리즐
　霧雨 (きりさめ) 키리사메
　毛毛雨 [máomaoyǔ] 마오마오위

관련어

- 얼음 ice [ais] 아이스 / 氷 (こおり) 코오리 / 冰 [bīng] 삥

- 고드름 icicle [áisikəl] 아이시컬 / 氷柱 (つらら) 츠라라 / 冰柱 [bīngzhù] 삥주

- 양지바른, 햇볕이 잘 드는 sunny [sʌ́ni] 써니 /
  日当たりの良い (ひあたりのいい) 히아타리노이- / 阳光 [yángguāng] 양광

- (엷은) 안개, 연무 mist [mist] 미스트 / ミスト 미스토 / 烟雾 [yānwù] 옌우

- 눈사태 avalanche [ǽvəlæntʃ] 애벌랜취 / 雪崩 (なだれ) 나다레 / 雪崩 [xuěbēng] 쉬에뼁

- 화산 volcano [vɑlkéinou] 발케이노우 / 火山 (かざん) 카장 / 火山 [huǒshān] 후오샨

- 해일 tidal wave [táidl weiv] 타이들웨이브 / 津波 (つなみ) 츠나미 /
  海啸 [hǎixiào] 하이샤오

- 한파 cold wave [kould weiv] 코울드웨이브 / 寒波 (かんぱ) 캄파 /
  寒流 [hánliú] 한리우

- 작은파도, 잔물결 wavelet [wéivlit] 웨이블릿 / 小波 (さざなみ) 사자나미 /
  水波 [shuǐbō] 쉐이뽀

- 습기 damp [dæmp] 댐프 / 湿気 (しっけ) 식케 / 湿润 [shīrùn] 스룬

chapter 8 자연

- 흐린 overcast [óuvərkǽst] 오우버캐스트 / 曇る (くもる) 쿠모루 / 多云 [duōyún] 뚜오윈

- 기상대
meteorological observatory [mì:tiərəládʒikəl əbzɔ́:rvətɔ̀:ri] 미티어러라쥐컬업저버토리 / 気象台 (きしょうだい) 키쇼-다이 / 气象台 [qìxiàngtái] 치샹타이

- 한대 polar zone [póulər zoun] 포울러조운 / 寒帯 (かんたい) 칸타이 / 寒带 [hándài] 한따이

- 냉대 subpolar zone [sʌbpóulrə:zoun] 썹포울러조운 / 亜寒帯 (あかんたい) 아칸타이 / 亚寒带 [yàhándài] 야한따이

- 온대 temperate zone [témp-ərit zoun] 템퍼릿조운 / 温帯 (おんたい) 온타이 / 温带 [wēndài] 원따이

- 열대성 기후 tropical climates [trápik-əl kláimits] 트라피컬클라이미츠 / 熱帯性気候 (ねったいせいきこう) 넷타이세-키코- / 热带气候 [rèdàiqìhòu] 러따이치호우

379

• chapter 8 자연

> 관련어

□ **아열대성 기후 subtropical climates** [sÀbtrápikəl kláimits] 썹트라피컬클라이미츠 / 亜
熱帯気候 (あねったいきこう) 아넷타이키코- /
亚热带气候 [yàrèdàiqìhòu] 야러따이치호우

□ **스콜, (때로 눈, 비를 동반하는)돌풍 squall** [skwɔ́:l] 스퀄 /
スコール 스코-루 / 暴风 [bàofēng] 빠오펑

□ **대륙성기후 continental climate** [kàntənéntl kláimit] 컨터넨틀클라이미트 /
大陸性気候 (たいりくせいきこう) 타이리쿠세-키코- /
大陆性气候 [dàlùxìngqìhòu] 따루싱치호우

□ **범람 inundation** [ínəndèiʃən] 이넌데이션 / 氾濫 (はんらん) 한랑 /
泛滥 [fànlàn] 판란

음식점(Restaurant, 食堂, 餐厅)

□ 예약

reservation [rèzəːrvéiʃ-ən] 레저베이션
予約 (よやく) 요야쿠
预订 [yùdìng] 위띵

□ vt. (요리를)추천하다

recommend [rèkəménd] 레커멘드
推薦する (すいせんする) 스이센스루
推荐菜 [tuījiàncài] 투이지엔차이

□ 패스트푸드점

fast-food restaurant
[fǽstfúːd rést-ərɔ̀ːŋ] 패스트푸드레스터롱
ファーストフード店 (てん)
화ー스토후ー도텡
快餐店 [kuàicāndiàn] 콰이찬디엔

□ 호화 음식점

deluxe restaurant
[dəlúks rést-ərɔ̀ːŋ] 더룩스레스터롱
高級レストラン (こうきゅうれすとらん)
코ー큐ーレ스토랑
豪华餐厅 [háohuácāntīng] 하오화찬팅

□ 다방
coffee shop [káfi ʃɑp] 카피샵
コーヒーショップ 코-히-숍푸
茶馆 [cháguǎn] 차관

□ 셀프서비스 식당
cafeteria [kæ̀fitíəriə] 캐피티어리어
カフェテリア 카훼테리아
自助餐馆 [zìzhùcānguǎn] 쯔주찬관

□ 웨이트리스
waitress [wéitris 웨이트리스]
ウエートレス 우에-토레스
女服务员 [nǔfúwùyuán] 뉘푸우위엔

□ 웨이터
waiter [wéitəːr] 웨이터
ウエーター 우에-타-
男服务员 [nánfúwùyuán] 난푸우위엔

□ 메뉴, 식단
menu [ménjuː] 메뉴
メニュー 메뉴-
菜单 [càidān] 차이딴

□ 주문
order [ɔ́ːrdər] 오더
注文 (ちゅうもん) 츄-몽
点菜 [diǎncài] 디엔차이

□ 선술집
   tavern [tǽvəːrn] 태번
   居酒屋 (いざかや) 이자카야
   小酒馆 [xiǎojiǔguǎn] 샤오지우관

□ 술집
   bar [bɑːr] 바
   酒場 (さかば) 사카바
   酒吧 [jiǔbā] 지우빠

□ 고기국물
   gravy [gréivi] 그레이비
   肉汁 (にくじる) 니쿠지루
   肉汤 [ròutāng] 로우탕

□ 전채
   appetizer [ǽpitàizər] 애피타이저
   アペタイザー 아페타이자ー
   开胃菜 [kāiwèicài] 카이웨이차이

□ 스프
   soup [suːp] 수프
   スープ 스ー푸
   汤类 [tānglèi] 탕레이

□ 샐러드, 생채요리
   salad [sǽləd] 쌜러드
   サラダ 사라다
   沙拉 [shālā] 샤라

□ 파스타(이탈리아 요리)
   pasta [páːstə] 파스터
   パスタ 파스타
   意大利面 [yìdàlìmiàn] 이다리미엔

□ 비프스테이크
beefsteak [bíːfstèik] 비프스테이크
ビーフステーキ 비-후스테-키
牛排 [niúpái] 니우파이

□ 덜 구워진
rare [rɛəːr] 레어
レア 레아
半熟的 [bànshúde] 빤슈더

□ 중간정도로 구워진
medium [míːdiəm] 미디엄
ミディアム 미디아무
中等熟度的 [zhōngděngshúdùde] 종덩슈두더

□ 잘 익은
well-done [wéldʌ́n] 웰던
ウエルダン 우에루단
熟透的 [shútòude] 슈토우더

□ 영양
nutrition [njuːtríʃ-ən] 뉴트리션
栄養 (えいよう) 에-요-
营养 [yíngyǎng] 잉양

□ 채식(주의)자
vegetarian [vèdʒətéəriən] 베져테어리언
ベジタリアン 베지타리앙
素食者 [sùshízhě] 수스저

☐ 맛, 미각
taste [teist] 테이스트
味 (あじ) 아지
味道 [wèidào] 웨이다오

☐ 맛있는
delicious [dilíʃəs] 딜리셔스
美味しい (おいしい) 오이시-
美味 [měiwèi] 메이웨이

☐ 시큼한, 신
sour [sáuər] 싸우어
酸っぱい (すっぱい) 습파이
酸 [suān] 쑤안

☐ 짠, 소금기가 있는
salty [sɔ́:lti] 쏠티
塩っぱい (しょっぱい) 숍파이
咸 [xián] 시엔

☐ 쓴, 쓴맛이 나는
bitter [bítər] 비터
苦い (にがい) 니가이
苦 [kǔ] 쿠

☐ (맛이)부드러운
mild [maild] 마일드
柔らかい味 (やわらかいあじ) 야와라카이아지
口感細膩 [kǒugǎnxìnì] 코우간시니

□ 지불
  pay [pei] 페이
  支払い (しはらい) 시하라이
  支付 [zhīfù] 즈푸

□ 계산서
  bill [bil] 빌
  計算書 (けいさんしょ) 케-산쇼
  账单 [zhàngdān] 장딴

□ 팁, 사례
  tip [tip] 팁
  チップ 칩푸
  小费 [xiǎofèi] 샤오페이

□ 카레라이스
  curry and rice [kə́:ri ənd rais] 커리언드라이스
  カレーライス 카레-라이스
  咖喱饭 gālífàn 까리판

□ 주요요리
  main course [mein kɔ:rs] 메인코스
  メイン料理 (めいんりょうり) 메인료-리
  大菜 [dàcài] 따차이

□ (음식물의)두그릇째
  refill [rí:fil] 리필
  お代わり (おかわり) 오카와리
  再填 [zàitián] 짜이티엔

□ 후식, 디저트
  dessert [dizə́:rt] 디저트
  デザート 데자-토
  甜品 [tiánpǐn] 티엔핀

관련어

- 요리사 cook [kuk] 쿡 / 料理人 (りょうりにん) 료-리닝 / 厨师 [chúshī] 추스
- 주방장 head cook [hed kuk] 헤드쿡 / シェフ 쉐후 / 厨师长 [chúshīzhǎng] 추스장

- 조리법 recipe [résəpì:] 레서피 / レシピ 레시피 / 烹饪法 [pēngrènfǎ] 펑런파
- 하루 세끼 식사 three times meal [θri:taimz mi:l] 쓰리타임즈밀 / 三食 (さんしょく) 산쇼쿠 / 一日三餐 [yīrìsāncān] 이르싼찬
- 생선요리 fishmeat dish [fiʃmi:tdiʃ] 피쉬미트디쉬 / 魚料理 (さかなりょうり) 사카나료-리 / 鱼肉餐 [yúròucān] 위로우찬

□ 고기요리 **meat dish** [miːt diʃ] 미트디쉬 / **肉料理** (にくりょうり) 니쿠료―리 /
肉类菜肴 [ròulèicàiyáo] 로우레이차이야오

□ 오찬 **early dinner** [ə́ːrli dínər] 얼리디너 / **昼食** (ちゅうしょく) 츄―쇼쿠 /
午餐 [wǔcān] 우찬

□ 일품요리 **one-course dinner** [wʌn kɔːrs dínər] 원코스디너 /
一品料理 (いっぴんりょうり) 입핀료―리 / **一品料理** [yìpǐnliàolǐ] 이핀랴오리

> 관련어

- 요리 **dish** [diʃ] 디쉬 / **料理** (りょうり) 료-리 / **菜** [cài] 차이

- 차게 한 요리 **cold dish** [kould diʃ] 코울드디쉬 /
  冷やし料理 (ひやしりょうり) 히야시료-리 / **冷菜** [lěngcài] 렁차이

- 맛있는 요리 **nice dish** [nais diʃ] 나이스디쉬 /
  うまい料理 (うまいりょうり) 우마이료-리 / **美味佳肴** [měiwèijiāyáo] 메이웨이쟈야오

- 좋아하는 요리 **ones favorite dish** [wʌnz féivərit diʃ] 원즈페이버릿디쉬 /
  好きな料理 (すきなりょうり) 스키나료-리 / **爱吃的菜** [àichīdecài] 아이츠더차이

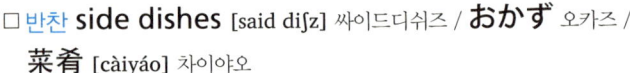

- 반찬 **side dishes** [said diʃz] 싸이드디쉬즈 / **おかず** 오카즈 /
  菜肴 [càiyáo] 차이야오

chapter 1 음식점

- 죽 porridge [pɔ́:ridʒ] 포리쥐 / 粥 (かゆ) 카유 / 粥 [zhōu] 조우
- 일인분 portion [pɔ́:rʃən] 포션 / 一人前 (いちにんまえ) 이치님마에 / 一份 [yífèn] 이펀
- 붉은 포도주 claret [klǽrit] 클래리트 / 赤ワイン (あかわいん) 아카와잉 / 红葡萄酒 [hóngpútáojiǔ] 홍푸타오지우

chapter 2 술(Drink, お酒, 酒)

□ 술집 지배인, 바텐더

bartender [báːrtèndər] 바텐더
バーテンダー 바-텐다-
调酒师 [tiáojiǔshī] 탸오지우스

□ 축배, 건배

toast [toust] 토우스트
乾杯 (かんぱい) 감파이
祝酒 [zhùjiǔ] 주지우

□ 술취하지 않은

sober [sóubəːr] 쏘우버
酔ってない (よってない) 욧테나이
不醉 [bùzuì] 부쭈이

□ 현기증나는, 핑핑도는

dizzy [dízi] 디지
目眩 (めまい) 메마이
头晕 [tóuyūn] 토우윈

□ 브랜디

brandy [brǽndi] 브랜디
ブランデー 부란데-
白兰地 [báilándì] 바이란디

□ 술취한, 비틀거리는

tipsy [típsi] 팁시
酔っ払う (よっぱらう) 욥파라우
摇摇晃晃的 [yáoyáohuànghuàngde] 야오야오황황더

□ 럼주
　rum [rʌm] 럼
　ラム酒 (らむしゅ) 라무슈
　兰姆酒 [lánmǔjiǔ] 란무지우

□ 보드카(러시아산 화주)
　vodka [vádkə] 바드커
　ウォッカ 웍카
　伏特加酒 [fútèjiājiǔ] 푸터쟈지우

□ 포도주
　wine [wain] 와인
　ワイン 와잉
　葡萄酒 [pútáojiǔ] 푸타오지우

□ 맥주
　beer [biər] 비어
　ビール 비-루
　啤酒 [píjiǔ] 피지우

□ 생맥주
　draft beer [dræft biər] 드래프트비어
　生ビール (なまびーる) 나마비-루
　扎啤 [zhāpí] 쟈피

chapter 2

□ 단골손님
regular customer [régjələːr kʌ́stəmər] 레결러커스터머
常連客 (じょうれんきゃく) 죠-렝캬쿠
常客 [chángkè] 창커

□ 소다수
soda [sóudə] 쏘우더
ソーダ水 (そーだすい) 소-다스이
苏打 [sūdǎ] 수다

□ 칵테일
cocktail [káktèil] 칵테일
カクテル 카쿠테루
鸡尾酒 [jīwěijiǔ] 지웨이지우

□ 일행
party [páːrti] 파티
仲間 (なかま) 나카마
一行 [yìxíng] 이싱

□ 술꾼
drinker [dríŋkər] 드링커
酒飲み (さけのみ) 사케노미
酒徒 [jiǔtú] 지우투

□ 이쑤시개
toothpick [túːθpìk] 투쓰픽
爪楊枝 (つまようじ) 츠마요-지
牙签 [yáqiān] 야치엔

□ 숙취
hangover [hǽŋòuvər] 행오우버
二日酔い (ふつかよい) 후츠카요이
宿醉 [sùzuì] 수쭈이

□ 진토닉
gin and tonic [ʤín ənd tánik]
진언드타닉
ジントニック 진토닉쿠
碳酸琴酒 [tànsuānqínjiǔ] 탄수안친지우

□ 샴페인
champagne [ʃæmpéin] 샘페인
シャンパン 샴판
香檳酒 [xiāngbīnjiǔ] 샹빈지우

395

chapter 2

관련어

- 흑맥주 **porter** [pɔ́ːrtər] 포터 / 黒ビール (くろびーる) 쿠로비-루 / 黑啤酒 [hēipíjiǔ] 헤이피지우

- 주류(일반적으로 술)
  intoxicating drinks [intáksikèitiŋ driŋks] 인탁시케이팅드링크스 / 酒類 (しゅるい) 슈루이 / 酒类 [jiǔlèi] 지우레이

- 주류 판매점 **liquor store** [líkər stɔːr] 리커스토 / 酒類販売店 (しゅるいはんばいてん) 슈루이함바이텐 / 酒品店 [jiǔpǐndiàn] 지우핀디엔

- 증류주 **spirituous liquor(s)** [spírit∫uəs líkər(z)] 스피리추어스리커 / 蒸溜酒 (じょうりゅうしゅ) 죠-류-슈 / 蒸馏酒 [zhēngliújiǔ] 정리우지우

- 청량 음료 **soft drink** [sɔ(ː)ft driŋk] 쏘프트드링크 / 清涼飲料 (せいりょういんりょう) 세-료-인료- / 清凉饮料 [qīngliángyǐnliào] 칭량인랴오

- 술고래 **strong drinker** [strɔ(ː)ŋ dríŋkər] 스트롱드링커 / 大酒飲み (おおさけのみ) 오-사케노미 / 酒缸 [jiǔgāng] 지우깡

- 포도주 병 **winebottle** [wáinbàtl] 와인바틀 / ワインボトル 와임보토루 / 葡萄酒瓶 [pútáojiǔpíng] 푸타오지우핑

- 포도주 잔 **wineglass** [wáinɡlàːs] 와인글라스 / ワイングラス 와잉구라스 / 葡萄酒杯 [pútáojiǔbēi] 푸타오지우뻬이

- 포도주 전문의 레스토랑[술집] **winehouse** [wáinhàus] 와인하우스 / ワインバー 와임바- / 酒屋 [jiǔwū] 지우우

- 질이 좋은 포도주 **sound wine** [saund wain] 싸운드와인 /
  上質ワイン (じょうしつわいん) 죠-시츠와잉 /
  正统葡萄酒 [zhèngtǒngpútáojiǔ] 정통푸타오지우

- 음료수 **drinking water** [dríŋkiŋ wɔ́:tə:r] 드링킹워터 / **飲み物** (のみもの) 노미모노 /
  饮料 [yǐnliào] 인랴오

- 연회 **drinking party** [dríŋkiŋ pá:rti] 드링킹파티 / **宴会** (えんかい) 엥카이 /
  宴会 [yànhuì] 옌후이

- 술친구 **drinking companion** [dríŋkiŋ kəmpǽnjən] 드링킹컴패니언 /
  飲み仲間 (のみなかま) 노미나카마 / **酒友** [jiǔyǒu] 지우요우

- 주연, 술잔치 **drinking bout** [dríŋkiŋ baut] 드링킹바우트 /
  酒盛り (さかもり) 사카모리 / **酒席** [jiǔxí] 지우시

- 증류 **distillation** [dìstəléiʃən] 디스털레이션 / **蒸留** (じょうりゅう) 죠-류- /
  蒸馏 [zhēngliù] 정리우

- 알코올성분이 없는 음료
  temperance drinks [témp-ərəns driŋks] 템퍼런스드링크스 /
  ノンアルコール飲料 (のんあるこーるいんりょう) 농아루코-루인료- /
  无酒精饮料 [wújiǔjīngyǐnliào] 우지우징인랴오

chapter 3 호텔(Hotel, ホテル, 饭店)

☐ 호화호텔
luxurious hotel [lʌgʒúəriəs houtél] 럭주어리어스호우텔
豪華ホテル (ごうかほてる) 고-카호테루
豪华酒店 [háohuájiǔdiàn] 하오화지우디엔

☐ 여관
inn [in] 인
宿屋 (やどや) 야도야
客栈 [kèzhàn] 커잔

☐ 로비
lobby [lábi] 라비
ロビー 로비-
大堂 [dàtáng] 따탕

□ 접수계원
　receptionist [risépʃənist] 리쎕셔니스트
　受付係り (うけつけがかり) 우케츠케가카리
　接待员 [jiēdàiyuán] 지에따이위엔

□ 출납원
　cashier [kæʃíər] 캐시어
　レジ係 (れじがかり) 레지가카리
　出纳员 [chūnàyuán] 추나위엔

□ 사환
　bellboy [bélbɔ̀i] 벨보이
　ベルボーイ 베루보-이
　服务员 [fúwùyuán] 푸우위엔

□ 모닝콜
　wake-up call [wéikʌ̀p kɔːl] 웨이컵콜
　モーニングコール 모-닝구코-루
　叫醒服务 [jiàoxǐngfúwù] 쟈오싱푸우

□ 사우나
　sauna [sáunə] 싸우너
　サウナ 사우나
　桑拿 [sāngná] 상나

□ 복도
　corridor [kɔ́ːridər] 코리더
　廊下 (ろうか) 로-카
　走廊 [zǒuláng] 조우랑

□ 숙박 절차
　checkin [tʃékìn] 체킨
　チェックイン 첵쿠잉
　入住 [rùzhù] 루주

□ 퇴숙 절차
　checkout [tʃékàut] 체카우트
　チェックアウト 첵쿠아우토
　退房 [tuìfáng] 투이팡

□ 1인실
　single room [síŋ-əl rum] 씽걸룸
　シングルルーム 싱구루루-무
　单人间 [dānrénjiān] 딴런지엔

□ 2인실(twin bed가 있는 방)
　twin room [twin rum] 트윈룸
　ツインルーム 츠인루-무
　双床房 [shuāngchuángfáng] 솽촹팡

□ double bed가 있는 방
　double room [dʌ́bəl rum] 더벌룸
　ダブルルーム 다부루루-무
　大床房 [dàchuángfáng] 따촹팡

□ 스위트룸(특별객실)
　suite room [swiːt rum] 스위트룸
　スイートルーム 스이-토루-무
　套房 [tàofáng] 타오팡

관련어

- 호텔 경영자[지배인] **hotelkeeper** [houtélkì:pər] 호우텔키퍼 /
  ホテル経営者 (ほてるけいえいしゃ) 호테루케-에-샤 / 饭店经理 [fàndiànjīnglǐ] 판디엔징리

- 보이, 급사 **pageboy** [péidʒbòi] 페이쥐보이 /
  ページボーイ 페-지보-이 / 男服务员 [nánfúwùyuán] 난푸우위엔

- 호텔을 경영하다 **run a hotel** [rʌn ə houtél] 런어호우텔 /
  ホテルを経営する (ほてるをけいえいする) 호테루오케-에-스루 /
  经营宾馆 [jīngyíngbīnguǎn] 징잉빈관

- 숙박하다 **stay at a hotel** [stei æt ə houtél] 스테이앹어호우텔 /
  泊まる (とまる) 토마루 / 住宿 [zhùsù] 주수

- 호텔종업원 **hotel employee** [houtél implɔ́ii:] 호우텔임플로이이 /
  ホテル従業員 (ほてるじゅうぎょういん) 호테루쥬-교-잉 /
  酒店员工 [jiǔdiànyuángōng] 지우디엔위엔꽁

- (호텔) 객실담당자 **room clerk** [ru:m klɑ:rk] 룸클라크 /
  客室係 (きゃくしつがかり) 캬쿠시츠가카리 / 客房服务员 [kèfángfúwùyuán] 커팡푸우위엔

- 유스호스텔(주로 청소년 여행자들을 위한 숙박 시설)
  youth hostel [ju:θ hástəl] 유쓰하스텔 /
  ユースホステル 유-스호스테루 /
  青年旅馆 [qīngniánlǚguǎn] 칭니엔뤼관

□ 룸 서비스
room service [ruːm sə́ːrvis] 룸써비스 /
ルームサービス 루-무사-비스 / 客房服务 [kèfángfúwù] 커팡푸우

□ (호텔 등의) 접수대, 프런트 front desk [frʌnt desk] 프런트데스크 /
フロントデスク 후론토데스쿠 / 前台 [qiántái] 치엔타이

□ 팁, 사례금 tip [tip] / チップ 칩푸 / 小费 [xiǎofèi] 샤오페이

□ 예약 reservation [rèzəːrvéiʃ-ən] 레저베이션 / 予約 (よやく) 요야쿠 /
预订 [yùdìng] 위딩

chapter 4 집(House, 家, 房子)

- 지붕(옥상)
  - rooftop [rú:ftɑ̀p] 루프탑
  - 屋上 (おくじょう) 오쿠죠-
  - 屋顶 [wūdǐng] 우딩

- 고미다락(방)
  - attic [ǽtik] 애틱
  - 屋根裏部屋 (やねうらべや) 야네우라베야
  - 阁楼 [gélóu] 거로우

- 정면 현관
  - front door [frʌnt dɔ:r] 프런트도
  - 玄関 (げんかん) 겡캉
  - 门洞 [méndòng] 먼똥

- 창(문)
  - window [wíndou] 윈도우
  - 窓 (まど) 마도
  - 窗户 [chuānghu] 촹후

- 잔디(밭)
  - lawn [lɔ:n] 론
  - 芝生 (しばふ) 시바후
  - 草坪 [cǎopíng] 차오핑

- 울타리
  - fence [fens] 펜스
  - フェンス 휀스
  - 篱笆 [líba] 리바

- 뜰, 정원
  - garden [gá:rdn] 가든
  - 庭 (にわ) 니와
  - 庭院 [tíngyuàn] 팅위엔

□ 벽, 담
wall [wɔ:l] 월
壁 (かべ) 카베
围墙 [wéiqiáng] 웨이쟝

□ 벽돌
brick [brik] 브릭
煉瓦 (れんが) 렝가
砖头 [zhuāntóu] 쫜토우

□ 유리문
glass door [glæs dɔ:r] 글래스도
ガラスドア 가라스도아
玻璃门 [bōlimén] 뽀리먼

□ 지하실
basement [béismənt] 베이스먼트
地下室 (ちかしつ) 치카시츠
地窖 [dìjiào] 디쟈오

□ 우체통
mailbox [méilbɑ̀ks] 메일박스
郵便(ゆうびん)ポスト 유―빙포스토
邮箱 [yóuxiāng] 요우샹

□ 계단
stair [stɛə:r] 스테어
階段 (かいだん) 카이당
楼梯 [lóutī] 로우티

□ 나선식 계단
screw staircase [skru:stéərkèis] 스크루스테어케이스
螺旋階段 (らせんかいだん) 라셍카이당
盘梯 [pántī] 판티

□ 회전식 계단
winding staircase [wáindiŋ stéərkèis] 와인딩스테어케이스
回り階段 (まわりかいだん) 마와리카이당
旋转楼梯 [xuánzhuǎnlóutī] 쉬엔좐로우티

□ 천장
ceiling [síːliŋ] 씰링
天井 (てんじょう) 텐죠-
天花板 [tiānhuābǎn] 티엔화반

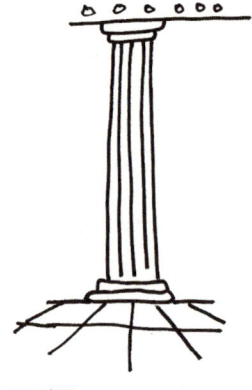

□ 기둥
pillar [pílər] 필러
柱 (はしら) 하시라
柱子 [zhùzi] 주즈

□ 마루
floor [flɔːr] 플로
床 (ゆか) 유카
地板 [dìbǎn] 디반

□ 현관의 벨
doorbel [dɔ́ːrbèl] 도벨
呼び鈴 (よびりん) 요비링
门铃 [ménlíng] 먼링

□ 난로
fireplace [[faiərplèis] 파이어플레이스
暖炉 (だんろ) 단로
炉灶 [lúzào] 루자오

□ 연기 탐지기
smoke detector [smouk ditéktər] 스모우크디텍터
煙探知機 (けむりたんちき) 케무리탄치키
烟雾探测器 [yānwùtàncèqì] 옌우탄처치

404

□ 문패
doorplate [dɔ́:rplèit] 도플레이트
表札 (ひょうさつ) 효-사츠
门牌 [ménpái] 먼파이

□ 굴뚝
chimney [tʃímni] 침니
煙突 (えんとつ) 엔토츠
烟囱 [yāncōng] 옌총

□ 위층, 2층
upstairs [ʌ́pstéərz] 업스테어즈
階上 (かいじょう) 카이죠-
楼上 [lóushàng] 로우샹

□ 발코니, 노대
balcony [bǽlkəni] 밸커니
バルコニー 바루코니-
阳台 [yángtái] 양타이

□ 아래층
downstairs [dauństéərz] 다운스테어즈
階下 (かいか) 카이카
楼下 [lóuxià] 로우샤

관련어

- 문(출입구) **gate** [geit] 게이트 / **出入り口** (でいりぐち) 데이리구치 / **门** [mén] 먼

- 현관 **porch** [pɔːrtʃ] 포치 / **玄関** (げんかん) 겡칸 / **门洞** [méndòng] 먼똥

- 창고, 저장소 **warehouse** [wéə:rhàus] 웨어하우스 / **倉庫** (そうこ) 소−코 / **仓库** [cāngkù] 창쿠

- 거주(지) **residence** [rézid-əns] 레지던스 / **居所** (いどころ) 이도코로 / **住地** [zhùdì] 주디

- 분양아파트 **condominium** [kàndəmíniəm] 칸더미니엄 / **分譲マンション** (ぶんじょうまんしょん) 분죠−만숑 / **公寓** [gōngyù] 꽁위

- 주택단지 **housing complex** [háuziŋ kámpleks] 하우징캄플렉스 / **住宅団地** (じゅうたくだんち) 쥬−타쿠단치 / **住宅区** [zhùzháiqū] 주자이취

chapter 4 집

- 강도 **housebreaker** [háuśbrèikər] 하우스브레이커 / **強盗** (ごうとう) 고-토- / **歹徒** [dǎitú] 다이투

- 대청소 **houseclean** [haúsklì:n] 하우스클린 / **大掃除** (おおそうじ) 오-소-지 / **大扫除** [dàsǎochú] 따사오추

- 셋집 구하기, 주택 물색 **house hunting** [haus΄ hʌ̀ntiŋ] 하우스헌팅 / **お部屋探し** (おへやさがし) 오헤야사가시 / **找房子** [zhǎofángzi] 쟈오팡즈

- 집세 **rent** [rent] 렌트 / **家賃** (やちん) 야칭 / **房租** [fángzū] 팡주

- 보증금 **deposit** [dipázit] 디파짓 / **敷金** (しききん) 시키킹 / **押金** [yājīn] 야진

407

chapter 4 집

관련어

- 세입자 **tenant** [ténənt] 테넌트 /
  借家人 (しゃくやにん) 샤쿠야닝 / 房客 [fángkè] 팡커

- 임자, 소유(권)자 **owner** [óunər] 오우너 / 大家 (おおや) 오-야 /
  房东 [fángdōng] 팡동

- 부동산 **real estate** [ríəl istéit] 리얼이스테이트 / 不動産 (ふどうさん) 후도-산 /
  房地产 [fángdìchǎn] 팡디찬

- 동산 **personal estate** [pə́:rsənəl istéit] 퍼스널이스테이트 /
  動産 (どうさん) 도-산 / 动产 [dòngchǎn] 똥찬

- 단독주택 **detached house** [ditǽtʃt haus] 디태취트하우스 /
  一戸建て (いっこだて) 익코다테 / 单门独户 [dānméndúhù] 단먼두후

- 대저택 **mansion** [mǽnʃ-ən] 맨션 / 屋敷 (やしき) 야시키 /
  豪华宅第 [háohuázháidì] 하오화자이디

- 일실형(一室型) 주거(원룸) **studio(apartment)** [stjú:diòu] 스튜디오우 /
  ワンルーム 완루-무 / 独居 [dújū] 두쮜

- 집합 주택의 하나(연립주택) **row house** [róu haus] 로우하우스 /
  長屋 (ながや) 나가야 / 低层小区住宅 [dīcéngxiǎoqūzhùzhái] 디청샤오취주자이

- 목조가옥 **wooden house** [wúdn haus] 우든하우스 /
  木造住宅 (もくぞうじゅうたく) 모쿠조-쥬-타쿠 / 木屋 [mùwū] 무우